风险与危机治理丛书

北京市哲学社会科学（清华大学）应急管理研究基地

公共部门与风险治理

Risk Governance of Public Organizations

主编 ◎ 薛澜

周玲　朱琴　宿洁　编著

北京大学出版社
PEKING UNIVERSITY PRESS

图书在版编目(CIP)数据

公共部门与风险治理/周玲,朱琴,宿洁编著. —北京:北京大学出版社,2012.9

(风险与危机治理丛书)

ISBN 978-7-301-21217-2

Ⅰ.①公… Ⅱ.①周…②朱…③宿… Ⅲ.①公共管理－风险管理－研究 Ⅳ.①D035

中国版本图书馆 CIP 数据核字(2012)第 213535 号

书 名:	公共部门与风险治理
著作责任者:	周 玲 朱 琴 宿 洁 编著
责 任 编 辑:	高桂芳(pkuggf@126.com)
标 准 书 号:	ISBN 978-7-301-21217-2/C·0799
出 版 发 行:	北京大学出版社
地 址:	北京市海淀区成府路 205 号 100871
网 址:	http://www.pup.cn 电子信箱:ss@pup.pku.edu.cn
电 话:	邮购部 62752015 发行部 62750672 编辑部 62753121
	出版部 62754962
印 刷 者:	北京虎彩文化传播有限公司
经 销 者:	新华书店
	965 毫米×1300 毫米 16 开本 16.75 印张 257 千字
	2012 年 9 月第 1 版 2022 年 8 月第 7 次印刷
定 价:	39.00 元

未经许可,不得以任何方式复制或抄袭本书之部分或全部内容。

版权所有,侵权必究

举报电话:010-62752024 电子信箱:fd@pup.pku.edu.cn

风险与危机治理丛书编辑委员会

顾　问：闪淳昌　范维澄
主　编：薛　澜
副主编：彭宗超
委　员（按姓氏笔画排序）：

丁　辉　马怀德　于　安　王郅强
李　明　李程伟　刘铁民　乔仁毅
张秀兰　周　玲　钟开斌　高小平
彭宗超　童　星　薛　澜

丛书总序

薛澜

今天,世界多极化、经济全球化深入发展,科学技术日新月异。但与此同时,人类社会面临的各种风险也与日俱增。自然风险、环境风险、经济风险、社会风险、政治风险等已渗透在人们社会生活的各个方面。国际社会越来越呈现出德国社会学家乌尔里希·贝克所论述的风险社会特征。这些风险及其所带来的技术不确定性、自然灾害、经济危机和社会冲突等问题对政府转型和社会管理都提出了严峻挑战。

现代风险的特征之一就是其影响已不再局限在单一个体或组织内,而是具有广泛的社会影响。生态破坏、核泄露、化学污染、食品安全、禽流感等各类新型风险一旦发生,每一个社会成员都难以独善其身。伴随着人类社会系统的复杂程度提高,大多数风险日益成为公共风险,其后果的公共性日益增强。公共风险需要公共组织全面实施预警、防范、控制、处置等治理措施。正因为如此,政府和其他公共机构的风险治理已日益成为一种新型的不可或缺的公共服务。

现代风险的应对需要改革公共治理模式。传统公共风险治理主体单一,担子主要落在政府肩上。政府组织形式以科层制为代表,通过政府不同专业部门分工、不同层级间职能划分来组织动员资源;政府风险处置模式以行政手段为主,辅之以市场化、社会化等措施。但是,现代风险具有涉及知识的交叉性,波及主体的广泛性,损害后果的严重性,处置手段的多元性等特征,迫切需要动员更广泛的社会力量来参与治理,形成政府、企业、社会组织、国际机构、社区、族群、家庭等各类主体积极参与的新型的共同治理结构,为公民安全和社会稳定构建坚强的保障。

现代风险应对也需要重建风险治理文化。中华文明产生于东亚季风带农业区,风雨不调、丰歉间杂、灾荒接踵,其发展演进的历程本身也是一部与自然灾害不断斗争的历史。长期以来,东方农耕文明形成了独特的风险文化,尤以知识精英阶层强烈的"居安思危"、"忧患意识"为代表。惟其如此,才能使中华民族薪火相传,历经无数次文明碰撞与交流、民族荣耀与失落、社会动荡与变迁,甚至数次亡国灭种、断发易服的危机,但都表现出绵亘不绝的顽强生命力。其背后重要的源泉之一就是强烈的风险危机意识。但是,传统风险治理维护的是"家天下"的统治秩序,现代风险治理既关注社会和谐、政局稳定等宏观层面的传统风险,更着重以避免和减少普通公民的生命、健康、财产等方面的安全威胁为宗旨。

本系列研究强调了国家公共安全战略应该注重应急管理与综合风险治理的融合,凸显目前建立风险治理综合体系的重要性,使这个在社会常态中往往被忽略的问题引起政府决策者的重视,使政府公共安全战略从应急管理转向综合风险治理与应急管理并重,从事后应对转向关口前移,实现风险治理的制度化、常规性以及合理化,从而在更基础的层面提高应急管理绩效。通过借鉴国际上既有的风险治理经验,选择通过转型期中国若干重大风险治理案例、代表性的风险源以及典型地区,对中国风险治理的现状特点、治理缺陷、框架构建进行实证分析和理论基础研究,构建全面风险治理的模型和框架。

公共风险研究围绕转型期中国风险治理的背景、风险类型、治理主体、政策过程等问题,提出建立全面风险治理的总体架构思路。围绕这一思路所作的具体研究包括作为基础理论的"风险治理与转型期中国的新挑战";借鉴美国地方政府改革、转型分析的"公共风险与地方治理危机";着重于风险治理程序的"流程优化与风险治理";着重于全面风险治理体系的"公共部门与风险治理"。这些研究主题从不同侧面对本研究所阐发的全面风险治理理论进行了进一步的诠释。

本套丛书是国家社科基金重大课题项目的系列研究成果,也是清华大学公共管理学院中国应急管理研究基地(北京市哲学社会科学研究基地)近年来研究成果的一个总结。有关研究工作也曾得到国家社会科学基金、国家自然科学基金、北京市哲学社会科学研究基地和其他有关经费的资助,对此我们表示诚挚的谢意!除了近期我们陆续出版发行的这些著作之外,我们还将陆续推出若干具体风险领域的应急管理研究成果,比如食品药品安全监管的研究、社会风险治理研究、甲流感防控机制研究等等。这些研究,有的比较成熟,也有的还处于刚刚起步阶段,很多观点结论也都有值得商榷的地方。我们希望通过出版此套丛书,能够引起社会对风险治理的广泛关注,并对我们的研究不吝赐教,从而使中国的风险治理研究出现新的蓬勃发展的局面。

目 录

导 语 … 1

第一章 基本概念:公共部门与风险管理 … 4
    第一节 公共部门的风险 … 5
    第二节 公共部门的风险管理 … 14
    第三节 公共管理中风险管理的作用与功效 … 25

第二章 公共部门风险管理的国际经验与发展趋势 … 31
    第一节 国际组织的风险管理项目及规划 … 32
    第二节 国外政府部门的风险管理项目及规划 … 44
    第三节 公共部门风险管理的国际发展趋势 … 61

第三章 中国公共部门的风险管理现状 … 68
    第一节 中国公共部门风险管理工作面临的挑战 … 69
    第二节 中国公共部门风险管理的实践探索 … 76
    第三节 中国公共风险管理的工作定位 … 96

第四章 公共安全风险管理体系 … 103
    第一节 公共安全风险管理体系建设的前提 … 104
    第二节 公共安全风险管理组织体系建设 … 107
    第三节 公共安全风险管理的工作机制 … 116
    第四节 公共安全风险管理配套制度与保障机制 … 124

第五章 公共部门风险管理工作要素分析 … 143
    第一节 公共部门风险管理流程 … 144
    第二节 公共安全风险评估技术 … 196
    第三节 公共部门风险管理报告的撰写 … 203

第六章 公共部门专项风险评估：以产品质量安全风险监管为例 209
- 第一节 中国产品质量安全风险监管的总体情况 209
- 第二节 食品安全监管风险管理流程 219
- 第三节 食品安全监管风险评估的技术与实现 223
- 第四节 食品安全监管风险评估结论 224

第七章 公共部门区域风险评估：以公园安保工作风险评估为例 228
- 第一节 公园安保工作风险管理的总体情况 228
- 第二节 公园安保工作风险管理工作流程 232
- 第三节 公园安保工作风险评估的技术与实现 233
- 第四节 公园安保工作风险评估结论 241

第八章 总结 248

参考文献 253

后记 259

导　语

　　近十几年来,世界各地发生了一系列不同类型的重大灾难,如2001年美国"9·11"事件之类的恐怖袭击,2004年印度洋海啸、2008年中国汶川地震和2011年东日本大地震之类的自然灾害,2003年SARS危机和2009年甲型H1N1流感之类的新发传染性疾病,以及2010年墨西哥湾漏油事件之类的重大技术性事故等等。这些重大灾难的频繁发生,使各个国家、地区和世界性组织深刻认识到整个国际所面对的环境威胁正在发生巨大改变。多次巨灾的应对启示我们:当今社会,风险的性质和孕育风险的环境一直在发生变化,最突出的特征体现在风险形成与演变表现为复杂系统,导致风险由多种因素复合而成,其存在形式、发生方式及影响范围,均呈现出复合性的特点,从而使风险较之以前带有更加强烈的外部性与公共性、严重性与放大性,这不仅改变了传统危害,甚至制造了新的危害。同时,社会管理风险的能力也在发生变化,主要表现为突发事件的传播方式、应对方式的改变,以及社会与经济关键系统脆弱性的扩大。[①] 这样,一旦风险转化为突发事件,往往会给整个社会和经济赖以生存的关键系统和设施带来严重损害。

　　随着风险管理环境的变化,国际减灾和应急管理战略也在不停地调整中,其趋势主要体现在:第一,从单一的自然灾害向复合型灾难延伸,由单项减灾向综合减灾转变,由单一事件处置向多种事件综合应对转变;第二,从重在处置向重在预防与应急准备转变;第三,由减轻灾害向减轻灾害风险、加强风险管理转变,并由单纯减灾向减灾与可持续发展相结合转变;第四,从一个国家减灾向全球减灾和区域

---

① 闪淳昌、周玲:《从SARS到大雪灾:中国应急管理体系建设的发展脉络及经验反思》,《甘肃社会科学》,2008年第5期,第40—44页。

减灾转变,更加强调合作、协调、联动和高效,更加强调运用先进的科技手段与方法。这就导致公共部门的应急管理工作较之先前具有更强的复杂性与艰巨性。对于决策者而言,当今世界面临的威胁极其复杂,需要及时予以处理,因此,如何做好充分的准备,无疑是摆在面前的一项严峻的挑战。

全过程的应急管理工作应当包括突发事件的事前、事发、事中、事后的整个管理过程,然而,其管理对象从本质上讲还是突发事件本身。为了从最基础的层面实现应急管理工作"关口前移",就需要从"事件"管理往前进一步延伸到对"风险"的管理。同时,成功的应急管理工作不能仅限于动员整个社会资源有效地应对"事件"和"风险",而是要站在"治理"的战略高度,从公共治理结构等更基础的层面改善整个系统的运行,加强包括"软"和"硬"两方面在内的基础设施制度建设,确保整个社会在常规和非常规状态下的稳定运行。综上所述,未来国家的应急管理工作应当向应急管理与风险管理并重的治理模式转变。

公共治理的目标是为了促进各行为主体积极参与处理公共事务,在共同利益基础上,通过协调和合作,保证公共决策的科学性,并实现公共利益最大化。而构建风险治理格局就是要鼓励所有的行为主体能够主动参与和处理突发事件。由此可见,公共治理因其主体多元化、行动网络化、决策科学化、管理综合化、模式动态化等本质特征,成为构建转型期中国风险治理结构建设的核心与基础。

在理论研究上,本书将在国家公共安全战略实现应急管理与综合风险治理全面融合的基础上提供全新的思路,即从更基础的层面改善政府应急管理。当前中国缺乏对政府综合性风险管理体系的研究,与综合风险治理相关的法律体系、机构体系、科技支撑体系、社会风险意识等方面缺乏研究。本书提出风险治理,就在于现实中很多"突发事件"是"风险",是可以在"分析"的基础上去"治理"的,这种"治理"因而可能是更科学、更有效率、成本更小的。针对目前中国应对公共风险压力增大的紧迫需求、风险治理综合体系缺乏以及相关概念(应急管理、危机管理与风险治理)容易混淆的现状,本书凸显目前建立风险治理综合体系建设的重要性,使这个在社会常态中往往被忽略的问题引起政府决策者的重视,使政府公共安全战略从应急管理转向综合风险治理与应急管理并重,从事后应对转向主动保障,实现风险治理的制度化、常规化以及合理化,从而在更基础的层面提高应急管理效率。

现实意义上,通过本书,有利于推动中国公共风险治理综合框架的研究朝理论性与实用性相统一的方向发展。本书一方面认真研究风险治理较完善的国际化大城市、国际组织的先进做法和经验,力图总结出可供我国借鉴的成功经验,推动我国风险治理和政策选择向国际化、前沿性方向发展。有关研究成果既满足中国应急管理工作的要求,又能在城市甚至是国家风险治理综合体系建设方面有所贡献。另一方面,本书在对相关地域和行业的风险治理进行实证调研的基础上,从综合风险治理的组织体系、机制体系、社会风险意识等多个方面入手,较详细地探讨了中国目前风险治理体系的现状,并对今后我国综合风险治理体系进行了框架设计和发展展望,并提出了发展建议。

本书由北京师范大学社会发展与公共政策学院副教授周玲主持编写,清华大学公共管理学院硕士研究生朱琴、中央财经大学管理科学与工程学院副教授宿洁对本书的思路和框架结构提出了多个建议并参与了部分章节的编写工作。本书得以顺利出版,还要特别感谢清华大学公共管理学院的助理研究员沈华博士,北京城市系统工程研究中心助理研究员方曼,北京师范大学社会发展与公共政策学院的硕士生王玉安、方菁、许琪、喻声援等,他们对本书资料汇总和文字撰写付出了大量心血。

第一章 基本概念：公共部门与风险管理

人类在很早以前就有了风险意识的萌芽。在西方，巫师和巫术可以追溯到很早时期的历史，当人们要表达对于未知的恐惧，对所遭受的突如其来、逃脱不了的灾难给出令人信服的解释时，"巫师"是个信手拈来的标签。这里就渗透着最原始的风险意识：也就是对未知的恐惧，这既有对损失的恐惧、也有对伤害的恐惧。而这种主体及其对未知的恐惧是风险管理问题的核心。[①] 面对无法解释和控制的自然灾害和疾病，人们将之归于神的意志，于是修建神坛，时常拜祭，祈求神灵的佑护，这些行为都渗透着最朴素的风险管理意识，即在灾难发生之前，试图通过一定的手段减少损失。逐渐地，人们产生了原始的保险意识，即互助互济的思想。春秋战国时期的墨子就提出："有力者疾以助人"、"有力以劳人"。又如公元前4000年我国长江上的皮筏商人就懂得将自己的货物分放在其他商人的筏子上来运送皮货，这样，即使一艘皮筏失事，自己的货物也不会全部损失，这就是保险损失的分摊思想的雏形。[②]

而风险管理慢慢发展为一门新兴的管理学科，受到世界各国政府、企业和学术界的高度重视，则是在20世纪前后。风险这一概念起源于经济领域，1895年，美国学者海恩斯(Hayens)在《作为经济因素的风险》(*Risk as an Economic Factor*)一书中最早提出风险的概念并加以分类；在他看来，风险是潜在的损害或损失的机会或可能性。[③] 随着工业革命的诞生，企业风险管理的思想开始萌芽。1916年，法国

---

① William C. Clark, "Witches, Floods, and Wonder Drugs: Historical Perspectives on Risk Management", Richard C. Schwing and Walter A. Albers, Jr. ed., *Social Risk Assessment: How Safe is Safe Enough?* Plenum Press：1980：287-313.
② 刘新立：《风险管理》，北京大学出版社2006年版，第29页。
③ 景怀斌：《公共危机心理——SARS个案》，社会科学文献出版社2006年版，第3页。

科学管理大师亨利·法约尔(Henri Fayol)在他的著作《一般与工业管理》(General and Industrial Management)中首次将风险管理思想引进企业经营管理之中,但当时未形成完整的风险管理体系。在研究领域,1956年《哈佛经济评论》发表了美国学者拉塞尔·格拉尔(R. B. Gallagher)的论文《风险管理——成本控制的新时期》(Risk Management: New Phase of Cost Control)。该论文首次提出并使用了"风险管理"一词。从此,风险管理作为一门系统的管理科学开始在美国兴起,此后逐步在企业、政府与社会管理中得到广泛运用。

20世纪70年代以后,风险管理历史上出现了一个革命性的转变,即从传统的以保险为核心的风险管理中脱离出来,逐渐形成现代全方位的风险管理格局。其中,以政府的实践探索为典型代表,他们在核能管制、环境、能源、公众健康等公共政策制定中开始探索使用风险管理的手段;尤其是在2001年"9·11"事件后,国际风险管理进入了一个新的阶段,各国政府逐步成为风险事务的主要管理者。

第一节 公共部门的风险

一、公共部门风险的定义及特点

在理论界,关于风险的学说主要有三种。一是风险客观说,认为风险是客观损失的期望值,可以预测并运用统计方法加以描述和计算。二是风险主观说,认为人们对未来不确定性的看法同个人的知识、经验、精神和心理状态等主观因素有关,风险是主观的认知和判断。三是风险因素结合说,即不强调区分风险的主观或客观属性,而是关注风险产生的原因、后果与人类行为之间复杂的互动关系。

在实践中,不同国家和组织对风险的界定也不尽相同,但普遍强调"可能性"和"影响"两个方面。例如,澳大利亚/新西兰风险管理标准认为,风险是"事情发生的可能性及其可能产生的影响";国际风险分析协会将风险界定为"对人类生命、健康、财产或者环境安全产生不利后果的可能";美国政府的相关报告将风险定义为"在一系列特殊的环境状况下产生特定后果的可能性,这些特定的后果通常是不利的";英国内阁办公室的报告指出,风险是"不确定性和后果的结合";而联合国的报告将风险界定为"由自然或人为因素相互作用而导致的有害后果的可能性或预期损失"①。

简言之,"风险"包括两个基本要素:可能性与不利后果。其中,"不利后果"包括主观和客观两个方面,即可能产生的客观损失(人员伤亡、经济损失、环境影响等)和可能造成的主观影响(人群心理影响、社会影响、政治影响等)。根据风险的基本定义,从政府公共事务管理的角度来看,公共部门的风险可被定义为:即将发生且对既定目标,尤其是对公众服务目标产生影响的事件。②

与传统风险相比,现代社会风险具有高度不确定性、隐蔽性、高度关联性、跨越时空性、迅速扩散性和高度危害性等特点。具体来看,公共部门的风险具有以下特点:

1. 风险是一种可能性

风险不是事实,是价值观、特定环境和未来事件的组合③,风险的形成是一个逐渐演变的过程。具体而言,在应急管理工作中,"风险"是相对于"突发事件"而言的,它是突发事件发生之前孕育的一种状态,即突发事件发生的一种可能性。风险的这一特性表明,在日常管理工作中,通过系统地分析和评估各种风险因素,并采取手段来预防、控制、消除和减少风险,能够帮助控制风险转化为突发事件,从而实现应急管理工作"关口前移"的目标。

2. 风险的不确定性与损失的公共性、外部性

风险来自不确定性,这包括发生与否不确定、发生时间不确定、发生的空间不确定、带来的损失不确定。值得注意的是,不确定性带来的后果具有双重性,一方面是损失,一方面是获利。并不是任何的不确定性都是风险,只有当未来可能发生损失时,才可以成为风险,如果未来的所有结果中不包括损失,谈论风险就没有任何意义。同时,在公共管理领域,这种损失体现为公共性与外部性,风险越来越具主体间性,其管理具有更多的公共性要求。所谓的公共性主要指主体间性,这是随着人与人之间交往增加而逐步扩大的公共领域。

但同时必须意识到,风险并不一定意味着损失,正是事先意识到

---

① 北京市突发事件应急委员会办公室:《北京应急管理理论与实践》,北京出版社 2012 年版,第 181—182 页。

② Manage Risk to Improve Public Service, Report by the Comptroller and Auditor General (Britain). H.C. 1078-1 Session 2003-2004; 22 October 2004. London: the Stationary Office. 2004.

③ A. Bostrom, "Future Risk Communication", Futures, 2003 (35): 553-573.

了可能存在的损失,就能够及时采取手段避免损失,实现转"危"为"机",因此,风险也同时蕴藏着机会,这就为公共部门积极地面对风险、了解风险、创新手段应对风险提供了基础。

3. 风险的客观性

尽管风险的发生具有不确定性,但风险是客观存在的,不论人们是否意识到,也无论人们能否准确估计出其大小,风险本身是"唯一"的。同时,它也是可以通过一定的手段进行计量,风险的两个组成要素,即"可能性"与"不利后果",都可以通过相应工具进行测量。

4. 风险的共生性、衍生性与系统性

风险的共生性、衍生性与系统性主要产生于现代社会的"互联性"与"耦合性",风险的这些特性会影响到社会所依赖的各种系统的关键功能,例如健康、交通、能源、电信等,并且它的影响是跨越地理界线和组织边界的。风险的共生性、衍生性与系统性同时在国内和国际的范围内处于自然事件,经济、社会和技术发展,以及政策推动的行动的交集上。① 系统风险给风险管理带来的更大的挑战,以及更大范围的治理缺陷。

在公共管理组织体系内部,这些特性主要来自于体制内各部门之间的依存性,随着依存性的不断增强,一个领域的决策会对另一个、甚至多个领域产生连锁影响,这是政策制定者在现代社会中所面临的一个主要挑战就。在一个相互依存的安全环境中,作为一个互相联系的体系中的一员,每一个个体或组织必须单独做出决策、采取措施来调控潜在损失。尽管这些措施可能会减轻某种直接损失对一个国家、一个组织或者个体带来的风险,但仍有可能因其他个体或组织没有采取类似措施而连带地遭受损失。对风险相互依存性的理解可以帮助我们在进行具体决策时更多地综合考虑各个环节和方面的因素,尽量保证做到科学决策。

二、公共部门风险的分类

对风险具体形态的认知与界定,是公共部门建立理论分析框架并开展风险管理实践的基础,因此,需要对公共部门风险的具体形态

---

① IRGC(International Risk Governance Council), 2005, *White Paper on Risk Governance-Towards an Integrative Approach*, p.13.

进行类别划分。从公共部门的实践需求出发,可以依据不同的维度和标准对风险进行分类(见表1-1)。

表1-1 公共部门的风险类别

划分标准	风险类型
系统性风险(风险领域)	自然灾害(如洪水灾害);技术或工业事故(如核工业、化学工业等);传染病;食品安全(疯牛病);恐怖主义(包括生物恐怖主义,网络恐怖主义)
政府的组成层级	部门、地方层级的风险;各地、各部门之间的风险;国家层级的风险
风险发生的频率	常见型、偶见型、特异型
风险的诱因	物理诱因、化学诱因、生物诱因、自然力量、社会通信危险、合成的危险(结合体)导致产生的风险
风险的级别	极高风险、高风险、中风险和低风险
公共管理业务(事务)	涉及公众与公共部门利益的风险;公共部门处理风险事务过程中的业务风险
所需保护的关键设施和资源(专项管理部门)	农业和食品;能源;公众健康和保健;电信;邮政和运输业;交通系统;化学;商业设施;政府设施;紧急事务处理部门;水坝;核反应堆;原料和垃圾;国防工业基地;国家纪念性和标志性建筑

资料来源:
(1) IRGC(International Risk Governance Council), 2005, *White Paper on Risk Governance-Towards an Integrative Approach*, 79.
(2) OECD, *Emerging Risks in the 21st century: An Agenda for Action*, 2003.
(3) 薛澜:《对北京市奥运风险评估报告的评价及下一步工作的建议》(内部资料),2008年2月。
(4) *National Infrastructure Protection Plan*, Department of Homeland Security (USA), 2006.
(5) Simona Verga, Alain Goudreau, Wendy Nicol, *Developing an All-Hazards Risk Assessment in Canada*, Davos 2008 Orals and Posters.

1. 系统性风险分类

从风险的复杂性来看,可以分为个体风险和系统风险。一部分风险只对个体产生影响,并未危及整个社会,如交通肇事等。然而,其他一些风险则可能波及更宽的范围,所带来的危害也可能随之扩散,这里的系统风险主要指的是社会运转所依赖的系统(如环境、卫生、运输以及电讯等系统)产生影响的风险。OECD在2003年发布的报告凸显了管理这些系统风险的紧迫性与重要性:当前风险变得更加难以预测,灾难事件的覆盖面很广——涉及环境、财产、健康、生命,包括欧洲巨大风暴灾害和水灾、加拿大的风暴灾害、艾滋病、变种克雅氏病、非典型肺炎以及美国的"9·11"袭击和日本的沙林毒气攻击事件等等。① 由此可见,系统风险是在全球化的大趋势下,随着经济、技术、文化和环境各领域得到快速发展、各领域的相互依赖性逐渐加强,导致危险的病原体、污染物和技术性事故更加容易扩散的情况下产生的新型概念。自然事件(部分被人类行为改变和放大,例如温室气体的排放)、经济、社会和科技的发展与政策驱动的行为之间的互动,导致风险的复杂性增强。这些新的相互关联与互动的风险领域也需要新的风险处理方式,系统风险的处理则需要依靠一个整体的、系统的方法来识别危险、评估风险、管理风险等,这就需要超越常规的因果分析手段,关注各要素之间的依存度和关联性。

2. 按政府组成层级分类

按照政府的组成层级来看,公共部门的风险主要分为三种,每一种的处置手段都不同:第一,部门、地方层级的风险,这些风险可以演变成国家层级的风险。第二,各地、各部门之间的风险,如果一个部门的风险没有被消除,那就可能会演变成其他部门的风险。第三,国家层级的风险,即任何一个部门或地区都无法处理、需要有国家层面的一个核心部门来领导多个部门或地区共同协作来应对的风险。②

3. 按风险发生频率分类

按风险事件发生的频率进行分类③,公共部门的风险主要分为三种:第一,常见型风险事件。此类事件发生比较频繁,虽然每次发生都有不同的特点,但基本形态有规律可循。如气象灾害(夏季暴雨积水引起的交通堵塞)、煤矿生产安全事故(重大煤矿瓦斯爆炸等等)。此类事件由于经常发生,因此相应的管理程序已经比较成熟,核心的问题是如何根据事件具体的变化进行多样化的调整以进一步提高应对的针对性和有效性。第二,偶见型风险事件。此类事件偶有发生,事件发生的规律有一定的脉络,但仍然有较大的不确定性,如一定范围的电网瘫痪、劫机事件等。此类事件种类繁多,损失的不确定性较

---

① OECD, *Emerging Risks in the 21st Century: An Agenda for Action*, 2003.
② *Manage Risk to Improve Public Service*, Report by the Comptroller and Auditor General (Britain), H.C. 1078-1 Session 2003-2004: 22 October 2004. London: The Stationary Office, 2004.
③ 薛澜:《对北京市奥运风险评估报告的评价及下一步工作的建议》(内部资料),2008年2月。

大,是比较难以应对的一类事件。第三,特异型风险事件。此类事件由于其产生原因方式奇特,损失规模巨大等等,使得此类事件一旦发生,有形和无形损失往往很难估量。此类事件如美国"9·11"恐怖袭击事件、中国的"非典"事件、南亚海啸事件等。

> **针对"常见型""偶见型"和"特异型"风险事件采取的管理策略**
>
> 常见型风险事件由于发生频率比较高,对其产生的规律有一定的了解,对事件发生的演变规律也有一定的掌握,因此可以综合采用常见的风险管理手段:(1)预防—发生,即从事件发生的起因入手,采取措施减小事件发生的可能,如针对地铁系统的维修与隐患排查,加强对火灾隐患的排查,进行全民安全知识普及教育等等。(2)预防—损失,即从事件产生的后果入手,采取措施减少事件一旦发生造成的损失,如在重点场所装设自动灭火器,购置备用电源等等。(3)应对,即从事件产生的后果入手,采取措施提高事件发生后应急管理的能力和效率。如提高预案的针对性,进行各种演习,提高反应速度和沟通能力等等。
>
> 偶见型风险事件种类繁多、后果不定,且各自单独发生的概率不大,但作为一个集合,其中某一事件或某几个事件的组合的发生概率则是相当大的。对于此类事件,既不能完全不管,但又无法全管。在这种情况下,一个可以考虑的办法就是在进一步筛选的基础上,把这些事件及其应对方法按照一定的原则归类:(1)按照事件本身产生的原因分类:如大规模人群在特定时间地点的聚集和在特定方向的流动是产生很多不同风险事件的根本原因,例如:群体性事件、传染病的流行和踩踏事故等。这些事件按照我们当前分类是属于不同的三类,但可能其背后的原因是相似的,都是大规模人群的聚集和流动造成的。(2)按照应对风险方式的相似性把事件分类:如很多不同的风险事件都需要紧急的医疗急救,如踩踏事件、生产安全事故、自然灾害等等。(3)还可以有一些其他的方式把事件进一步归类。在归类的基础上,就可以根据这一类事件

的相似性来考虑最有效的风险管理机制或者是应对方法,这样比单件考虑的效率要高得多。前面提到的几种基本策略(预防—发生,预防—损失,及应对)都可以考虑。

由于特异型风险事件产生的原因没有一定规律,因此"预防—发生"策略不是很有效。所以更重要的是依靠相应的独特的应急管理能力。换句话说,是以不变(有效的管理能力)应万变(各种可能的特异型风险事件)。这种独特的应急管理能力及运作模式跟处理"常规型风险事件"是完全不同的。这种应急管理能力与常规应急管理能力相比,往往组织机构更加扁平,领导风格更加平和,需要的团队意识更强,学习适应能力更强,没有现成的预案可以照搬等等。各个国家政府部门的应急管理体系主要的运作模式还是比较适合处理"常规型风险事件"。但对"特异型风险事件"的识别能力的培养,培养和建立"特异型风险事件"的应急管理能力和机制是非常必要的。因此,可以通过情景模拟的方式,来有意识培养和训练相关能力。同时邀请有丰富实践经验的若干专家,组成一个非正式的应急咨询专家组,参与相关风险和应急管理的讨论(但不要给他们加上过多具体的安排),并与风险管理团队的主要人员建立良好的协调关系。在实施风险管理期间,邀请专家参与应急管理相关的讨论,并作为一个专家组对不同情况提出自己的判断。这样的一个"局外群体"有可能对这类特异性风险事件的识别更加敏感,使得风险管理团队能够在第一时间识别特异性风险事件,及时采取有效措施,保证安全。

资料来源:薛澜:《对北京市奥运风险评估报告的评价及下一步工作的建议》(内部资料),2008年2月。

4. 按危险诱因分类

按照危险诱因的不同,公共部门的风险可分为诸如物理诱因、化学诱因、生物诱因、自然力量、社会沟通性风险和合成的危险(见表1-2):

表 1-2　风险的分类(根据危险的诱因)

危险的诱因	风险类别
物理诱因	电离子辐射;非电离子辐射;噪音(包括工业的、娱乐的等);动力能量(爆炸、倒塌等);温度(火灾、过热、过冷)
化学诱因	有毒物质(限值);基因毒性物质/致癌物质;环境污染物质;化合物
生物诱因	真菌和海藻;细菌;病毒;转基因生物体;其他病原体
自然力量	风;地震;火山运动;干旱;洪水;海啸;(自然的)火灾;雪崩
社会沟通性危险	恐怖主义和阴谋破坏;人类暴力(犯罪行动);羞辱、聚众袭击和羞辱;针对人类的实验(例如创新的医学应用);流行性癌病;心理综合病症
合成的危险	食品(化学的和生物的);消费品(化学的、物理的等);技术(物理的、化学的等);关键基础设施(物理的、经济的、社会组织的和沟通性的)

资料来源:IRGC (International Risk Governance Council), 2005, *White Paper on Risk Governance-Towards an Integrative Approach*。

而加拿大的"全部危险源风险评估"项目(All Hazards Risk Assessment,AHRA)就体现了这一分类标准。它旨在获取并整合分散于不同组织和不同政府层级中,尤其是联邦政府层级中与风险相关的知识,这些知识的整合为国家风险评估制定一套协调性方法奠定了基础。AHRA 分类系统如图 1-1 所示。值得注意的是,这一系统不是固化的,随着更多主体的加入,这一系统还会不断演化。同时,随着全球环境,尤其是影响当地环境的事件要素的不断变化,风险的潜在来源也在变化,那就需要对分类系统进行定期检测,以确保它的完备性。

5. 按风险等级分类

根据风险发生的可能性大小和后果严重程度,也就是按照不同等级可将风险划分为极高风险、高风险、中风险和低风险四类。按照等级划分标准的作用在于:根据风险等级和当前风险控制能力,分析判断风险的可控性。在此基础上,决定公共部门管理风险的手段与措施。

6. 按公共管理业务的角度分类

从管理业务的角度来看,公共部门主要负责处理两个方面的风险:(1)涉及公众和政府利益的风险。(2)政府处理风险事务过程中

第一章 基本概念:公共部门与风险管理 13

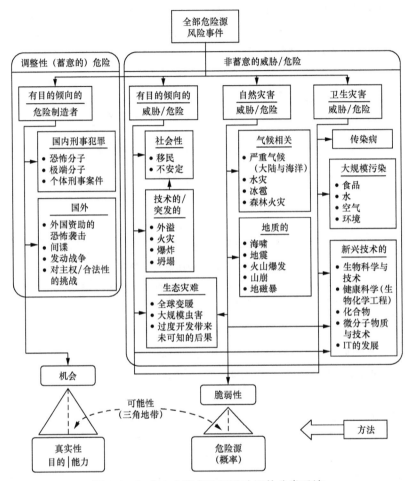

图 1-1 加拿大全部危险源风险评估分类系统

资料来源:Simona Verga, Alain Goudreau, Wendy Nicol, *Developing an All-Hazards Risk Assessment in Canada*, Davos 2008 Orals and Posters。

的业务风险。针对这些风险,政府主要承担三种角色:①监管:针对个人或企业各自面临的风险,政府的角色主要是作为监管者,制定游戏规则。②指导:对于那些不能归咎于任何特定的个人或机构的风险,各国政府将担任一个指导角色,提供保护或减轻其后果。③管理:涉及政府自身的业务,包括提供服务给公民,政府负责识别和风险管理工作(见图1-2)。通常情况下,政府将努力确保"谁将风险施加于他人,他就需要承担因此造成的后果";对于那些责任不能归咎于任何特定的个人或机构的风险,政府将努力确保风险由最为合适的机构进行管理;政府还有一项重要责任在于平衡不同群体间的风险,并保护弱势群体的利益。

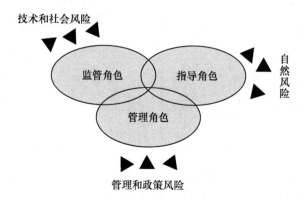

图1-2 政府风险管理角色示意图

资料来源:UK Cabinet Office,*Risk*:*Improving Government's Capability to Handle Risk and Uncertainty*,Strategic Unit Report 2002。

7. 按风险专项管理部门分类

从风险的专项管理部门的角度来看,也就是按照政府对关键的基础设施与核心公共资源的保护地角度来看,可以将风险划分为:农业和食品;能源;公众健康和保健;电信、邮政和运输业;交通系统;化学;商业设施;政府设施;紧急事务处理部门;水坝;核反应堆;原料和垃圾;国防工业基地;国家纪念性和标志性建筑,等等。通过分类,可以将这些公共设施与资源的保护措施统一到国家整体规划中,并使得保护措施和资金分配的优先排序成为可能,从而确保政府和私有部门所使用的资源能够通过减少脆弱性、阻止威胁以及降低突发事件带来的损失等手段,最大限度的消除风险。

第二节 公共部门的风险管理

一、公共部门风险管理的发展阶段

自20世纪30年代以来,风险管理作为一门新兴的管理学科,迅速受到世界各国政府、企业和学术界的高度重视,并逐步在企业和政府管理中得到广泛运用。按照风险管理作为在公共管理领域的一项重要内容这一角度来看,其发展大体可分为三个阶段。

1. 风险管理思想形成与企业界运用阶段(20 世纪 50 年代前)

"风险"这一概念起源于经济领域。1895 年,美国学者海恩斯在《作为经济因素的风险》一书中最早提出风险的概念并加以分类;在他看来,风险是潜在的损害或损失的机会或可能性。① 随着工业革命的诞生,企业风险管理的思想开始萌芽。1916 年,法国科学管理大师亨利·法约尔在他的著作《一般与工业管理》中首次将风险管理思想引进企业经营管理之中,但当时未形成完整的风险管理体系。

在这一阶段,先进工业国家先后完成了产业革命。生产形势较以前相比发生了巨大变化,而国际贸易方面也由自由竞争阶段过渡到垄断资本主义阶段。1929 年至 1933 年,资本主义国家发生了震撼世界的经济大危机,在这场危机中,美国出现了经济大萧条。面对经济衰退、工厂倒闭、工人失业、社会财富遭到巨大损失的大灾难,人们开始思索,如何减少和消除类似的灾难性后果。

20 世纪 30 年代首先在美国产生了风险管理的基本构思。1930 年,在美国管理协会(AMA)发起的第一次关于保险问题的会议上,宾夕法尼亚大学的所罗门·许布纳博士指出,"防患于未然就是最大的保险",这也表达了现代风险管理的一个重要思想。1931 年,美国管理协会大会上明确了风险管理的重大意义,并设立了保险部门作为该协会的独立机构,该部在以后的数年中,以学术会议和研究班形式集中研究了风险管理与保险问题。② 1932 年美国成立纽约保险经济人协会,定期讨论有关风险管理的理论和实践问题,后来逐渐发展为全美范围的风险研究所。该协会的成立标志着风险管理的逐步兴起,但此时风险管理主要还限于理论探讨,只有少部分大企业开始试行。

第二次世界大战后,世界政治、经济格局发生了深刻变化,科技进步推动了第三次技术革命,企业生产经营环境日趋复杂。一方面,各类风险事件的发生日益频繁;另一方面灾难事故的连锁性和扩散性也使得风险损失加大,增强了社会经济生活的不确定性。这是风险管理在美国蓬勃发展的最深刻也是最基本的社会原因之一。

进入 20 世纪 50 年代后,美国企业界发生了两件大事:第一,50

---

① 景怀斌:《公共危机心理——SARS 个案》,社会科学文献出版社 2006 年版,第 3 页。

② 刘新立:《风险管理》,北京大学出版社 2006 年版,第 29—30 页。

年代美国钢铁业因退休金和福利问题发生了大罢工,历时半年之久,造成了难以估量的损失;第二,1953 年 8 月 3 日美国通用汽车公司的一个自动变速装置引起火灾,造成了 5 000 万美元的经济损失。这些工业史上的空前劫难震动了美国企业界和学术界,因此促进了风险管理在美国工商界的推广,成为风险管理科学发展的契机,美国企业界开始探索研究风险管理问题。

美国钢铁业大罢工与美国通用汽车公司的火灾事件

1948 年,美国钢铁工人工会欲与厂方就养老退休金和团体人寿保险进行谈判,但厂方认为这两项福利应该出于厂方的自愿,拒绝谈判,导致工人罢工长达半年之久。后由美国联邦劳工关系局裁定,养老金和团体人寿保险也应该作为钢铁厂员工工作的条件之一,钢铁厂应该接受谈判。钢铁厂不服裁定,上诉至最高法院,最高法院仍判决劳工关系局胜诉。从此以后,所有福利的提供均可作为谈判的条件,员工福利的方案由此而普及。

1953 年 8 月 12 日,通用汽车公司的一个汽车变速箱工厂发生火灾,除了共计 300 万美元的厂房、机器设备以及原材料损失之外,由于通用汽车公司所有汽车和卡车的自动变速装置零件(排档)都是由这一工厂供应的,所以事件发生后,连累到汽车及卡车的制造,这些制造部门少的停产三个月,多则停产六个月,造成了巨额的间接损失。此外,通用公司的卫星工厂,如玻璃厂、钢铁厂和其他大股份公司也随之业务停顿,这又造成了高达 5 000 万美元的损失。加总起来,整个事件的损失近亿美元。这场火灾的教训加速了风险管理观念的酝酿。

美国 1948 年钢铁业大罢工事件以及 1953 年通用汽车公司的火灾事件一起成为风险管理发展史上的标志性事件,促使风险管理在美国蓬勃发展起来。

资料来源:刘新立:《风险管理》,北京大学出版社 2006 年版,第 28—29 页。

在研究领域,1956 年《哈佛经济评论》发表了美国学者拉塞尔·

格拉尔的论文《风险管理——成本控制的新时期》,首次提出并使用了"风险管理"一词,从此,风险管理作为一门系统的管理科学开始在美国兴起。此时,风险管理被公认为企业管理领域内的一项重要内容。

2. 风险的社会化与政府风险管理标准化阶段(20 世纪 60 年代至 90 年代)

在这一阶段,风险管理历史上出现了一个革命性的转变,即从传统的以保险为核心的风险管理中脱离出来,逐渐形成现代全方位的风险管理格局。其中,以政府的实践探索为典型代表。

拉什·卡逊(Rachel Carson)于 1962 年出版的《寂静的春天》(Silent Spring)一书唤醒了公众对工业化社会所带来的环境危险这一问题的意识。同时,20 世纪 60 年代发生的一系列环境突发事件进一步引发了公众对环境问题的恐惧与关注,加上更先进的科学分析方法促使人们掌握了更多的相关信息,于是公众开始掀起新一轮的环保运动,从而在 1970 年庆祝了第一个人类地球日。这些事件引发了公众对以减少人类健康和环境危险为目标的环境立法与管理工作的关注,并迅速激发了公众对风险管理工作的兴趣。各行业领袖也开始用一种分析的眼光来看待风险。1986 年,德国著名的社会学家乌尔里希·贝克(Ulrich Beck)出版了德文版的《风险社会》一书,首次使用了"风险社会"的概念来描述当今充满风险的后工业社会并探讨了有关风险社会的理论,引起了国际社会的探讨。几乎与此同时,苏联切尔诺贝利核电站产生的影响世界的核泄漏事故则为贝克的风险社会理论提供了有力的佐证,随即,"风险社会"这一概念开始在学术界流行。"风险社会"这一概念极大地丰富了关于风险理论探究的范畴,并使风险研究上升到全社会的高度。

在这一阶段,除了在企业管理中得到广泛应用外,在美国,环境、健康等风险问题引起了政府高度重视,政府也开始了风险管理的实践探索。美国国会成立了新的联邦机构实施风险相关领域的立法,包括国家运输安全委员会(National Transportation Safety Board, NTSB)、美国职业安全与卫生管理局(the Occupational Safety and Health Administration, OSHA)、美国环境保护总署(the Environmental Protection Agency, EPA)、美国消费品安全委员会(the Consumer Product Safety Commission, CPSC)和美国核管理委员会(the Nuclear Regulatory

Commission,NRC)。这些新成立的机构与包括美国食品药品管理局、美国农业部等已有的管理机构一起负责管理应对风险事务。相关领域的法案和研究计划也随之颁布与实施,促使产生了大量的研究成果。

与此同时,风险管理也开始朝着科学化与标准化的方向发展。1980年8月28日,风险分析学会成立,标志着风险分析作为风险管理的一个研究领域发展成熟的标志。1983年,美国科学院公布了风险评价的四段法(危险识别、剂量—反应评估、暴露评估、风险描述)。同年,美国风险与保险管理协会年会通过了"101条风险管理准则","准则"共分12个部分①,这作为各国风险管理的一般准则,使风险管理更趋于科学化和规范化,也标志着风险管理的发展进入一个新阶段。一些国家也陆续制定了全国性的风险管理标准,指导和推动风险管理的发展(例如1999年,澳大利亚/新西兰风险管理标准发布实施)。同时,在核能管制、环境、能源、公众健康等公共政策制定中也开始探索使用风险分析的理论与方法。

3. 风险问题全球化与全球风险治理阶段(21世纪初至今)

随着2001年"9·11"恐怖袭击事件的发生,风险社会理论开始成为西方学者研究的焦点,国际风险管理进入了一个新的阶段:一方面,各国政府和国际组织开始普遍重视风险管理,并逐步成为风险事务的主要管理者;另一方面,面对日益复杂的社会,以往的风险管理模式已经不适应当今风险社会的要求,探索新模式是一个重要发展趋势;伴随着国际学界从强调"减轻灾害"到"灾害风险治理"的转变,"风险治理"开始成为一个重要的研究方向。

"风险治理"②主要是强调风险管理主体的多元性、社会因素和心理因素(如风险认知、社会风险放大、预防原则等)、风险利益相关者

---

① 这几个准则是:风险管理一般准则;风险识别与衡量;风险控制;风险财务处理;索赔管理;职工福利、退休年金;国际风险管理;行政事务处理;保险单条款安排技巧;交流;管理哲学。这些准则也树立了今后风险管理研究的基准。

② 1989年,世界银行在概括当时非洲的情形时首次使用了"危机治理"(Crisis Governance)一词。此后,"治理"便广泛用于与国家的公共事务相关的管理活动和政治活动中。近年来,"治理"开始被引入风险管理领域:较早提出"风险治理"的组织是欧洲综合风险管理组织—诚信网络;2003年,国际风险管理理事会将"风险治理"一词提到最为显著的位置,并较系统地探讨了该词的含义;2004年2月,"联合国开发计划署"下属的"危机预防和恢复办公室"(Bureau of Crisis Prevention and Recovery)发布了一份名为《减少灾害风险:发展面临的挑战》(*Reducing Disaster Risk:A Challenge for Development*)的报告,其中使用了"风险治理"概念,这是联合国在自然灾害领域首次使用该词。

和公众参与性、风险沟通等因素在风险治理中的作用。2003年,国际风险管理理事会(IRGC)成立,它由能影响国家的政府官员、科学家和其他领域专业人士组成。IRGC的成立,更多地显示出国家对国际风险事务的主动介入,将风险管理从民间学术交流和企业自发推动的层次上升到政府行为层次,标志着政府将在关系国计民生的风险评价和风险管理中发挥更大的作用。从各类主体在风险治理中所扮演的角色来看:政府是风险事务的管理者,企业和私人部门是风险管理的使用者,而科学家与学者则是风险学科的研究者。

国际组织关于风险治理的报告

2003年,经济合作与发展组织(OECD)发布《21世纪面临的风险:行动议程》,强调风险具有持续变化的动态特征,风险治理面临巨大挑战。报告提出了"新型紧急风险"和"系统风险"两个重要概念,重点关注了自然灾害(如洪水灾害)、技术或工业事故(如核工业、化学工业等)、传染病、食品安全(疯牛病)、恐怖主义(包括生物恐怖主义,网络恐怖主义)五大风险领域,并在此基础上提出了一个系统性方法框架。

2004年,联合国发布了《与风险共存——全球减灾情况回顾》和《减少灾害风险:发展面临的挑战》报告,强调要将风险管理战略全面纳入可持续发展的主流规划之中。前一份报告中指出风险评估包括:确认某种威胁的属性、位置、强度和发生的概率;确定脆弱性以及与这些威胁的接触是否存在以及它们的程度;确认能提出或处理这些威胁的能力和财力,以及决定风险的可接受等级。

2005年,国际风险管理理事会(IRGC)发表《风险治理白皮书——面向一体化的解决方案》,提出了风险治理的综合分析框架。

资料来源:

(1) OECD, *Emerging Risks in the 21st Century: An Agenda for Action*, 2003.

(2) IRGC (International Risk Governance Council), 2005, *White Paper on Risk Governance-Towards an Integrative Approach*, p.79.

二、公共部门风险管理的定义及特点

各种类型及规模的组织都会面临各种各样的风险,这些风险有可能影响到其目标的实现。这些目标可能涉及组织的各类活动,从战略规划到其运行,也体现在社会、技术、环境和安全结果以及商业、财务和经济措施,同时包括社会、文化、政治和声誉影响等。对组织各项活动中存在的风险应进行有效管理。通过考虑不确定性和未来事项或环境变化的可能性及其对约定目标的影响,风险管理过程有助于管理者制定决策。

整体来看,风险管理是通过系统识别和排查可能存在的风险,科学分析各种风险发生的可能性与后果及风险承受力与控制力,评估风险级别,明确对策并采取风险控制措施,及时发布风险预警并做好应急准备的全过程动态管理方式,包括计划和准备、风险识别、风险评估、风险控制、风险监测与更新、风险预警、风险沟通等多个环节。[①]

风险管理是一项系统性、专业性、科学性和综合性很强的工作,是公共安全和应急管理工作的重要组成部分。其特点主要表现在:

1. 风险管理具有预见性

风险管理的对象是"风险",其主要目标是预防或减少增量风险的出现,并消除或控制存量风险带来的实际损失。风险管理的主要特性就是对不确定性和可能性(风险)进行管理,因此它能帮助实现从更基础的层面对"能带来损失的不确定性"进行超前预防与处置。

2. 风险管理具有双重性

风险的不确定性特质决定了风险管理具有双重性的特点。一方面,通过防范与控制手段可以将一种既定的预期风险进行消除或者减缓;但另一方面,对既定风险的处置会把外在的因素引入现有的复杂体系中,导致改变了现有的风险类型,但是并没有改变风险存在的事实,这就有可能造成风险结构从人们所熟知的状态转变为人们从

---

① 北京市突发事件应急委员会:《北京市公共安全风险管理实施指南》(市应急委[2010]8号),2010年5月14日印发。

未经历过的风险,从而致使带来更大的损失。

纵观人类风险管理的经历来看,起初,既定系统中的不确定性和差异一般都被视为风险和危险的根源,因此,人们会假设消除差异就会减少风险、增加利益、提高整个资源系统的运作能力。于是,人们就会依赖于消除差异的管理政策达到风险管理的目的。但是,这种手段同时也会导致系统自身的变化;差异和不确定性的存在是建立和维持系统各部分重要关系的关键性因素,一旦被去除,(系统各部分的)关系扭转到去适应一个新的环境,如果这一新环境疏于进一步的风险管理措施,就会导致新体系的崩溃,从而致使人们面临新的危险。由此可见,仅仅通过增加知识或是粗暴的施加风险"控制"手段,是不可能减少资源管理中的意外事件的。因此,相关部门必须了解适应性管理概念,学会制定与设计能够包容不确定性的管理政策,来应对复杂的、信息不完备的风险体系。

风险管理的双重性:加拿大云杉蚜虫疫情

加拿大关于云杉蚜虫的研究就记录这样的一个案例。在自然环境下,每隔三十年或更长时间内,这种罕见的昆虫就会导致发生大规模的森林疫情,使得松林大面积的落叶、死亡;与此同时,森林遭到的浩劫也会使云杉蚜虫丧失了居所,从而自然消亡。这样森林的灾难便结束,一个健康的、生机盎然的森林随之长成。但是,从开发森林获得商业利益的角度来看,就需要防止病虫害的发生以维持森林的繁盛,于是,在20世纪50年代初,政府引入了利用杀虫剂的政策。其结果是,一方面,森林被维持在繁盛阶段;另一方面,繁茂的森林也为云杉蚜虫提供了可能存活的环境。于是,蚜虫在整个新不伦瑞克省内散播开来,从一般情形持续发展为高密集度。于是,尽管成本很高,人们仍然得持续使用杀虫剂以阻止更大规模灾难的发生;而与此同时,森林和森林工业变得更脆弱,相比从前,它的危险程度大增。这种风险控制政策究竟是失败了还是应该被抛弃,人们陷入两难境地,但是没能设计出治疗政策。

在世界瘟疫控制的资料中有着相似现象的重复记录。例

> 如,从 1947 年到 1974 年,美国农用杀虫剂的使用量翻了十倍。在同样的时期内,由病虫害引发的粮食歉收的比重上升了两倍。在美国,遭受病虫害的比例已经从 1% 上升到了 52%,玉米歉收也几乎上升了四倍。但是我们也不能简单地停止使用杀虫剂,希望事情会返回到原初的那种变化中可持续性的情形。尽管这或许在某些理论的长远眼光中有可能实现,但是对于农民和粮食供应的短期效应而言这意味着灾难。
>
> 资料来源:William C. Clark, "Witches, Floods, and Wonder Drugs: Historical Perspectives on Risk Management", Richard C. Schwing and Walter A. Albers, Jr. ed., *Social Risk Assessment: How Safe is Safe Enough?* Plenum Press, 1980, 287-313。

3. 风险管理的实质是降低脆弱性

风险管理的实质是降低脆弱性,提高承担风险的意识与适应能力。要自信的、有效的、创新性的处理危险与挑战,其关键与基本问题不在于如何评估、控制、甚至减少风险,而是意识到没有"不存在风险"的环境,提高勇于承担风险的意识,增强适应与应对风险的能力。由此推理到公共管理领域,正如格兰杰·摩根(M. Granger Morgan)在《科学》杂志的一个专题中提到的,"好的政策分析应当意识到:现实中的真理可能是不完备的,也不是十全十美的。政策分析的目标在于评估、排序和组合这些不完备的知识,并根据当前的知识水平和范围,以及知识掌握的局限,做出尽可能完善的决策"[①]。因此,在制定与执行公共政策时,要尽可能地发现存在的不确定性和潜在的危险,并通过相应手段提高政策对风险的适应性。

三、公共部门风险管理的基本流程

对风险管理的阶段界定有许多说法(见表1-3)。各个国家和公共管理部门会根据工作实际与具体需求对流程进行进一步的定义和细分。

[①] William C. Clark, "Witches, Floods, and Wonder Drugs: Historical Perspectives on Risk Management", Richard C. Schwing and Walter A. Albers, Jr. ed., *Social Risk Assessment: How Safe is Safe Enough?* Plenum Press, 1980, 287-313.

表1-3　风险管理阶段模型概览

	模型类型	组成部分	特点	代表
1	风险分析三（或四）要素	（风险源识别）、风险评估、风险管理、风险沟通	将风险评估与风险管理并列。	OIE WHO
2	四阶段模型	计划与准备、风险识别、风险评估、风险处置（风险沟通与风险监测贯穿始终）	宏观性划分，易于被广泛接受；普遍适用于各类组织的风险管理工作； 强调风险管理是一个具有多面效应的过程，需要多领域力量协同解决完成； 强调设置议程，利用多种综合手段。	《澳大利亚/新西兰风险管理标准》英国内阁办公室
3	以组织内部控制与管理为导向的模型	组织战略目标、风险评估、风险报告、决策、风险处置、残留风险报告、监测（调整与审计贯穿始终）	主要对准组织内部的控制和管理方法； 强调风险水平会随着处置手段的实施以及环境的变化而变化； 强调对整个管理过程的监测。	FERMA（欧洲风险管理协会联盟）
4	以风险沟通为导向的模型	计划与准备、初始分析、风险推测、风险评介、风险控制、行动/监测（风险沟通贯穿始终）	强调风险认知的重要性； 初始分析与风险推测组成风险评估； 风险分析与风险评介构成风险评估。	《加拿大风险管理标准》
5	以利益相关者为导向的模型	问题界定、风险分析、选项分析、决策、行动、评介（利益相关者的意见贯穿始终）	强调对利益相关者的咨询与融合，尤其在问题界定阶段。	美国总统/国会委员会
6	风险治理模型	风险预评估、容忍度与可接受性决策、风险管理以及风险沟通	将风险治理分为：(1) 风险评估，对风险进行科学化分析，获取用以支持决策所需信息。(2) 风险管理，对信息进行加工并按照程序做出决策且付诸行动。 模型的有效性取决于各环节能否良性运作且各环节之间能否有效沟通与互动，否则风险治理会出现缺陷，不能达到预期效果。	IRGC

资料来源：

（1）IRGC (International Risk Governance Council), 2005, *White Paper on Risk Governance-Towards an Integrative Approach*.

（2）Canada Standards Association, *Risk Management: Guideline for Decision-Makers* (CAN/CSA-Q850-97), Canadian Standards Association, 1997 (Reaffirmed 2002).

四、风险管理与风险评估的关系

对于风险管理与风险评估两个概念之间的关系,不同的学者、组织意见不一,主要表现为:

(1)将风险管理与风险评估作为两个相对独立的要素,两者同时对政策行为的调整产生影响,主要代表是美国科学院和国际风险管理理事会的研究结论。

(2)将风险评估视为风险管理流程中的关键环节之一,对风险决策和风险处置产生影响,以《澳大利亚/新西兰风险管理标准》、欧洲风险管理协会联盟的《风险管理标准》和加拿大的《国家风险管理标准》为代表。

国际风险管理理事会将风险评估定义为:"优先考虑以定量的表述方式,对涉及一种风险的类别、强度、(通常是不利)后果的可能性进行识别与研究。风险评估通常包括风险源的识别与推测、暴露与脆弱性评估以及风险推测三个部分。"[①]同时,它认为风险管理是"为了保证人类社会实现最大利益并确保他们远离危害,对开展新的或是改变现有的人类活动或者(自然或人为的)结构的行为选项进行创造和评介,执行被选选项、并对其效果进行检测。"[②]由此可见,国际风险管理理事会将风险管理与风险评估作为两个相对独立的要素进行了区别。同时,WHO 也将两者作为风险分析的两个重要因素并列,认为风险评估是"基于科学的"分析结果,而风险管理是"基于政策的"分析结果,两者间直接或者通过风险沟通间接地"积极交换有关风险的信息与观点"[③]。

然而,风险管理过程中对决策选项的确定、执行与检测是需要建立在对风险进行了评估的基础之上的,而且应当是"科学的"也是"政策的"分析结果。虽然将风险评估从风险管理中独立出来会"改善风险评估的质量,从而导致更优化的风险管理决策"。然而,由于风险评估与风险管理之间紧密的因果关系、两者的分离会导致风险评估对风险管理的需求回应程度降低等多种因素的限制,还是不能将两

[①] IRGC (International Risk Governance Council), 2005, *White Paper on Risk Governance-Towards an Integrative Approach*, 79.
[②] Ibid., p.80.
[③] Ibid., p.107.

者截然分离开来①。同时,根据我国国情,风险管理相关工作还刚刚起步,风险评估所依赖的基础相对还比较薄弱,能进行定量分析与评估的程度还很低,所以风险评估的职能还不够强大。鉴于此,还是应当将风险评估作为风险管理的一个重要环节纳入到整个过程中去。

第三节 公共管理中风险管理的作用与功效

一、应急管理、风险管理与危机管理

从狭义的角度来理解应急管理工作,其起点是预测预警阶段,虽然目前应急管理工作范畴已经向"预防"环节全面延伸,但管理对象的侧重点仍是突发事件。此处将从狭义的角度来分析应急管理与风险管理、危机管理的联系与区别(见图1-3)。但值得注意的是,具体实践中的应急管理工作应当将后两者全面纳入管理范围,也就是从广义的角度来开展应急管理工作。

1. 应急管理:事前、事发、事中、事后的全过程管理

应急管理的对象是"突发事件",应急管理的主要目标是"预防和减小事件发生所造的损失"。全过程的应急管理工作则应当囊括事前、事发、事中、事后所有的应急管理环节,这就包括预防与应急准备、监测与预警、应急处置与救援、善后恢复与重建等多个部分。

从狭义的角度来看,监测与预警是应急管理工作的起点;目前,中国一直强调的"预防为主、关口前移"的问题,也就是要做好"监测与预警"工作。而监测与预警工作(也就是应急管理工作的起点)的主要目的在于防止已经存在的"潜在的危害"转化为"突发事件"。

虽然目前应急管理的工作范畴已经向"预防"环节延伸,但管理对象的侧重点仍是突发事件。从这个意义上来说,应急管理仍是相对被动的。因此,要推动应急管理从"被动应对型"到"主动保障型"的转变,就应当从更基础、更根本的层面开展,也就是在"风险管理"上下足功夫。

---

① 详细内容参见 Committee on the Institutional Means for Assessment of Risk to Public Health (National Research Council), *Risk Assessment in the Federal Government: Managing the Process*, National Academies Press, 1983: 5-6. 其中讨论了是否应当改变体制结构"将风险评估部门从风险管理部门中独立出来"或者是"成立一个独立的集中式的风险评估机构,为所有有需求的部门提供服务";结论是"将风险评估功能从机构中剥离出来形成一个新的组织是不合适的"。

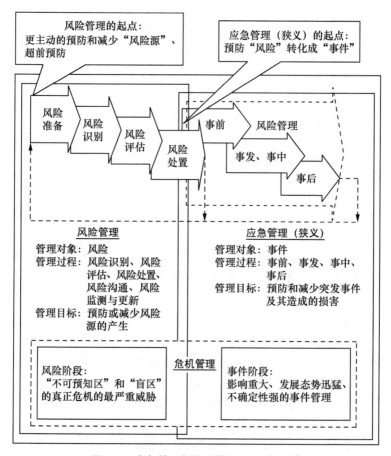

图 1-3 应急管理与风险管理、危机管理①

资料来源：薛澜、周玲、朱琴：《风险治理：完善与提升国家公共安全管理的基石》，载《江苏社会科学》2008 年第 6 期。

2. 风险管理：应急管理工作的"关口再前移"

"风险"包括两个基本要素：不利后果与可能性。其中，"不利后果"包括主观和客观两个方面，即可能产生的客观损失（人员伤亡、经济损失、环境影响等）和可能造成的主观影响（人群心理影响、社会影响、政治影响等）。

风险管理的对象是"风险"，其主要特性是对不确定性和可能性

---

① 薛澜、周玲、朱琴：《风险治理：完善与提升国家公共安全管理的基石》，《江苏社会科学》2008 年第 6 期。

(风险)的进行管理,因此要实现应急管理活动的向前延伸,就需要实现从更基础的层面对"能带来损失的不确定性"(风险)进行超前预防与处置,从而实现应急管理工作真正意义上的"关口前移"、"防患于未然"。

第一,从功效上来讲,风险管理比应急管理更能从根本层面(基础规划、制度、城市软硬件建设)避免损失的产生。风险管理的最佳功效是"超前预防",即尽量避免和减少人类活动与"灾害性"环境之间的互动,也就是尽量降低"至灾因子"产生的可能性,由此达到从最根本的层面上防止损失的产生;而一旦出现了"风险源",风险管理的主要任务则变为评估和分析风险产生的可能性以及造成损失的概率,从而通过相应手段减少、降低、消灭这些可能性和概率的程度,达到预防损失的目的。但是"风险"一旦转化为"事件",损失便不可避免,此时就需要采取应急管理的手段将损失减少到最低。

第二,从管理层级上来看,风险管理的本质是战略管理,而应急管理则更多地倾向于是一种行动策略,因此风险管理能够在更基础层面(基础规划、制度、城市软硬件建设)实现管理的优化。风险管理通过对环境和"风险源"的仔细分析与评估,制定出处理"潜在损失"的系统性规划(其中包括了最基础的规划),从根本上杜绝和防止危害的产生,由此实现整体管理的优化。而应急管理是在"事件"发生后,按照既定预案或方案重新组合资源来进行应对,这通常导致在有限的时间和信息压力之下做出决策,因此很难保证资源配置的科学性和最优。

风险管理工作的终点包括两个部分:其一,如果风险源被成功消除或控制,则重新进入常态管理和风险管理的起点(也就是风险管理准备阶段);其二,如果风险处置失败,"潜在的危害"转化为"突发事件",则立刻进入应急管理过程。因此,风险管理工作的终点就是应急管理工作的起点(监测与预警)。

由此可见,要实现应急管理工作"关口前移"的目标,不应当仅限于满足做好"监测与预警"(也就是防止"风险"转化为"事件"这一阶段)的工作;而应当将关口"再前移",实现从根本上防止和减少风险源、致灾因子的产生,也就是满足风险管理工作"超前预防"的目的。所以,在管理工作中有必要建立相应的机制与规则,确保应急管理与风险管理的有效衔接。

3. 危机管理:"做最坏的打算",强调决策的非常规性和"艺术性"

在应急管理向风险管理延伸的过程中,有一个特殊部分需要理清,即"危机管理"。危机对社会安全秩序及其他价值可能会造成特别紧急和严重的威胁,具有高度的不确定性,但同时又具有一定的"机遇性",急需组织紧急决策处置。因此,危机兼顾了"风险"与"事件"的特性,危机管理贯穿在风险管理和应急管理的整个过程中。

在风险阶段,根据"约哈里窗口理论",公共管理的风险信息可以被分为四个区域(见表1-4),其中盲区和不可知区是危机管理需要重点监测和防控的对象。

表1-4　风险信息分区矩阵

公众＼政府	知道	不知道
知道	Ⅰ. 开放区	Ⅲ. 盲区
不知道	Ⅱ. 隐藏区	Ⅳ. 不可预知区

在事件阶段,按照事件的性质可以分为常规性的突发事件(即可以马上找到诱因的事件),以及非常规性突发事件(原因不明,不确定性大)。对于常规性的突发事件,应急工作可以根据以往的经验,利用常规化管理和程序性决策将突发事件有效地解决。而对于非常规性突发事件而言,不确定性大、影响大,事件更为复杂,这就需要非常规决策,这正是危机管理的重点。

危机管理的独特之处在于它特别重视"做最坏的打算",并强调决策的非常规性和"艺术性",从而把握机遇转危为机。危机管理的目标定位可以按照危机事前与事发后两个阶段分别应该追求的最高与最低境界,可以具体分为下表中的四层U形境界(见表1-5)。

表1-5　危机管理的四层U形境界

境界＼危机阶段	事前	事发后
高	1. 完全避免危机	4. 善于利用危机
低	2. 充分准备危机	3. 有效应对危机

资料来源:彭宗超:《未雨绸缪:"中国大流感危机准备的战略分析与政策建议"》,《公共管理评论》2007年第6期;刘涛雄、彭宗超:《大流感爆发对中国经济的影响预测》,《清华大学学报(哲学社会科学版)》2007年第4期。

二、风险管理在公共管理中的作用

1. 风险管理在更基础的层面实现"标本兼治"

风险管理渗透在城市"规划、发展、建设、管理、运行、服务"各个环节。在"规划"环节,通过充分考虑风险因素,优化规划设计,可以避免或减少大量增量风险的出现。在"发展"环节,通过统筹分析各种风险,可以避免城市发展中的失衡问题,真正实现科学、可持续发展。在"建设"环节,将风险管理引入城市基础建设中,可以消除或减少风险源,从根本上提升城市承受风险的能力。在"管理、运行、服务"环节,通过系统管理各种类型的风险,可以明确城市管理的需求和重点,优化管理流程,增强风险控制能力,保障城市安全运行,提供更安全、更优质的公共服务。

2. 风险管理能实现公共管理的完整性与系统性

风险管理能够确保公共管理的完整性与系统性,并对整体的管理过程具有监测作用。风险管理的起点是更基础的环境信息层面,包括城市的规划、建设、管理中的所有相关信息。通过扫描并积累这些信息,来识别和控制风险。由于风险管理有利于帮助建立起社会和城市建设发展的最基础的相关信息"数据库";因此,它能够通过完善信息的完备性与系统性来监测整个城市管理环节中的薄弱点,并提出相应的改进原则,由此推动整体社会的管理活动朝着完整性与系统性方向发展。

3. 风险管理是更优化的管理策略并实现资源的最佳配置

风险管理是一种管理策略,而应急管理是一种行动策略。应急管理侧重于"事件"发生后做出决策,重新组合资源并采取行动,这些决策和行动往往是在有限时间、有限信息和高度不确定性的压力下做出的,很难保证资源的最优配置。而风险管理通过对风险源的系统分析与评估,主动采取有针对性的措施避免风险以及损失的产生,从而降低应急管理的成本,使有限资源发挥最大作用。其核心就是要在有限资源的情况下最大可能地减少损失,实现资源的最佳配置,甚至把握住机会获得利益。

4. 风险管理能提高公共部门的工作、决策效率,并鼓励沟通与创新

从功效上来讲,风险管理能够帮助提高工作与决策效率,并支持管理手段的创新。风险管理的最佳功效是"超前预防",即尽量降低"致灾因子"产生的可能性,由此达到从最根本的层面上防止损失的产生;而一旦出现了"风险源",风险管理的主要任务则变为评估和分析它们带来风险的可能性以及造成损失的概率,从而实现通过相应的手段减少、降低、消灭这些可能性和概率的程度,达到预防损失的目的。但是一旦"风险"转化为"事件",损失便不可避免,此时唯一能采取的行动就是尽量把损失减少到最低。而这些试图通过主动预防的方式来减少危害及其损失的办法则在提高工作与决策效率的同时,还能够鼓励和推动管理手段的创新。

5. 风险管理是应急管理的"关口再前移"

如前所述,应急管理的对象是"突发事件",主要目标是"预防和减小突发事件发生所造成的损失",管理过程包括事前、事发、事中、事后全过程。尽管应急管理强调"预防为主、关口前移",要求做好"监测预警"工作,但其管理起点是预防和减小存量风险(已经存在的风险)转化成突发事件,即捕捉突发事件发生的征兆并采取应对措施。因此,应急管理是以"事件"为中心,仍是相对被动的。要进一步推动应急管理,就必须从"事件"之前的"风险"入手,从更基础、更主动的风险管理层面开展工作。

风险管理的对象是"风险"。风险管理能够更加系统地分析和评估各种风险因素,并通过优化规划、建设和管理手段,达到"消除或控制存量风险,预防或减少增量风险"的管理目标。风险管理将起点前移到"增量风险",是应急管理的"关口再前移",是一种更积极、更主动的管理方式。

6. 风险管理是建设应急预案体系的基础

整体而言,应急预案是基于危险源辨识和风险评估之上的应对方案,统筹安排突发事件事前、事发、事中、事后各个阶段的工作,是应急管理工作的主线。应急预案体系应建立在风险评估工作基础上,通过全面系统识别分析各地区、各系统、各部门可能面临的各类风险和安全隐患,明确主要事件、次生衍生事件和相关保障工作范畴,确定应急预案体系的构成,确保应急预案全面覆盖主要风险和重点区域。

第二章　公共部门风险管理的国际经验与发展趋势

当今社会,各种自然的、人为的和技术灾害正反复给世界各国带来灾难性的损失,包括人员伤亡、财产破坏、经济冲击,并对公众道德和信心带来深远影响,而且这些灾害及其负面影响有愈演愈烈之势。随着世界整体安全情况变得错综复杂的同时,社会的整体风险也变得更加复杂。

在这种大背景下,政府及相关部门的公共服务面对着更大的压力与挑战,这表现为:(1) 管理的事务内容迅速变得更加复杂,面对的风险不再单一而是相互交错在一起。这包括内部风险(由于部门应对能力不足而导致产生的风险,这往往对核心职责造成冲击)和外部风险(比如恐怖威胁、公共卫生问题、气候变化带来的不稳定等),这些风险交织在一起,通常需要超过一个以上的部门互相协作来共同应对。(2) 潜在风险的巨大破坏力正迫使政府部门尽全力采取各种手段去监测与防范,努力争取"防患于未然"。(3) 公民不断变化和产生的需求给"负责任的政府形象"带来更大的压力。事实上,公共服务最大的风险并不是接受风险,而是服务及其提供方式没能跟上公民需求的变化和产生的新需求。(4) 风险并不完全意味着损失,其中也蕴藏着机会,公共服务部门需要充分挖掘出这些可能的机会,从而实现风险处置成本效益的最大化。(5) 公共、私有等所有部门之间的界限更加具有穿透力,越来越多的政策制定需要打破政府所有部门的界限进行合作。各部门不仅要处理自己的风险,而且还要处理合作部门或其他合作伙伴的风险。

正是认识到了风险管理的重要性,世界许多发达国家从 21 世纪初就开始了风险管理的探索,将改善风险管理职能作为政府优先考虑的关键因素。在此过程中,为更好地应对公共风险,提高整体的风险管理与决策能力,各国纷纷投入大量的人力、物力和财力,强调政、研、企多方合作,开展风险管理的理论研究和实际运作。其中,典型的国际组织和发达国家已经实施相应的项目和规划进行了适当的探索,并取得了一定的成效与进展。但通过总结这些经验来看,公共部门风险管理的责任仍旧任重而道远。

第一节 国际组织的风险管理项目及规划

进入 21 世纪以来,如何减轻灾害风险成为国际社会重点关注的问题,2000 年,联合国国际减灾战略(ISDR)成立,它旨在提供一个框架以协调地方、全国、区域和国际层面上减灾行动。2005 年,世界减灾大会在日本神户举行,联合国成员国在这次会议上签署了《冰库行动框架》,所有国家承诺尽最大努力在 2015 年之前减轻其灾害风险。国际风险管理理事会(IRGC)也随后成立,这是专门研究风险灾害的世界性组织。伴随着国际社会对风险治理关注度的深入,许多国际组织都设置了相应的研究与规划对相关问题展开探索,并取得了一定的进展(见表 2-1)。

表 2-1 国际组织的风险管理项目及规划(示例)

	年份	国家/组织	项目/报告名称
1	2003	经济合作与发展组织	《二十一世纪面临的风险:一项行动议程》
2	2004	联合国	《与风险共存——全球减灾情况回顾》《减少灾害风险:发展面临的挑战》
3	2005	国际风险管理理事会	《风险治理白皮书——面向一体化的解决方案》
4	2008	欧盟	开展基础设施风险识别与风险评估的相关法令
5	2009	联合国发展署	《气候变化中的风险与贫困》

一、经济合作与发展组织(OECD)风险管理报告:《21 世纪面临的风险:一项行动议程》

2003 年,经济合作与发展组织(OECD)发布题为《21 世纪面临的风险:一项行动议程》(Emerging Risks in the 21st Century: An Agenda for Action)的报告,该报告以一些重要系统在未来变得更加脆弱的可

第二章 公共部门风险管理的国际经验与发展趋势

能性为重点,着重分析未来风险的不确定性,以及如何有效的防范和处理灾难。

报告首先指出,进入 21 世纪,各种新的、严重的灾害事件仍在不断发生;当前风险变得更加难以预测,灾难事件的覆盖面很广——涉及环境、财产、健康、生命,包括欧洲巨大风暴灾害和水灾、加拿大的风暴灾害、艾滋病、变种克雅氏病、非典型肺炎以及美国的"9·11"袭击和日本的沙林毒气攻击事件等等。

报告进而总结了风险背后的三大驱动因素。第一个重要的驱动力是人口。据预测,到 2050 年世界人口将从目前的 60 亿增加到 90 亿,实际上额外增加的 30 亿人将生活在城市中(见图 2-1)。这绝不仅仅是一个统计数字,这将意味着在未来某一天,一个庞大的世界人口将完全暴露在风险面前。不断变化的环境则是另一个推动因素。这些变化来得很快,可能致使我们的科学知识在处理风险事件时面临严峻的考验,诸如气候变化、水资源短缺等。第三个推力便是技术,技术的创新发展一方面有助于提升风险防范水平,而另一方面技术同样带来了诸多不可预知的风险。

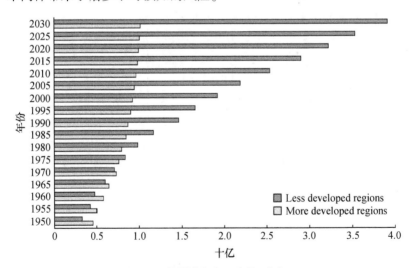

图 2-1 世界城市人口变化(十亿)

资料来源:United Nations,*World Urbanisation Prospects 1999*。

报告在分析了 21 世纪世界所面临的风险现状之后,随之提出了诸多建议措施和理念以帮助各国有效应对风险和处理危机事件。

1. "宽视角"审视风险

在不断变化的环境中应对风险,需要采用一个比以往更宽广的角度来审视风险。不同领域、部门(食品安全、恐怖主义和环境)所运用的管理方法不同,这就需要总结各领域中共通的风险处理观点与意见。其次,要重新审视已有的风险模型。许多风险模型假定某一个危险是与一个明确的源头挂钩,单一线性关系。当牵涉到一系列复杂因素时,这已被证明这是有着严重缺陷的。诸多风险模型中的另一个弱点是他们忽视了存在于系统中的潜在危险。如果一个系统假定是封闭的,出现危机事件可能是潜在危险长期积累的结果,一系统中长期潜在的危害,可能造成其他系统也受到牵连,从而产生"多米诺骨牌效应"。这就需要及时搜集信息,尽可能早的预警,及时明确系统中薄弱环节。

"宽视角"意味着采取世界性的视角。各国间经济社会的依存度在日益提高,在发展中国家出现的风险,由于其监测和预警系统的不完备,可能导致迅速蔓延进而影响到全球的其他诸多国家。因此,国家之间关于风险技术和知识的交流与合作需要得到加强。

2. 社会团体和公众积极参与风险管理过程

风险决策不完全是科学知识和专家判断,它需要听到各种不同的利益相关方的声音——政府官员、专家、社会团体以及民众,公众是风险决策的重要参与者。报告同时将强调了政府与民众之间建立信任的重要性,并为二者之间的信任建立提供了诸多建议,包括信息的公开透明等等。面对灾难时,影响一个社会作出有效反应的关键因素之一便是"信任"。然而,信任又是脆弱的—信任的建立远比破坏容易得多,信任的建立需要一段持续的过程,而信任的破裂有时是瞬间的事情。

3. 保护关键系统

确保风险被控制在一个系统可接受的范围之内,要求做到降低系统的脆弱性和增强系统面对风险的应对能力。

首先,提升关键系统的风险防范水平需要花费额外的、看起来不必要的成本。从长远来看,一系列的防范措施虽然有助于提升安全水平,但成本、支出是立即能看得见的,而收益则需要一定时间的等待。如果一国政府面临着财政的压力,一般会选择减少诸如基础设施维修或人员培训的预算。这种行为的后果在短时间内是不会察觉的,时间长久后就会慢慢导致风险管理能力的显著下降。

其次,健全系统中的风险管理制度。一个系统是否有问题是在关键性基础设施遭遇恐怖袭击,或公共健康系统遭遇传染病,或生态系统遭遇污染时才能体现,降低风险的方法多种多样,主要取决于管理制度本身。

再次,充分利用技术创新。技术的发展与创新可以在风险防范方面作出更大的贡献。

最后,考虑到系统的庞大规模,公共部门与私营部门在广泛领域中的协调与合作将是问题的关键。公共部门对风险的集中化管理正变得不再高效,与私营部门的广泛合作才能使得工作更容易、增强公共部门的监管效率。

4. 提供信息共享和沟通渠道

无论风险防范如何周密,风险都不可能被完全消除。因此,灾难前准备便是风险管理必不可少的举措。大多数灾害是一个媒体事件,与媒体的有效互动,对于减少损失是至关重要的。通过媒体传达及时、准确和一致性的信息,对于减少伤亡是异常重要的。通过媒体可以向公众传达指示、鼓励捐款、获得公众支持、增进对社区领导的信任以及帮助资源的有效分配。

通常情况下,预警是灾难防备链中的薄弱环节,早期的预警质量异常关键。但另一方面,在许多紧急情况下对负责人挑战极大,既要安排时间和调度资源满足传媒的要求,同时又要在极端紧迫性和不确定性条件下组织救灾工作。但是也不能夸大媒体的作用,如果公众对风险的认知是由娱乐媒体而不是由专家塑造,在真正面对风险时,这种风险知识的匮乏可能导致恐慌和误导行为。

5. 灾难发生时的快速有效行动

除了灾难发生之前的各种防范措施,在灾难发生后采取行动的力度和速度是有效限制灾难损失的关键。而系统只有具备足够的弹性才能及时提供紧急服务以缓解损失。报告中也提到充分利用市场分担政府风险管理压力的建议。近些年来,保险行业管理者和企业都在一直寻找替代性的风险转移机制,例如将传统的保险合同转化为证券。巨灾证券便是保险行业应对特定自然灾害的典型例子。

二、联合国风险管理报告:《与风险共存:全球减灾情况回顾》与《减少灾害风险:发展面临的挑战》

2004年,联合国发布了《与风险共存:全球减灾情况回顾》(Living with Risk: A Global Review of Disaster Reduction Initiatives)和《减少灾害风险:发展面临的挑战》(Reducing Disaster Risk: A Challenge for Development)报告,强调要将风险管理战略全面纳入国家可持续发展的主流规划之中。

1. 联合国风险管理报告:《与风险共存:全球减灾情况回顾》

《与风险共存:全球减灾情况回顾》中指出,在过去的十年中,虽然世界范围内由于灾难事件导致的死亡数字在下降,但是受影响的人数和造成的经济损失却是前所未有的。该报告就如何减少风险和脆弱性、迎接明天的挑战,提供了指南、政策导向和灵感,以及一些经验教训作为参考;它对有志于风险管理实践和可持续发展的政府、机构和个人具有重要意义,其目标便是通过采取及时有效的行动,在一个灾害频发的环境中实现世界的可持续稳定发展。

该报告的核心内容是关于如何有效的预防灾害风险、降低系统脆弱性以及减灾。报告首先提出了减少灾害风险所涉及的五大领域及其包涵内容(见表2-2);在此基础上,报告进而建立了以政策支持、信息共享和技术运用为基础的风险管理框架(见图2-2),并详细总结了各个国家和地区在不同领域的成功经验和所面临的挑战,以总体指导灾害风险的预防和减缓。

表2-2 减缓灾害风险所涉及的五大领域

相关领域	包涵内容
A 政治承诺与机构发展(政府)	• 政策与规划 • 法律和监管框架 • 资源 • 组织结构
B 风险界定与评估	• 风险评估与数据质量 • 早期预警系统
C 知识管理	• 信息管理和沟通 • 教育和培训 • 公众风险意识 • 科研

续表

相关领域	包涵内容
D 风险管理应用	• 环境与自然资源管理 • 社会和经济发展实践 • 物理和技术措施
E 备灾、应急计划和应急管理	• 准备和应急规划 • 危机管理

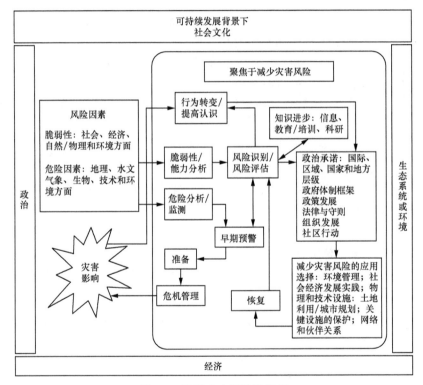

图 2-2 降低灾害风险的框架

资料来源：ISDR，*Living with Risk*：*A Global Review of Disaster Reduction Initiatives*，2004。

（1）灾害风险管理首先是政府的责任。

第一，由于地方政府要服务于当地社区居民，地方当局更有条件熟悉灾害风险的经验、现有资源和机会以便确定和管理这些风险。第二，区域合作、互动及经验分享。不同地区由于不同的地理和社会环境，风险特点也略有不同。通过区域间技术和经验的共享、资源的整合，更能有效地缓解和预防风险。第三，社区行动。成功风险减缓措施的制定与实施应当让社会民众广泛参与其中。社区首先应意识到减灾的重要性，加强社区能力建设，鼓励 NGO 和志愿者活动。

> **风险的减缓与政府行动**
>
> 政府可以通过以下手段，将灾害风险意识纳入到政府的管理责任之中：
>
> ① 向最有可能遭受到风险危害的地区，传递基本的风险信息，包括如何降低风险的措施等。
>
> ② 发展机构的综合能力，以评估和应对来自社会、经济和环境等各方面的风险。
>
> ③ 提供机会，使科研机构为风险管理政策的制定贡献更多的力量。
>
> ④ 政府积极与当地网络、社团组织，就如何组织本地资源、减少损失和提高应变能力建立伙伴关系。
>
> ⑤ 鼓励政府机构、技术专家和当地居民共同参与风险评估工作。
>
> ⑥ 确保有关私人、公共资产和关键基础设施保护的标准和规范被公众所熟知。
>
> ⑦ 在国家和地方层级的设计和实施风险和脆弱性策略方面，鼓励和促进公民参与。
>
> 资料来源：ISDR, *Living with Risk: A Global Review of Disaster Reduction Initiatives*, 2004。

（2）知识进步和信息共享。

第一，报告同时强调信息交流和沟通对风险减缓所发挥的重要作用。数据是进行研究、国家规划、监测风险和评估风险的关键，同时也是灾害风险管理各个方面的基础。第二，网络和伙伴关系。减少灾害风险会涉及诸多机构和部门，这就凸显出机构间建立合作伙伴关系的必要性，包括政府部门之间、政府与私营部门、专业机构之间形成的网络关系等等。第三，教育和培训。优先重视教育是减灾战略的重要组成部分。通过正式的教育计划和专业培训，可以使有关风险和危险性的认知成为人们日益成熟的公民意识和职业责任的一部分。第四,公众意识。增强公众的风险意识,也是减少灾害风险战略的重要组成部分。公众风险意识/文化是可以通过学校、政府、专业和商业渠道来培养的。

(3) 减少灾害风险的应用选择。

第一,环境管理。环境和灾害之间是具有内在联系的。一个健康的环境,提升了社会减缓自然和人为灾害影响的能力。环境退化改变了人类的资源基础和增加了脆弱性;相反,保护大自然的完整性和确保自然资源的合理利用可以减少脆弱性。第二,土地利用规划。首先,土地使用管理涉及法律、技术和社会多个层面;其次,成功的土地利用管理计划将面临诸多挑战:政府与私人、国家和地方或国家和人民利益之间紧张的利益关系;动态因素,如人口增长、迁移、服务的供应或需求方面可能会出现冲突因素;特定因素,包括脆弱性本身的不断变化、土地价值观的波动、城市服务和环境服务。当前,政府对土地的合理利用与规划,已成为控制风险的重要手段。第三,注意建筑施工安全和关键设施的保护。第四,金融和经济手段,包括国际援助、政府融资减少灾害风险以及市场手段。降低脆弱性需要在备灾和减灾方面进行大量投资,灾害融资已经成为各级政府防灾减灾的一项重要手段。保险则是通过风险转移的方式进行防灾减灾,当前自然灾害保险主要受发达国家的青睐。第五,灾害的早期预警系统的最终目标是要保护人民的生命和财产。有效的预警系统必须整合和链接所有节点,包括科学和技术界、公共部门和当地社区等。早期预警程序应当成为国家立法和灾害管理框架中的重要组成部分。

2. 联合国风险管理报告:《减少灾害风险:发展面临的挑战》

灾害风险与人类发展进程紧密相连。该报告显示,一百多个国家中的几十亿人定期会受到地震、热带气旋、水灾或旱灾的影响;全世界每天超过184人因自然灾害事件而死亡。

《减少灾害风险:发展面临的挑战》首先探讨"发展"与灾害风险的关系:一方面,发展在一定程度上增加了灾害风险的可能性,诸多事例已经证明,经济增长和社会进步产生了大量新的风险。快速城市化便是一例,城市中非正规住区和城市贫民窟的增长,恶化了生活环境的稳定性。另一方面,发展应与灾害风险相结合,将灾害风险置于发展规划之中。既要有前瞻性风险管理计划——以满足未来中期和长期减少灾害风险的需要,也要具备补偿性政策——用于减缓当前遗留的风险问题。报告认为,减少灾害风险和发展问题紧密联系起来,需要三个步骤:第一,注重灾害风险的基本数据的收集和用于追踪发展政策与灾害风险关系的规划工具的发展;第二,在灾害风险的发展规划和政策方面,要注重好的实践经验的收集与分享;第三,确保发展和灾害管理部门之间要有相互交流沟通的政治意愿。

报告同时认为,灾害风险并非不可避免,积极采取防灾减灾措施并将减少灾害风险纳入到持续发展的规划政策之中,会对灾害风险产生很好的抑制作用。最后,报告提出了减少灾害风险的六大议程:

(1)要将对风险的考量纳入中长期发展规划之中,以及成功地减缓当前风险问题,科学合理的管理是基础。将灾害风险纳入发展规划的最大挑战可能是政治意愿和地域公平。只有把风险管理所带来的收益更好的量化,才能使得风险资金的筹集以及风险管理开展更有效率。

(2)将灾后恢复与重建也纳入到风险管理过程之中,风险管理对灾后恢复和重建意义同样重大。

(3)气候综合风险管理。加强系统能力建设是处理灾害风险,应对未来气候变化的有效手段。

(4)管理不同形态的自然风险。自然灾害是生命和生活中诸多潜在威胁中的一个。对于那些面对自然危险因素呈现出脆弱性的个体或社区,面对其他危险因素时同样会表现出脆弱性。

(5)补偿性风险管理,用于解决当前遗留的风险

(6)填补灾害风险评估方面的知识差距。灾害风险减缓行动的前提是首先需要对危险的程度、脆弱性和灾害损失有着清醒的认识。

三、国际风险管理理事会(IRGC)风险管理报告:《风险治理白皮书:面向一体化的解决方案》

2005年,国际风险管理理事会(IRGC)发表了《风险治理白皮书:面向一体化的解决方案》,提出了风险管理的综合分析框架,它为风险应对过程中的全面风险评估和管理策略提供了指导,特别是在全球层面。白皮书的首要应用对象是国际风险管理理事会,旨在指导国际风险管理理事会以及相关机构的工作——运用全面和透明的办法来"治理"全球范围的各种风险。同时,白皮书中的分析框架也不

单限于政府或国际组织,对于企业部门、其他利益相关者及民间社会也有着很好的指导意义。因此,这份文件的总体目标便是建立一个全面、一致且灵活的风险管理分析框架和管理指南。

白皮书所推崇的风险治理框架(见图2-3)——风险处理链,主要包括预评估、评介和管理三个方面。该框架涉及科学、经济、社会和文化各个方面,也反映了国际风险管理理事会的风险管理的优先事项。同时,框架提出了风险领域的两个重大创新:社会背景的包容性和风险知识的新分类。社会背景的包容性强调的是风险治理进程中利益相关者以及社会力量的广泛参与,风险分类是指白皮书对风险的类别进行重新的划分。

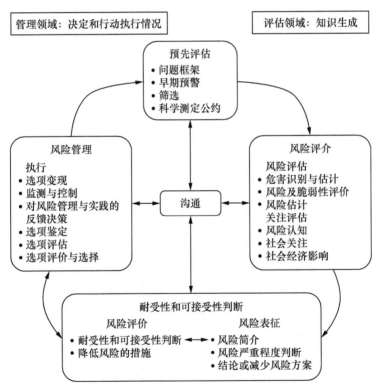

图2-3 国际风险管理理事会风险治理框架

资料来源:IRGC, *White Paper on Risk Governance: Towards an Integrative Approach*, 2005。

除了风险分析框架外,白皮书还提出了三个主要的价值前提和假设：

第一，风险管理要想产生理想的结果，框架执行须顾及"事实"和"风险社会文化"两个层面。事实层面，包括现实可衡量的结果，并讨论风险背后潜在的正面和负面后果和损失发生的概率；社会文化层面特别强调受到价值观和情感影响时，风险是如何被看待的。

第二个大前提是有关治理进程的包容性，要确保以可持续和可接受的方式治理风险，不能单靠政府力量，要注重利益相关者，特别是民间社会对风险管理的早期参与。

第三个重要前提主要涉及框架执行过程中好的原则所具备的"价值观"：除对于参与的关键性承诺，这些原则包括透明度、有效性和效率、问责制、战略重点、可持续性、公平和公正和尊重法治，以及解决方案在政治和法律层面的可接受程度、伦理和公众的可接受程度等等。

四、欧盟法令：开展基础设施风险识别与风险评估的相关法令

在欧盟，任何一个国家的基础设施受到破坏，亦可能危及欧盟成员国及整体的利益。为了实现欧盟成员国之间跨边界、跨地域的基础设施能够安全、稳定的运行，欧盟在整个联盟的层面展开了基础设施的保护计划。关键基础设施保护是一项复杂的工程，欧盟委员会在2004年10月20日采用《反恐重要基础设施保护文件》（Critical Infrastructure Protection in the Fight against Terrorism），对如何强化欧盟在基础设施的预防、准备与响应提出明确建议。此外，欧盟委员会也进行了欧洲重大基础建设保护计划（European Programme for Critical Infrastructure Protection，EPCIP），并于2005年11月通过EPCIP的绿皮书（Green Paper），对计划中规定的关键基础建设进行保护。

欧盟关键基础设施保护计划（EPCIP）具有里程碑性质的内容是"委员会就欧盟关键基础设施保护项目的磋商会"以及2006年12日12日发出的《欧盟委员会关于关键基础设施识别与认定及其改进保护措施的评估性法令（建议稿）》。委员会的磋商会主要处理的是项目运作的宏观性问题，以及项目执行的总体性原则。法令建议稿内容涵盖了一些基础性定义，欧盟对关键设施进行识别和认定的建议，以及进行评估的具体方法等内容。

欧盟成员国对于该项目都表示欢迎，并一致认为在欧盟层面执

行这一项目,能够确保整体成员国的安全水平。尽管如此,在建议稿中还是避免了确定双边或者多边的合作规则,建议稿更多地推荐在成员国之间形成一种志愿服务和辅助性服务的原则。

五、联合国发展署风险管理报告:《气候变化中的风险与贫困》

联合国首份《减轻灾害风险全球评估报告:气候变化中的风险与贫困》①不仅全面回顾和分析了人类所面临的自然致灾因子,还提供了新的证据,强调了全世界范围内不断加剧的灾害风险,以及风险加剧的地区和原因。这些风险主要集中在中低收入国家,而对于生活在农村贫困地区和贫民区的人们来说,对灾害风险的感受尤为深刻。富裕国家也未能逃过风险。《报告》敦促人们对发展模式加以实质性的改变,并进一步强调加强抗灾能力和灾害规划能力的重要性。如果洪水、干旱、暴风雨、地震、火灾和其他灾害事件,与越来越严重的城市化、薄弱的城市管理、农村民生的脆弱性和生态系统恶化等"风险因素"结合起来,那么,就会给人类带来巨大的灾难,并造成严重的经济损失。虽然我们不能预防地震和风暴等自然灾害的发生,但可以降低其影响。任何灾害的破坏性都与各国政府和人民过往所作出的决定息息相关。及早减轻风险是非常重要的。完善的灾后反应机制虽然有效,但却远远不能弥补灾害带来的损失。

《2009减轻灾害风险全球评估报告》是首份两年一度的减轻灾害风险全球评估报告,联合国国际减灾战略(ISDR)负责编写这份报告。联合国国际减灾战略成立于2000年,旨在提供一个框架以协调地方、全国、区域和国际层面上减灾行动。2005年,世界减灾大会在日本神户举行,联合国成员国在这次会议上签署了《冰库行动框架》,所有国家承诺尽最大努力在2015年之前减轻其灾害风险。这份报告旨在提高国际社会对减灾的重视,巩固和强化政治经济领域对减灾的承诺和支持,从而减轻灾害风险。

一系列灾难再一次提醒我们:与灾害风险相关的例如热带风暴、洪水、地震、干旱以及其他自然致灾因子会形成一种相互作用的危险格局并对人类发展构成严峻挑战。《报告》重点关注这一挑战,其内

---

① 联合国国际减灾战略:《2009减轻灾害风险全球评估报告:气候变化中的风险和贫困》,民政部国家减灾中心译,中国社会出版社2010年版。电子版参见:http://ch.undp.org.cn/modules.php? op = modload&file = index&catid = &topic = 44&allstories = 1。

容明确了灾害风险的定义,分析了风险形成原因以及造成的影响,指出这些风险因素可以被化解,并提出具体行动方案。这份报告的中心思想是:减少灾害风险有利于减贫、保护发展成果和适应气候变化,进而对更广泛领域内的全球稳定和可持续发展大有裨益。

这份报告的重点是全球气候变化下的灾害风险和贫困之间的关系。人员死亡和经济损失的风险主要集中在发展中国家,灾害给这些国家贫困人口造成的影响严重不平衡。灾害给贫困和人类发展造成了长期的负面影响,阻碍了千年发展目标的实现。这份报告明确指出:农村民生脆弱、城市管理薄弱以及生态系统恶化等潜在诱因交织形成了灾害风险和贫困的内在联系。报告还分析了气候变化是如何加剧风险在社会层面和地域层面上的不均衡分布的,这种不平衡增加了贫困人口所面临的风险并进一步恶化了贫困状态。

这份报告强调,改变减轻灾害风险的模式是刻不容缓的任务。目前实施《冰库行动框架》所取得的进展无法解决潜在诱因,也不能阻止灾害影响转化为贫困所造成的后果。而且减轻灾害风险、减少贫困和适应气候变化的工作没有完全协调统一。由此同时,在城市管理、生态系统管理、可持续性农业生活、风险转移等领域存在着一些创新型方法和模式,这些方法和模式在地方层面以及发展中国家的不同地区和不同部门得到了创造性的应用。报告指出,目前摆在我们面前的挑战是如何将减轻灾害风险的政策、管理框架与减少贫困、适应气候变化联系起来,并提高重视,从而将地方性的、产业兴的减灾方法纳入到主流工作中。这不仅能够促进《冰库行动框架》的实施,还有助于减轻贫困和实现千年发展目标。更重要的是,这还能帮助各个国家适应全球气候变化。

第二节　国外政府部门的风险管理项目及规划

世界许多发达国家从 21 世纪初就开始了风险管理的探索,将改善风险管理职能作为政府优先考虑的关键因素。在此过程中,为了更好地应对公共风险,提高整体的风险管理与决策能力,许多发达国家纷纷投入大量的人力、物力和财力,强调政、研、企多方合作,开展风险管理的理论研究,实施相应的项目和规划,并取得了一定的成效与进展(见表 2-3)。

第二章 公共部门风险管理的国际经验与发展趋势

表 2-3 国外政府公共部门的风险管理项目及规划

	年份	国家/组织	项目/报告名称
1	2002	英国内阁办公室	《风险:提高政府应对风险和不确定性的能力》
	2004	英国审计署	《管理风险以改善公共服务》
2	2003	澳大利亚维多利亚州	《公共部门风险管理指南》
3	2006	美国国土安全部	《国家基础设施保护计划》
4	2006	加拿大国防部	"全部危险源风险评估"项目
5	2008	德国	《关键基础设施保护——企业和政府部门风险和危机管理管理指南》

一、英国风险管理报告:《风险:提高政府应对风险和不确定性的能力》与《管理风险以改善公共服务》

1. 英国内阁办公室:《风险:提高政府应对风险和不确定性的能力》报告

2002年,英国内阁办公室发布《风险:提高政府应对风险和不确定性的能力》。该报告借鉴吸收了来自各方的风险管理意见,包括政府、私营部门、专家等,以帮助政府采取更为有效的方法管理风险,并发现建立在透明的管理流程、重视证据等理念基础上的风险管理更能赢得民众信任。

同时,报告也指出政府需要在三个层次上处理风险:战略、方案和业务/项目层次(见图2-4)。在战略层次上,所涉及的是政府的风险处理总体方案与选民达成一致性的政治契约。为应对环境的不断变化,决策将涉及战略目标的制定、资源分配和政策选择的评估。在方案层次上,所做决策主要涉及收益、资金、组织、项目建立、服务质量和业务连续性等。在业务和项目层次上,决策将涉及技术问题、资源管理、管理日程安排、管理执行者、合作伙伴和基础设施。一般而言,越高层次风险的不确定性越大。

近年来,联邦政府在各个层次应对风险和不确定性的过程中均面临着严峻挑战。政府也已经意识到这一问题,并相应出台了一些应对措施,具体对策包括建立便于公众监督的食品标准机构,独立发布信息,防范公众健康风险。更普遍的是,各部门均竭力提高风险管理水平,以求满足自身业务需要和市民的要求,有的部门则公布了风险的框架文件,解释如何管理针对公众的风险。而在政府的中心,为

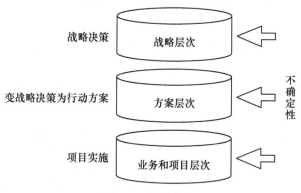

图2-4 风险分级

资料来源：UK Cabinet Office, *Risk: Improving Government's Capability to Handle Risk and Uncertainty*, Strategic Unit Report, 2002。

提高中央政府在面临破坏性挑战时的应变能力，2001年内阁办公室中的民事紧急秘书处专门成立；另外建立首相执行办公室，以确保政府风险管理行为的优先次序，实现针对公共服务提供风险的有效管理；根据已提供的一份关于战略和执行重点的报告，2002年6月宣布进一步改组内阁办公室。

然而，各级政府提高效能的进展不相一致。虽有很多好的、值得借鉴的做法，但覆盖面不够全面；特别是对一些风险管理技术的应用，多应用于项目执行层面，并没有将其应用于最高一级的决策之中，而对于风险识别和管理缺乏持续和充足的关注和需求。报告指出，为提高政府效能而需要采取的关键优先选项是：

（1）提升政府的风险处理能力。

风险意味着危险与机遇并存，政府的每一项工作都需要意识到这一点，包括政策制定和作出决定、行动和执行情况和监管和支出等等。政府需要提升自身能力来处理风险，可以通过以下措施：第一，根据风险程度采取决定，将其嵌入到风险处理的关键决策过程中。政府的核心决策过程包括：政策制定过程和支出的审查（战略层级）、业务策划与方案管理（方案层级），服务管理与项目管理（项目层级）。政府需要更加明确地将风险管理作为政府业务的一重要组成部分。在已有政策制定和执行的进程中，风险管理往往注重是被动而不是主动干预，不能从根本上解决症状。这就要求：在政策选择和发展阶段，进行早期风险界定和评估；有一个较广的系统风险评估范围，包括"软"领域,如市民的看法、利益相关者的意见、外部环境稳定性、政治和名誉风险以及那些能够量化的风险;进行持续的风险和机会评估。第二,坚决实施风险管理技术,确保基础的风险管理方法和技术得到广泛的实施和应用。在政府部门,风险处置的技术和方法需要加以推广应用;而对于私营部门,风险处理正从单一的技术问题变为管理的一分子。第三,组织管理风险,要确保风险处置责任落实到那些最为合适的机构、充足的信息流支持以及良好的风险管理发展计划。第四,发展技术,确保对于那些值得重视的风险问题给予足够的技术支撑和专业知识支持。第五,通过科学应用标准和基准,确保风险管理的质量。

(2) 提高面向公众的风险沟通水平。

民众无时无刻不面临着生活中各式各样的风险,分布在健康、财产、福利、环境等众多领域。有些风险早已被公众所理解和认可,但另外一些风险其性质很难被理解,而且该类型风险的危险程度及与其他风险的作用情况,一直处于变化之中。

提升政府与公众的风险沟通水平,增强二者之间的信任感,要求机构要明确自身的工作目标和价值观;决策过程要公开透明;决策要以证据、信息为基础;决策过程要考虑公众的价值观和关注点;提供决策足够的信息资料;做到及时发现错误、改正错误。另外,政府在处理与公众相关的风险时,在不确定的情况下,决策过程更加公开、透明,与此同时要注重民众的参与,让民众参与到风险处理的过程中来。

(3) 确保有效的领导和风险文化变革。

报告中界定了关键领导者在风险管理过程中应该扮演的角色,包括:第一,推动实施对风险管理的改进工作;第二,作出关键性的判断,指出明确的发展方向,例如决定对何种风险采取优先处理;第三,界定出能够承受的风险程度;第四,支持改革;第五,确保风险管理人员具备一定的专业知识和技能;第六,制定明确的风险管理问责机制。尽管政府已采取诸多努力来推进风险管理工作,大多数观察者发现在政府组织内外存在着规避风险的文化。而相比其他商业机构,政府的业务性质决定了其行为要更为谨慎;客观上存在一些规避因素,影响或阻碍了对风险因素的判断,包括问责制、责任和权力之间的不匹配等等。

2. 英国审计署:《管理风险以改善公共服务》报告

2000年8月,英国审计署总审计长提交了一份叫作《支持创新:管理政府部门中的风险》①的报告。2001年,公共账目委员会(Committee of Public Accounts)出版了另一份名为《管理政府中的风险》的报告②。2002年11月,英国首相启动了一个为期两年的风险项目,促使相关部门制订规划并设计风险管理的框架,实现对公共事务开展风险管理,项目于2004年12月结束。

基于先前的两份报告,英国审计署总审计长于2004年呈交了一份评估报告——《管理风险以改善公共服务》③,分析这一阶段实施了风险管理后政府部门工作改进的情况。调查结果显示:第一,风险管理包括风险识别、风险评估、风险处置、监测与报告四个关键步骤。第二,不是所有的部门都能确保风险管理流程被完整地执行,风险管理更关键的问题在于改善与提高各部门处置风险的能力。第三,2000年以来,相关部门在风险管理方面,尤其是在制定风险目标、报告风险的变化等方面有了很大进步。同时,对于将风险同时视为威胁和机会并存这一观念也发生了变化。第四,员工获得了更多有关风险管理的培训。第五,各部门之间的风险沟通问题也得以改善,对风险的理解也达成了共识。第六,仍有一些问题需要进一步改善,这包括更加深入地整体了解自身所处的风险环境、进一步加强与合作伙伴组织之间的工作关联、需要进一步将风险管理作为一种日常的管理行为贯彻下去等。

总之,英国的实践表明:通过风险管理,能尽早确认并应对潜在的危险,及时地按照合理的成本确保部门制定正确的公共服务目标并提供所需服务。如果没能尽早发现并控制风险,那么公共服务就可能面对危机。同时,风险管理还能够帮助持续地改善服务,提高服务的适应性和回弹性。这包括:通过合理规划并对业务计划进行持续监测,按照公民等服务对象的需求变化而改进服务,通过对服务机

---

① *Supporting Innovation: Managing Risk in Government Departments* (Britain), NAO, 1999-2000 (HC 864).

② *Managing Risk in Government Departments*, Committee of Public Accounts First Report (Britain), 2001-2002 (HC 336).

③ *Manage Risk to Improve Public Service*, Report by the Comptroller and Auditor General (Britain). HC 1078-1 Session 2003-2004; 22 October 2004. London: The Stationary Office. 2004.

制进行定期评估来维持服务水准,对可能的突发事件随时做好准备等。总之,风险管理能够通过改善效率、做出更有效的决策和支持创新方面帮助政府部门提高公共服务质量。

> **通过风险管理提高公共服务质量**
>
> 通过风险管理,能尽早确认并应对潜在的风险,及时地按照合理的成本确保部门制定正确的公共服务目标并提供所需服务。如果没能尽早发现并控制风险,那么公共服务就可能面对危险。同时,风险管理还能够帮助持续地改善服务,提高服务的适应性和回弹性。这包括:通过合理规划并对业务计划进行持续监测,按照公民等服务对象的需求变化而改进服务,通过对服务机制进行定期评估来维持服务水准,对可能的突发事件随时做好准备等。
>
> 总之,风险管理能够通过改善效率、做出更有效的决策和支持创新方面帮助政府部门提高公共服务质量。
>
> (1) 提高效率。风险管理环节能够帮助发现不必要的工作环节、降低运行成本。也就是,对可接受的风险水平形成一种判断。如果风险可能发生,那么潜在的服务提供或者潜在成本可能会受到影响,那么就需要评估相应的行政环节是否能够处理这样一个情况。通过采取基于风险的管理手段,管理者就能够更好地决定如何改进系统、改善工作的方式,来减少那些不增值的管理环节或者那些过于小心的服务传递机制。
>
> 例如,直到2000年,英国人每抽的5支烟中有一支是通过走私而来的,导致英国遭受了25亿英镑的损失。通过一次系统的风险评估,海关关长(HM Customs and Excise)将他们的精力从查封走私烟的数量上转移到破坏供应链方面。基于风险资源分配的分析让他们使用资源的效率和效果都得到提高。先前违法/走私的香烟迅速占据市场的情况得以减缓,到了2002—2003年间,其市场占有额减少到了18%,挽救了30多亿英镑的收入。
>
> (2) 作更有效的决策。新政策的制定需要充分满足公民的需求,而且还要达到成本效益最大化的目的。决策的有效

与否很大程度上依赖于既有信息的完备程度。在这种情况下,风险管理就非常有效,它能检测基础数据的精确性,而且将任何可能导致负面结果的误解或信息不精确的可能性最小化,还能评估预期或不预期结果产生的可能性,从而确保政策被成功地执行。例如,英国的国家统计办公室(Office for National Statistics)制定了一个风险管理项目,其中就设计了一个功能,将影响英国经济性能的发挥和公共信心的错误信息产生的可能性最小化。

(3)支持创新。系统性的风险管理手段能帮助在风险和潜在收益之间进行权衡,将提供服务的新想法、新技术或是创新手段付诸实施。

例如,国民储蓄与投资部门(National Savings and Investments)投放了一种名叫"方便的储备账户"(Easy Access Savings Account)的新型储蓄存款服务,这种服务在一台 ATM 机器上就能够实现,这样就为客户提供了方便。再如,在预算节省项目(Invest to Save Budget)的资助下,英国四家负责教育资格审核的部门联合起来,建立了集中收取试卷和集中评分的考试技术。只在改进评分的质量和速度,同时减少了试卷面临的安全和机密风险。另一个例子是英国文化、传媒与体育部(Department of Culture, Media and Sport)的文化在线(Culture Online),通过互联网、数字电视和移动设备等一系列新技术,来展示不同的艺术活动,提供给平时与艺术很少有接触的人群,唤醒儿童和成人的意识并鼓励他们从事相应活动。

资料来源:*Manage Risk to Improve Public Service*, Report by the Comptroller and Auditor General (Britain). HC 1078-1 Session 2003—2004:22 October 2004, London:the Stationary Office, 2004。

二、澳大利亚维多利亚州:《公共部门风险管理指南》

在澳大利亚维多利亚州,指导并规范风险管理战略的文件主要包括:1996 年《维多利亚所属保险部门法案》(Victorian Managed Insurance Authority Act 1996)、1994 年《财政管理法》(Financial Management Act 1994)、《维多利亚政府管理革新项目》(Victorian Government's Management Reform Program),以及一些与私有部门项目相关的政策。例如,《维多利亚合作伙伴条约》(Partnerships Victoria)。

由财政部(Department of Treasury and Finance)监管的《财政管理法》制约着三百多个政府部门、权威机构和公共部门等。该法案要求这些部门发展并执行风险管理战略,并保持对这些过程的监管;同时,法案还确定了财政部与其他部门之间的一种监管体系,并制约各相关部门按照风险管理的各个方面向监管部门报告相关信息。

《维多利亚所属保险部门法案》及机构更多关注的是国家级保险,并为相关部门提供风险管理的咨询与培训。在该法案的规范下,170个国家部门和相关部门需要识别所面对的能被投保的风险,并需要按照法案的规定建立并执行风险管理战略,对整个过程保持监测。

2003年,维多利亚州针对公共部门的风险管理问题开展了一次名叫《管理风险》的调研,观察公共部门管理风险的方式,结果显示:大多数被调研的组织都在使用风险管理过程作为业务和服务的组成部分。在这种背景下,维多利亚州还制定了《公共部门风险管理指南》,其中,对风险及风险管理的定义、范围和类别进行确定;同时,还制作了多个对照表,对风险管理战略、风险管理的有效执行、将风险管理融入治理结构和战略管理过程以及政府—部门风险结构与管理过程等相关问题进行了规范。

三、美国国土安全部:《国家基础设施保护计划》(NIPP)[①]

"9·11"事件之后,美国将保护国家的重点基础设施与关键资源视为一项对国家安全、公众健康与安全、经济活力以及生活方式的稳定发展而言至关重要的任务。如果国家的重点基础设施与关键资源处于不稳定状态,这不仅会破坏政府的正常工作,还会给国家带来毁灭性的物质与心理影响。因此,美国2002年的《国土安全法案》(Homeland Security Act)赋予国土安全部(Department of Homeland Security, DHS)保护国家"关键基础设施与核心资源"(critical infrastructure and key resources, CI/KR)的职责。法案要求国土安全部制订一

[①] 周玲、马奔:《政府公共事务风险管理国际经验对中国的借鉴》,《山东社会科学》2009年第2期。

套用以保护"关键基础设施与核心资源"的国家计划,还要求国土安全部推荐"必要的手段,协同包括联邦政府、州、地方政府、私有部门等其他部门,来保护国家的关键资源和重要设施。"[1]接下来,美国国土安全第七号总统令(Homeland Security Presidential Directive 7,HSPD-7)确认了17类国家重要基础设施和关键资源,并在国家层面上通过一个统一的框架提供了保护这些资源的方式。它不仅建立了美国"改善国家关键基础设施与核心资源安全状况的"政策,而且还为这一政策提供了一个国家级的执行计划。其中,《国家基础设施保护计划》(National Infrastructure Protection Plan, NIPP)为整合关键基础设施与核心资源的保护提供了一个统一的实施框架,为其他部门制定相应的计划提供了指导性意见。

NIPP 与国家响应计划(National Response Plan, NRP)一起为确保达到国土安全的目标提供了一个完整的、整合式的途径。NIPP 建立的是一种整体的基于风险的方式,用以确定国家关键基础设施和核心资源稳定状态的保护性情境,而 NRP 则提供了国内突发事件管理的方式。而国土安全咨询系统(Homeland Security Advisory System, HSAS)在特定的威胁环境下发展出来的 CI/KR 保护手段,为 NIPP 的稳定状态保护和 NRP 的突发事件管理之间建立了沟通的桥梁。

美国《国家基础设施保护计划》

美国国土安全部(DHS)2006 年 6 月 30 日发布了《国家基础设施保护计划》,为各级政府机关和私营部门该如何管理国家重要基础设施和关键资源提供了实施框架。

NIPP 长达 196 页,包括 7 章正文和 2 篇附录,概述了国家基础设施保护工作的任务和职责、风险评估策略、负责人和协调责任、如何将重要基础设施的保护工作综合到更大的国土安全任务中去、教育和训练以及如何分配有关资源。DHS 部长迈克尔·切托夫(Michael Chertoff)在 NIPP 序言中写道:"NIPP 提供了一种可用于为国家重要基础设施/关键资源的保护工作建立优先级、目标和需求的协同方法,使国家预算和资源

---

[1] Department of Homeland Security (USA), National Infrastructure Protection Plan, 2006.

能以最有效的方式,用到降低易损性、阻止威胁和将攻击及其他事件所造成的损失降到最低的工作中。"

美国国土安全第七号总统令确认了17类国家重要基础设施和关键资源需要保护,使之免遭恐怖分子攻击和其他危害。NIPP针对各个领域的详细计划在接下来的6个月内陆续发布,这些部分包括:农业和食品;能源;公众健康和保健;电信;邮政和运输业;交通系统;化学;商业设施;政府设施;紧急事务处理部门;水坝;核反应堆;原料和垃圾;国防工业基地;国家纪念性和标志性建筑。

NIPP还讨论了为研究和开发(R&D)策略目标,包括开发一种通用的图像构架,一种具有通过设计得以保障的安全性及自恢复、自诊断和自重构能力新一代互联网构架。R&D的领域包括:探测用传感器系统;预防和防护系统;登录和接入入口;内部不良征兆;分析和决策支持系统;反应、恢复和还原工具;新的和即将出现的威胁与弱点;先进的基础设施构架和系统设计;人和社会问题等。

资料来源:Department of Homeland Security (USA), National Infrastructure Protection Plan, 2006。

《国家基础设施保护计划》(以下简称《计划》)的总体目标是:通过提高对国家"关键基础设施与核心资源"的保护,建立一个更加可靠、安全和回弹性的美国,由此来预防、阻止、消除或减缓由于恐怖袭击造成的破坏,同时增强国家应对自然灾害或其他突发事件的预防准备、及时应对和快速恢复能力。为了达到总体目标,就需要不同的安全合作伙伴之间建立协同合作关系(这包括联邦政府、州、区域、地方和部落政府,私有部门,国际实体和非政府组织等),通过实施一套长期的风险管理项目,实现各类风险信息共享,使资源保护的效率最大化。《计划》为这些安全合作伙伴长期合作的过程与机制提供了统一的框架。

《计划》的基础是风险管理框架(见图2-5),它将后果、脆弱性、威胁等信息整合到一起,从而创造出一种全面、系统及理性的用以评估国家或部门特定风险的流程,由此推动"关键基础设施与核心资源"

的保护活动。这个框架适用于一般性的风险环境,也适用于特定的危险或者突发事件。

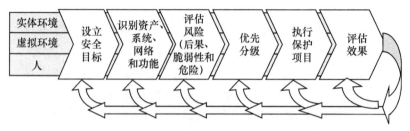

图 2-5　美国《国家基础设施保护计划》风险管理框架
资料来源:Department of Homeland Security(USA), National Infrastructure Protection Plan, 2006。

《计划》将现有及将来"关键基础设施与核心资源"的保护措施统一到一个国家项目中,为实现这个目的提供了一个统一的结构。《计划》框架使得保护措施和资金分配的优先排序成为可能,从而确保政府和私有部门所使用的资源能够通过减少脆弱性、阻止威胁以及降低突发事件带来的损失等手段,最大限度的消除风险。《计划》的风险管理框架对现有的保护项目和框架进行了辨识,并且在这些基础上进行了拓展。

保护措施包括对"关键基础设施与核心资源"由于暴露、伤害、破坏、失效或者不当使用等原因所造成风险的减缓。在《计划》的框架下,这包括阻止危险、减缓脆弱性,或者是突发事件带来损失的最小化(见图2-6)。保护措施可以包括一系列手段,例如加固设施、增强回弹性和备份、合并危险抵御工具、启动主动或被动式措施、安装安全系统、提供工作担保项目以及实施网络安全手段等。

四、加拿大国防部:"全部危险源风险评估"(AHRA)项目

2006年,在国防部(Department of National Defense, DND)和加拿大皇家骑警队(Royal Canadian Mounted Police, RCMP)的领导下,加拿大的情报机构联合联邦政府一些其他部门,针对国家所面临的全部危险进行分类并开展风险评估,这就是"全部危险源风险评估"项目(All Hazards Risk Assessment,AHRA)。其中,全部危险源风险评估分类系统(AHRA Taxonomy)是该项目的成果之一,它旨在获取并整合分散于不同组织和不同政府层级中,尤其是联邦政府层级中与风险相关的知识。这些知识的整合为国家风险评估制定一套协调性方

第二章　公共部门风险管理的国际经验与发展趋势

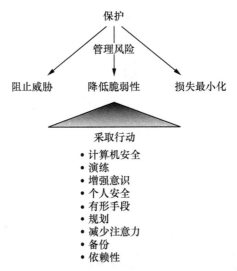

图 2-6　美国《国家基础设施保护计划》保护措施

资料来源：Department of Homeland Security(USA), National Infrastructure Protection Plan, 2006。

法奠定了基础。

AHRA 分类系统如图 1-1 所示。值得注意的是，这一系统不是固化的，随着更多主体的加入，这一系统还会不断演化。同时，随着全球环境，尤其是影响当地环境的事件要素的不断变化，风险的潜在来源也在变化，那就需要对分类系统进行定期检测，以确保它的完备性。

在分类系统所搜集的基础信息基础上，"全部危险源风险评估"项目又按照美国国防部体系架构框架(Department of Defense Architecture Framework, DoDAF 2004)中的信息链接框架建立了一个知识体系(见图 2-7)，这可以帮助实现：第一，为不同的风险类别之间进行比较分析提供统一的标准。第二，实现信息的系统化、集成化。第三，满足信息的补充性、连续性的需求，确保信息系统的完备性。第四，识别参与风险评估各部门所负责的内容和资源需求，以及处置风险时所需的工具和手段。第五，通过整合各部门的同质信息，描绘出不同部门之间的关系与沟通方式。在信息整合的基础上，就可以利用风险评估"函数"进行分析，即：

$$风险量级 = f(发生的可能性, 后果大小)$$

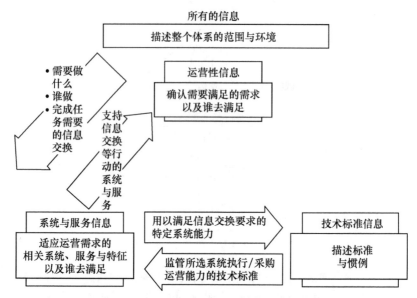

图 2-7　美国美国国防部体系架构信息链接框架

资料来源：Department of Defense(USA), DoD Architecture Framework Version 1.5. 23 April, 2007。

通过这些手段和步骤的实施,针对一种特定的风险,AHRA 分类系统能被用来识别处置风险的需求和手段,并同时指导评估过程、尺度与测量框架的设置以及相关参数的选择。同时,分类系统还帮助将不同部门的信息"整合到一起",为进行不同风险,尤其是高水平风险进行协调性的评估与比较性分析提供一个统一的框架。

五、德国:《关键基础设施保护——企业和政府部门风险和危机管理管理指南》

社会的存在依赖于安全的产品、服务和功能多种多样的供应,而对重要机构设施的保护是确保国家安全的关键。国际恐怖主义的威胁和越来越多的自然灾害对关键设施的保护提出了日益严重的挑战。与此同时,信息技术渗透到生活和经济活动的所有领域,也带来了新的漏洞。

由于绝大多数对社会十分关键的基础设施是由私人经营,德国政府和私营部门携手合作,以确保这些系统和设施得到最有效的保护。安全部门为私营部门提供咨询、网络协助以及具体的行动建议,私营部门则充分发挥其专业知识和实践经验,形成这种伙伴关系。该《指南》便是合作关系的成果之一。该《指南》主要针对重要基础设施经营者,帮助他们建立和推广风险和危机管理系统。该《指南》提供了用于风险和应急管理的方法,并以例子和清单的形式展示实用工具。推广该《指南》时,联邦内政部、民事保护办公室和救灾援助办公室、信息安全联邦办公室均受到来自私营部门中拥有实际经验专家的协助。

该指南提供了一个管理策略,以帮助关键基础设施的管理者,包括相关企业单位和政府部门,界定风险、实施减缓措施并高效地处理危机。所谓关键基础设施,这里是指对于国家和民众而言具有重大意义的组织和机构,如果其出现故障或功能障碍会导致严重的供应瓶颈,会显著影响公众安全或造成其他严重后果。而最近历史表明,一旦关键基础设施被破坏会造成深远的经济和社会影响。该风险和危机管理体系建立在一个管理周期基础上——"计划、执行、检查、修正行动"(如图2-8所示)。这将允许它纳入现有的管理结构,诸如质量管理,现有的风险和危机管理及流程管理。

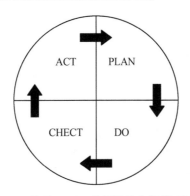

图2-8 基于PDCA的风险和危机管理流程

资料来源:Federal Ministry of the Interior,Protecting Critical Infrastructures-Risk and Crisis Management:A Guide for Companies and Government Authorities,Germany,2008。

1. 风险和危机管理战略程序

风险和危机管理指南中提出了战略程序,分为五个阶段:第一阶段:初步规划;第二阶段:风险分析;第三阶段:预防风险的策略和措施;第四阶段:危机管理;第五阶段:评估风险和危机管理(见图2-9)。

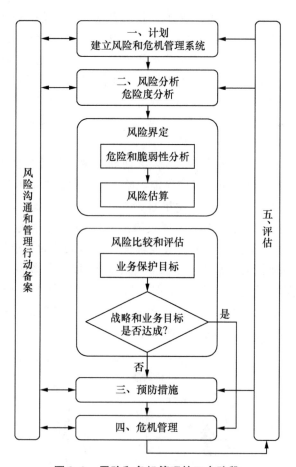

图2-9 风险和危机管理的五个阶段

资料来源:Federal Ministry of the Interior,Protecting Critical Infrastructures-Risk and Crisis Management:A Guide for Companies and Government Authorities,Germany,2008。

(1)初步规划。

通过初步规划,为在私营企业或政府部门中成功实施风险和危机管理创设条件。具体内容包括:① 建立风险和危机管理组织。通过组织领导层来建立或推行风险和危机管理体系,明确风险管理的目标。② 责任分工。应注意的是,构建风险和危机管理组织的过程应由该领域的专家负责,同时专家学者也应参与到领域内实际问题的处理过程中。③ 资源。建立风险和危机管理体系需要一定的资源需求。如有必要,由组织成员构成的跨专业领导团队为项目领导者提供支持。④ 明确法律责任。初步规划也包括明确法律责任以便建立风险和危机管理体系。⑤ 战略保护目标。建立风险和危机管理体制之后,需要确定需要达成的风险管理目标。⑥ 风险沟通,包括内部风险沟通和外部风险沟通。内部风险沟通是指在组织内部就风险的所有沟通,包括从风险管理体制的建立到评估。外部风险沟通不仅仅为了通知和指导媒体,而是需求针对特定民众的对话。必须注重相关利益者的风险沟通与管理,消除信息接受者和发送者之间的信息障碍。

(2) 风险分析。

风险分析是指从私营企业和政府部门中搜集管理对象的威胁和风险信息,并依托风险分析架构,对其进行分析。在《指南》中,风险是指风险过程以及风险的各组成部分。根据组织特点,风险分析需要分析不同的过程、风险的各组成部分,并且比较不同风险的异同。通过比较分析,确定什么样的措施能够最合理有效的缓解风险。通过风险分析,有助于组织最为高效的充分利用有限资源。

风险分析需要回答下列问题:① 可能引发什么样的危险?② 组织有多大可能出现这样的威胁?③ 哪些领域在预防风险方面可能出现脆弱性?

风险分析过程分为诸多流程和子过程,而组织本身特点决定了风险分析的具体细分程度。风险分析子过程越详细,对风险分析的要求越高。

(3) 预防措施和策略。

预防措施旨在降低整体风险,应符合成本效益分析。采取的预防措施必须符合成本与效益的要求。预防策略充分利用风险转移、风险规避和风险接受等诸多工具,具体包括:风险减少策略、风险规避、风险转移、可接受风险以及财产保险的经验与损害赔偿。

(4) 危机管理。

在《指南》中,危机定义为正常状态的一种偏离。如果关键基础设施的相关机构出现危机状况,会对整个社会的政治、经济生活产生深远影响。危机既可能来自组织内部,也可能来自组织外部。例如,由于管理或欺诈行为而导致财务危机;而外部的危机诱导因素包括供应困难、股票市场危机、需求变化、负面媒体报道和政治危机;其他主要的危机诱导因素由自然灾害、技术障碍、人为错误和恐怖行为等。

2. 危机管理与风险管理

危机管理在保护组织和关键基础设施的正常运行方面发挥着重要的作用。危机管理与风险管理不能独立开来,危机管理实际上是建立在风险管理基础之上的;风险与危机管理应相互结合,例如风险管理中的风险减缓措施不能减缓所有风险,有些剩余风险(residual risk)依然存在,而危机管理处理那些预防无法避免的危机状态。关键基础设施及相关机构危机管理的目标是最大可能维持组织功能和尽可能快的恢复组织功能。成功的危机管理是与其他管理策略紧密联系的;出现危机状态后,采取危机管理措施,等到风险解除后,恢复到常态管理进程中。危机管理的主要内容包括:

(1) 危机管理架构。

危机管理过程有其特有的管理架构。

(2) 危机管理计划。

危机管理计划列出了所有的危机相关机构和由组织人员计划采取的措施。有效的危机管理计划是简练和高效的,危机清单更容易确保一切必要的措施被实施,没有重要的任务被遗忘。危机管理计划包含下述要点:① 危机管理计划的目的、目标和范围;② 法律基础;③ 特别危机处理组织的发展;④ 处理危机专有程序的发展,恢复常态管理和危机后的后续行动;⑤ 基于具体场景管理计划的发展。

(3) 专有的危机架构——危机状况下需要特殊管理架构。

危机特别工作组是危机反应的核心工具。危机特别工作组是一个决策的工具,同时也进行协调、提供信息、咨询和支持功能。危机特别行动组,又可以区分为:① 核心小组,由领导者和三名具有核心功能的成员组成;② 扩展团队,由具有特定职能的人员组成;③ 专家咨询团队。

(4) 信息报告渠道和警报、危机沟通。

成功的危机管理取决于高效和快捷的信息传递。这种信息传递形式,既有口头也有书面形式。高质量的信息报告是成功危机管理工作的保证(见图2-10)。

信息报告有下列要求:① 及时,没有延迟。② 信息的来源、地点、时间。③ 清晰、突出重点。④ 概括,但要包括基本信息。⑤ 事实与推测区分开来。⑥ 根据紧急情况,要有优先次序。⑦ 门槛模型。在这种情况下,只有一种警戒水平来区分常态管理和危机管理。超过这一风险临

第二章 公共部门风险管理的国际经验与发展趋势

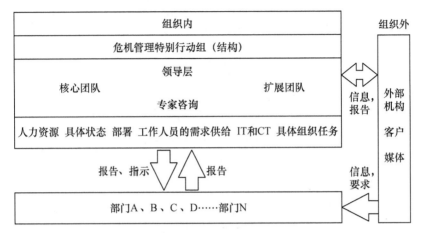

图 2-10 危机特别工作组和专有程序

资料来源:Federal Ministry of the Interior, Protecting Critical Infrastructures-Risk and Crisis Management: A Guide for Companies and Government Authorities, Germany, 2008。

界水平,由常态管理就进入到危机管理进程中(见图2-11)。⑧升级模型。在这种情况下,危机管理被分成几个阶段。工作人员和物资资源的调配,以及应对措施的开展取决于具体事件。该模型要求对危机事件及影响有一针对性的反应,但其需要一个复杂的危机管理计划。

危机沟通,包括向公众,特别是媒体告知危机情况。这是新闻工作和公共关系部门的任务。在危机发展初期,及时告知公众、各个部门、媒体有关危机的状况是非常重要的。危机直接影响到公众,热线电话及良好的网络设施是必不可少的。尤其是受过训练的工作人员,应随时准备好应对公众对危机信息的需求;而媒体往往是第一个报道危机事件的,这就要求政府机构中应事先指定至少一名新闻发言人负责处理与媒体的关系。

第三节 公共部门风险管理的国际发展趋势

通过分析几个发达国家的公共事务风险管理实践可以发现,尽管在执行的内容与方式上存在一些差异,但他们都共同认为在国家各政府层级和各部门联合执行一个长期的风险管理计划是必要也是亟须的,这是因为:(1) 没有不存在风险的环境,通过风险管理,许多

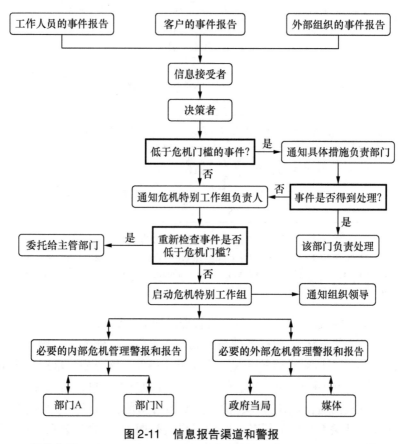

图2-11 信息报告渠道和警报

资料来源:Federal Ministry of the Interior,Protecting Critical Infrastructures-Risk and Crisis Management:A Guide for Companies and Government Authorities,Germany, 2008。

风险是能够被避免、减少或者消除的。同时,对风险进行有效的识别与管理,还能帮助制定合理的规划、避免资源浪费、有效地服务于现有的公共需求,帮助公共事务工作中新服务和新工作方式的成功施展。(2)各级政府和各部门所面对的风险再也不是孤立的,具有很强的关联性,一旦一个内部风险没有控制好,很有可能就会影响到其他部门和领域,从而产生风险扩大的连锁反应,从而造成影响或损失不必要的扩大。(3)在一个权限范围内,公共安全职责被划分到不同的权利平行的部门中,而且各部门之间往往缺乏协调与统一,这种情况普遍存在于各个政府实体里。这种组织架构在面对超过权限范围需要协调应对的突发事件时,往往会由于缺乏统一的协调方而无法有效合作,从而降低突发事件的应对效率。而一个长期的风险管理项目能在事件发生之前就帮助决策者了解潜在风险、合理分配资源、制定有效的应对规划,最重要的是在各部门之间形成一种协调与合作机制,从而实现有效应对危机。(4)有效的风险管理能够帮助改善决策,它并不仅仅是避免或者最小化风险的问题,它也是一个积极获取机会的过程。它是公共管理者的一个有力的工具,通过分析和处理风险,利用好潜在的收益机会。

公共事务风险管理对于各国而言,目前还是一个崭新的事物,形成成熟的系统和有效的手段与方法还尚待时日,还有许多问题亟须处理。譬如,英国的公共账目委员会(Committee of Public Accounts)在2001年《管理政府中的风险》的报告在强调接受并管理好风险的必要性的同时,还指出:"要坚持创新,用以改进伴有风险的公共服务。我们要对那些风险被忽略的环节,例如规划和管理都不到位的关键性IT工程,进行严格审视;但是针对那些风险被很好识别、评估和管理的环节,我们仍然意识到,好的管理能减少但并不能完全消除可能产生的不利结果。"通过总结各国的经验与教训,可以发现,尽管相关项目都已实施并完成而且带来了积极的作用,各国都一致认为改善风险管理能力的行动仍然应当继续,他们的经验与教训也对中国开展风险管理工作具有一定的借鉴意义,这包括:

1. 提升风险管理的战略地位,指导组织制定目标与规划

由于风险管理是在大量历史数据、经验和动态变化的现实状态的基础上对组织可能面对的潜在风险做出系统、全面的判断与分析,这能帮助组织在制定战略规划时把握正确的方面并正视真正的问题,因此对组织的愿景与目标设置具有重大的战略意义。

同时,如果组织在设置目标和规划时,能够充分考虑更高层级的风险环境(例如,各部门的各种业务和活动的开展要充分考虑国家层级的风险),那么组织的抗风险能力会更强,而且风险管理性能将更加具有鲁棒性。

2. 将风险管理转化为部门的日常行为,并为持续、动态发展配备充分资源

风险管理是一种不断演化的能力,是一个逻辑化、系统化的过程,能够用以决策和管理。如果能够广泛地应用风险管理这一理念,

那么公共部门在公共服务以及整体的工作效率方面都能够更大的进步，并能帮助组织和管理者识别、评估和管理风险，找到创新的机会。它是一个一管到底的手段，应当被嵌入到日常的工作中去。

风险管理过程不是静态的，它是一个持续的、动态的监测组织内外部环境并不断改进组织机能的过程，用以应对迅速变化的事件与环境。但是，目前在大多数的公共部门中，风险管理业务发展的并不成熟，他们不能清晰地识别与评估所面对的关键风险，通常不会向关键的利益相关方报告有关风险的信息，更谈不上对风险控制手段进行利用与评估。

为了能充分利用风险管理手段提高工作与服务效率，就要做到：第一，提高并培养组织成员的风险管理意识，建立鼓励报告风险的文化，将风险管理作为日常的行为方式嵌入到组织的常规工作中。成熟的风险文化应当能够认识到，不是所有被接受的风险都能被成功应对，从而激励工作人员去识别与认识而不是隐瞒困难，并且能迅速地报告危险而不是拖延时间。第二，完善并实施一个合适、有效的风险管理框架，指导部门来面对危险。该框架不仅要包括完整的风险管理过程和步骤，还应对风险管理的相关技术、工具和手段进行搜集与整理。第三，为风险管理配备充足的时间、资源，并获得高级管理层的认可与支持。只有这样，才能确保风险管理能被当作一个具有"长效机制"的工作模式被长期贯彻与实施。

3. 建立清晰的授权结构，明确风险管理网络中各部门的责任与义务

如果责任与义务不明确的话，那么实现风险管理则是一纸空文，会导致工作人员要么对风险感到不必要的恐惧，要么会因为不了解工作权限范围而承担过多的风险，甚至会导致公共服务与真正需求之间的脱节，出现没有人承担责任的真空地带。因此，要做到：第一，清晰授权结构、明确风险责任与义务。一方面，要确保工作人员了解自己能决策的风险管理范围，但这种结构也不能太烦琐，否则会让他们故步自封。另一方面，部门中每一个层级需要管理的风险范围也应当被明确，同时，还要确保风险管理决策的升级管理程序的到位。第二，通过严格的审查机制保证责任与义务得以实现，并确保风险管理决策能被有效审核。一方面，要通过激励机制促进工作人员了解所处的风险决策环境，鼓励主动承担责任与义务；另一方面，按照既

定的标准,判断接受风险的工作人员是否拥有决策的权利,并对风险管理决策进行审核。

4. 强调协调与合作的重要性,指定或建立统一管理与监测的机构

实践证明,在公共管理整个服务网络中,每个环节都应当利用风险管理手段来实现防范威胁和改进效率,这包括政府部门、非政府部门实体、私有部门和志愿者组织等。同时,在一个复杂的服务传递链条中,如果各环节上的机构不能够互相了解和沟通,就会造成对需求、信息和问题的错误理解,从而影响服务的质量。因此,任何一个环节上产生的风险都具有扩散性,会影响网络上其他部门的功能发挥,所以,需要强调他们之间的协调与合作。这就需要:第一,有一个执行管理层对整个风险管理网络进行监管,确保协调与合作的可能性与效率。第二,对于共同面对的风险,部门间需要持续沟通,达成对这些风险统一的理解,促进合作与协调的一致性。尤其是评估所面临的风险时,部门需确保已经充分考虑到了政策和项目对其他公共部门所产生的影响,这就需要通过在各部门之间建立起关于共同理解风险的沟通网络来实现。第三,服务网络中各节点上的部门需要通过正式和非正式手段开展协调与合作,从而实现达成一致意见来处置风险。四,部门需要持续测试他们共同组成的服务传递链的回弹性。

加强各部门风险管理的协调与合作

政府部门应当分享各自对关键风险的理解:在公共服务网络的风险应对方面,一个部门的行动与决策会对另一个或多个部门产生影响,例如,如果学校强调体育运动的重要性,那么就会影响肥胖水平以及儿童整体的身体状况。在这一方面,相关政策之间的复杂关联主要体现在健康、教育方面,如果不能做到对这些领域的充分沟通与理解,那么就会对公共服务质量产生巨大影响。

政府部门可以通过正式或非正式的手段进行风险管理协调与合作:部门所面临的风险常常受到其他部门决策的影响,

但对其他部门的决策他们几乎又没有控制的能力。例如,在英国,2004年之前,教育与技能部门(Department of Education and Skills)对于地方教育部门针对学校的资金分配几乎没有控制权,那么这非常容易造成相关领域服务的失灵。在一些情况下,可以通过类似于私有财政工程(Private Finance Initiative)一类正式的公共服务协议来处理潜在的风险。但在一些情况下,部门间可能更需要使用非正式手段与组织合作,从而达成一致意见来处置风险。

为了保持服务传递链的回弹性,测试手段包括:(1)检查部门的目标与合作伙伴是否有机地统一,同时,合作伙伴应当遵从于部门的目标,这样才能形成对风险及其管理方式在认识上的统一。(2)检测是否制定了足够的激励措施来鼓励合作伙伴去有效管理他们应当负责的风险。(3)对变化着的环境保持警惕,这包括对一种服务增长的或者变化的需求,并拥有足够的用以检测这种环境以及预测潜在缺陷的信息。(4)评估关键技能中的潜在缺点,并评估部门的员工是否拥有足够的协调与合作经验。(5)评估手段的成本效益问题,当连续的行政手段可能会消耗掉太多资源的时候,尤其要注意这个问题。

资料来源:*Manage Risk to Improve Public Service*, Report by the Comptroller and Auditor General (Britain), HC 1078-1 Session 2003-2004:22 October 2004, London:The Stationary Office, 2004。

5. 提高部门的信息管理能力,确保风险决策所依赖的信息的可靠性

部门需要在可靠、及时、最新信息的基础上做出判断与决策,可靠的数据是风险管理的生命之泉。同时,部门也必须拥有快速吸收与翻译复杂信息、并利用这些信息进行决策的能力。

针对不同的风险环境,要根据实际情况选择不同的决策方式,这样才能保证决策的效果。一方面,如果一种事件曾经发生过,那么一个有经验的决策者就能够"读懂情形"并且根据以前的经验决策;另一方面,在时间压力下,部门也会面对一种全新的或是不熟悉的情况,需要利用新的手段来应对,于是,这就为风险决策提供了创新的

机会。但无论出现以上哪种情况,关键的问题在于,风险决策最终依赖的终究是对过往优秀经验的知识集成与学习,以及对风险环境现状及其变化情况相关的信息的快速获取、分析与判断。

为确保信息的可靠性,需要制定严格的审查机制来监测部门的数据需求与信息资源。这要做到:第一,工作人员对风险既有清晰认识也了解风险管理的方式。第二,最前线的工作人员能够侦辨早期的风险"信号"与"信息",并确保信息最终能传递到管理层和执行层。第三,部门还要把控信息量的问题。一方面,要避免信息超载,如果风险信息过多,而且吸收、过滤和形成可靠知识的时间有限,那么就会影响决策的效果;另一方面,如果数据太少,信息的不完备也会影响决策。

6. 建立鼓励承担风险的文化,树立将危险转化为机会的意识

尽管政府面临的风险通常是不同的,但是管理原则都非常类似,其中一个原则就是:建立鼓励承担风险的文化,促使工作人员更加开放地汇报新出现的或正在变化的风险,从而确保风险能被迅速地解决或识别。同时,还要树立危险与机遇共存的意识,让工作人员了解到,风险不一定非要被消除,如果能够有效地管理,他们还能把握机会实现手段创新,从而改进服务和业务实践。

为了实现这种文化的转型,管理层需要做到:第一,评估组织中工作人员风险管理技能的发展情况,判断风险管理是否在学习与培训中占据了重要位置。第二,在制定政策、项目和规划的最初阶段,就应养成风险意识。一方面,要考虑在何处需要乐于接受并准备接受风险(例如新政策执行最初阶段);另一方面,要考虑在何处需要抵制风险并紧密监测或消除接受的风险(例如,在关键的服务传递方面,或者是公司治理方面)。第三,定期反复强调领导层对风险管理工作的支持,促使工作人员在不用担心责备或惩罚的情况下对所面临的挑战保持毫无顾虑的开放,这样才能促进决策更加有效。四,通过应用相应的管理与控制手段结成新的或风险联盟,鼓励创新和风险接受,确保一种系统化的风险管理方式,这样通过创新化的手段发展并提供服务,从而确保能够真正获利。

第三章　中国公共部门的风险管理现状

总体上,中国风险分析和风险管理水平仍处于初级阶段,主要集中于技术风险的研究。某些领域进入风险科学和风险治理探索研究阶段,开始推动个别部门进入政府风险管理能力提升阶段。中国的风险研究总体上是以介绍和应用国外的研究成果为主。由于风险系统的个性明显,尤其是中西方社会系统差异较大,西方国家成功的风险分析理论和管理经验不一定适用于中国。为回避这一问题,一个有趣的现象是,中国学术界对风险问题的研究主要侧重于自然系统,很少考虑社会系统。尽管如此,中国学者对风险问题的研究,在某些领域仍有长足发展。自然灾害、生产安全、金融是三个比较有代表性的领域。

近年来,中国公共部门的风险管理工作开始有了新的进展,尤其是从公共安全的角度提出了引入风险管理这一理念。2003 年"非典"事件之后,国家站在战略的高度提出了建设以"一案三制"为核心的应急管理体系,并同时明确提出了把"完善应急管理体制机制,有效应对各种风险"作为"完善社会管理、保持社会安定有序"的重要内容,将应急管理和风险应对工作纳入构建社会主义和谐社会的战略目标统筹考虑,把应急管理提到了一个新的高度,也提出了更高的要求。

2007 年初,时任北京市市长王岐山作出批示,要求全市依托应急管理系统开展奥运期间北京城市运行突发事件的风险评估工作。这是风险管理在中国应急管理和城市常态管理中的首次实践与应用,也是公共管理部门的一项开创性、引领性和示范性的工作。因此,中国公共部门的风险管理最初主要脱胎于应急管理部门,而且它的发展也主要依赖于现有的应急管理体系。

2006 年 7 月,《国务院关于全面加强应急管理工作的意见》提出要"开展对各类突发事件风险隐患的普查和监控",在大环境的影响下,以北京市为代表的一些省市开始了安全隐患排查工作;与此同时,北京、济南、广州、上海等城市在奥运会、国庆60周年、全运会、亚运会和世博会的大背景下,也开展了风险管理工作,有些城市还制定了相关的管理办法和指南,城市的风险管理工作取得一定进展。虽然这些都是基于典型事件和领域展开的探索,并没有将风险管理提高到城市综合治理与常态管理的高度,但却为建立城市风险管理长效机制奠定了坚实的基础。值得注意的是,北京市在奥运会和国庆60周年风险管理工作的基础上,于2009年开始推进全市风险管理常态化的工作,试图将风险管理手段融入整个城市系统的运行与管理过程中,这将是一次创新性的有益探索。

但总体而言,国内风险管理工作刚刚起步,同时受体制、文化和环境等因素制约,国外的成果和经验又很难直接应用于我国实践。因此,探索研究符合中国实际的风险管理模式,提高政府风险管理能力,是当前我国应急管理乃至整个政府管理工作中的一项重要课题。

第一节 中国公共部门风险管理工作面临的挑战

一、中国公共风险的主要类型

中国的风险管理目前主要依赖于应急管理体系而发展,因此对于风险的分类也主要按照国家对突发事件的总体分类情况进行划分。结合国内外应急管理的经验和中国的实际情况,根据突发事件的发生过程、性质和机理,中国将其划分为自然灾害、事故灾难、公共卫生事件和社会安全事件四大类,与此相对应,中国的风险事件也划分为四大类(见表3-1)。

表3-1 中国风险事件的主要类型

类型	例示
自然灾害类风险	水旱灾害,气象灾害,地震灾害,地质灾害,海洋灾害,生物灾害和森林草原火灾等
事故灾难类风险	工矿商贸等企业的各类安全事故,交通运输事故,公共设施和设备事故,环境污染和生态破坏事件等

续表

类型	例示
公共卫生类风险事件	传染病疫情,群体性不明原因疾病,食品安全和职业危害,动物疫情,以及其他严重影响公众健康和生命安全的事件
社会安全类风险事件	恐怖袭击事件,经济安全事件和涉外突发事件等

资料来源:(1)《中华人民共和国突发事件应对法》,2007年11月1日正式颁布实施。

(2)《国家突发公共事件总体应急预案》,2006年1月8日正式向社会公布。

这种分类方法本质上主要是基于风险事件发生的诱因进行分类的,这样做的意义在于:一方面,为预防突发事件提供线索;另一方面,也为国家采取应急措施提供基本的依据,因而符合应急管理的基本原则。[1]

1. 自然灾害多发频发

由于特有的地质构造条件和自然地理环境,中国是世界上自然灾害最严重的国家之一。自然灾害种类多、分布范围广、发生频率高,并呈现出多灾并发、群发和集中爆发的特征,一些历史罕见的重特大自然灾害近年来频繁发生,灾害损失持续加重,严重影响了经济发展和民生改善。全国70%以上的城市、半数以上的人口,分布在气象、地震、地质、海洋等自然灾害严重的地区。西北、华北等地区旱灾频发,东北、西南、华南等地的严重干旱时有发生,三分之二以上的国土面积受到洪涝灾害威胁,约占国土面积69%的山地和高原区域山洪、地质灾害频发,各省(自治区、直辖市)均有地质灾害分布,全国已查明的地质灾害隐患点24万处,地震、强降雨等导致西南、西北、华南等地地质灾害频发,东南沿海及部分内陆省份经常遭受热带气旋侵袭和影响,大陆沿海地区经常受到风暴潮影响,越来越多的地区遭受高温热浪袭击,重特大森林火灾和病虫害频繁发生,大多数省份发生过5级以上的破坏性地震。[2]

近年来,中国自然灾害及其衍生、次生灾害的突发性和危害性进一步加重加大(见表3-2)。2001—2009年,我国平均每年因自然灾害

---

[1] 薛澜、钟开斌:《突发公共事件分类分级分期:应急体制的管理基础》,《中国行政管理》2005年第2期。

[2] 《国家综合防灾减灾"十二五"规划公开征求意见》,2011年2月1日,http://www.mca.gov.cn/article/zwgk/mzyw/201102/20110200133514.shtml。

死亡的人数超过 2 500 人(不含 2008 年汶川特大地震,此次灾难遇难人数达 69 227 人,失踪 17 923 人,需要紧急转移安置受灾群众 1 510 万人,直接经济损失 8 451 多亿元①),每年受灾人口至少在 3 亿人以上。由于自然灾害链会导致一系列次生、衍生事件,所以自然灾害有着很强的社会性。

表 3-2 全国因自然灾害死亡人数与经济损失统计(2001—2009 年)

(单位:亿元,亿人次,人)

年份	2001	2002	2003	2004	2005	2006	2007	2008	2009
直接经济损失	1 942.2	1 717.4	1 884.2	1 602.3	2 042	2 528	2 363	11 752	2 524
受影响人数	3.7	3.7	4.9	3.4	4	4.3	4	4.8	4.8
因灾死亡	2 538	2 384	2 259	2 250	2 475	3 186	2 325	88 928	1 528

资料来源:(1) 全国年度统计公报,2004—2009 年,中华人民共和国统计局,http://www.stats.gov.cn/tjgb/。

(2) 民政事业发展统计报告,2001—2009,中华人民共和国民政部,http://cws.mca.gov.cn/article/tjbg/。

(3) 死亡人数,http://cws.mca.gov.cn/article/tjbg/201006/20100600081422.shtml。

此外,自然资源缺乏也是中国面临的一个重要问题。虽然中国地域广袤,物产丰富,但部分地区生存环境恶劣,不适宜人类居住,较多的人口聚集在少部分地区,人口密度过大,导致该地区资源迅速消耗,受到不可恢复的破坏,最终导致资源枯竭。经济的健康发展、人民的生产生活需要大量的资源作保障,一旦资源链条出现断裂,将对社会经济造成不可估量的损失。

2. 安全生产形势严峻

"十一五"期间,全国安全生产保持了总体稳定、持续好转的发展态势,事故总量、死亡人数、重特大事故及主要安全生产相对指标均实现了显著下降。其中,全国各类事故起数和死亡人数分别下降49.4%、37.4%,重特大事故起数和死亡人数分别下降 36.6%、52.8%,亿元 GDP 生产安全事故死亡率、工矿商贸十万就业人员事故死亡率、道路交通万车死亡率、煤炭百万吨死亡率分别下降 71%、

---

① 《胡锦涛在全国抗震救灾总结表彰大会上的讲话》,2008 年 10 月 8 日,http://www.gov.cn。

45%、58%和73%。①

但是,我国安全生产形势的严峻状况还没有根本改观,全国安全生产形势依然严峻。中国经济发展较快,能源、资源、运输供给长期偏紧,安全生产基础薄弱,一些地方和企业责任不落实、监管不到位,生产安全事故总量居高不下,重特大事故时有发生。② 这主要表现为:一是事故总量大、伤亡大。近十年来平均每年发生各类事故近 70 万起,死亡 11 万人(见图 3-1),受伤 70 多万人,经济损失高达 2 500 亿;二是重特大事故多。一次死亡 10 人以上的重特大事故年均 100 多起,平均 3~4 天就发生一起,不仅给人民生命财产造成重大损失,还在国内外造成不良影响;三是非法违法、违规违章生产经营和建设行为仍然屡禁不止,安全基础不牢固、隐患排查治理不彻底、安全管理和监督不到位等问题在一些地方和企业还比较突出;四是环境安

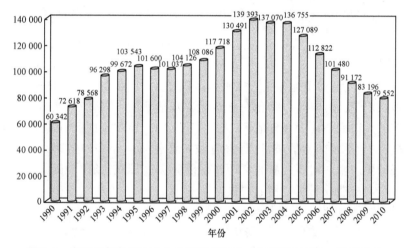

图 3-1 中国历年各类安全生产事故总死亡人数统计(1990—2010 年)
资料来源:国家安全生产监督管理总局,http://www.chinasafety.gov.cn。

---

① 张德江在全国安全生产电视电话会议上的讲话,《落实企业安全生产主体责任,有效防范和坚决遏制重特大事故发生》,2011 年 1 月 12 日,http://www.chinasafety.gov.cn/newpage/Contents/Channel_20582/2011/0112/120725/content_120725.htm。
② 马凯:《落实科学发展观,推进应急管理工作》,2009 年 2 月 1 日,http://www.gov.cn/ldhd/2009-02/01/content_1218486.htm。

问题,在我国近20多年来集中凸现,呈现出结构型、复合型、压缩型的特点。我国现在已经成为化学品的生产大国、运输大国和使用大国,随着社会经济活动的活跃,区域性、流域性环境问题和环境事件呈增加趋势。其中生产事故和交通事故等导致的环境污染和生态破坏事件明显增多。

3. 公共卫生事件防控难度增大

在我国,重大传染病和慢性病流行仍比较严重,多种传染病尚未得到有效遏制。目前,全球新发现的30余种传染病已有半数在我国发现,有些还造成了严重后果:艾滋病病毒感染者70万(亚洲第二),并开始从高危人群向一般人群扩散;结核病患者人数超过450万,其中传染性肺结核病人约200万,80%在农村,每年死亡13万人;病毒性肝炎等传染病尚未得到有效控制,慢性病毒性乙型肝炎患者2 000万;400多个县存在血吸虫疫情,6 500万人受到威胁,患者84万。①

中国战胜了"非典"疫情,有效防控了高致病性禽流感疫情的发生和蔓延,但是,依旧受到一些未知大规模传染性疾病的威胁,新发传染病和人畜共患病不断出现,比如2003年暴发的"非典"疫情、高致病性禽流感疫情的发生和蔓延、和2009年暴发的甲型H1N1流感就是典型的例子。极个别地方还偶发鼠疫、霍乱等病例。特别是农村卫生发展仍然滞后,艾滋病、结核病、肝炎、血吸虫病和地方病患者大部分在农村,农村公共卫生面临传染病、慢性病和意外伤害并存的局面。

食品药品生产经营中市场秩序混乱、源头污染严重、监管力量薄弱等问题尚未得到根本解决安全问题突出。农产品违规使用剧毒高残留农药,三聚氰胺、瘦肉精、塑化剂等滥用添加剂现象仍未能得到杜绝,化学性污染的危害超过了微生物,细菌性食物中毒、食用农产品源头农业投入品滥用、亚硝酸盐中毒、有毒动植物性食物中毒等食物安全事件和食源性疾患时有发生。据统计,重大食物中毒事件每年200起以上,造成200多人死亡,数万群众健康受到伤害。制售假冒伪劣药品、医疗器械等违法犯罪活动尚未得到有效遏制,由其引发

---

① 闪淳昌:《构建中国特色的应急管理体系》,《中国浦东干部学院学报》2008年第5期。

的药品、医疗器械突发事件时有发生。

此外,全国职业病危害呈上升趋势,特别是矿工的尘肺病和化工厂的职业病尤为严重。

4. 社会安全面临新的挑战

中国改革发展进入关键阶段,各种利益关系错综复杂,维护社会稳定的任务艰巨。国家安全面临的形势更加复杂严峻。[1]

由于经济社会发展中的一些长期的结构性矛盾和不平衡问题,体制改革过程中因体制、机制、法制不完善而产生的问题和经济快速发展中因社会发展相对滞后而带来的问题,可能引发群体性事件和个体极端暴力行为,重大刑事案件、重大群体性上访事件、公共场所滋事事件、民族宗教群体性突发事件、涉外突发事件、校园安全事件等,都将对社会安全造成较大影响。在国际新形势下,国际恐怖活动的风险也不容忽视;国内外极端势力制造的各种恐怖事件也会危及国家安全。

改革开放以来,中国"走出去"的企业超过1万多家,在外劳务人员70多万人;随着人民生活水平不断提高,出国旅游的人越来越多,国外到我国参观旅游和开展贸易活动的人员也越来越多;我国履行的国际义务越来越多,境外涉我和境内涉外的突发事件明显增多。

全球化冲击带来的经济风险也日益突出,中国的全球化进程是与社会经济转型同步进行的,这就使这类危机更加复杂多变。国际经济金融领域的不稳定性仍然对我国的经济发展带来影响,使经济安全面临严峻的挑战。

二、中国公共风险带来的挑战

无论是多年来应急管理工作实践的经验,还是2008年以来发生的南方冰雪灾害、汶川地震、山西临汾尾矿库垮坝、三鹿婴幼儿奶粉等事件的教训都充分证明:只有真正做到常态管理与非常态管理相结合、预防为主、关口前移,只有充分做好突发事件之前的风险管理,才能切实增强应急管理工作的前瞻性、预见性、主动性和针对性,才能切实提高公共管理体系运行保障工作的能力和水平,才能切实保

---

[1] 马凯:《落实科学发展观,推进应急管理工作》,2009年2月1日,http://www.gov.cn/ldhd/2009-02/01/content_1218486.htm。

障社会安全稳定。

中国在向现代社会转型的同时,已经进入"风险社会";尽管中国在风险管理中进行了一定的实践探索,取得了一定成绩,积累了一定经验,但距离建立全面、系统、动态、科学、规范的公共安全风险管理体系仍有一定差距。这主要表现为:

1. 不断增大的风险总量与相对薄弱的风险管理体系的矛盾

核泄漏、疯牛病、"9·11"恐怖袭击、"非典"疫情、禽流感、汶川地震、三聚氰胺……各类风险的层出不穷是我们不得不承认的事实。风险源不断增加,大到环境恶化、气候变迁、自然灾害、恐怖袭击等灾难性事件,小到家居装潢所用木材可能含有致癌物质、奶粉中可能添加的有毒物质,所有类似风险都对社会的正常运转和公众的日常生活构成了严重的威胁。不知不觉中,我们已经置身于各种风险之中,风险社会的境况已经变为现实。

现代社会风险管理强调运用多种风险控制手段,综合处置各类风险。目前,中国政府、企业、个人对社会风险的诱因、发展及破坏性后果认识不够,尚未建立起有效的风险预警、风险防范、风险控制和风险处置机制。风险管理体制还不健全,缺乏完善的风险管理基础设施及人员配备。在面对极端的且大量的社会风险时,难以及时有效地化解。这就需要进一步加强国家的风险管理体系建设,对整体框架、基本要素、体制机制等进行顶层设计和规划,进一步明确人员、资金等相关保障,进一步规范风险管理各个环节的工作要求、健全工作标准体系和有关法律、法规、制度。

2. 日益复杂的风险结构与落后的风险管理技术之间的矛盾

中国正在经历前所未有的社会转型,这种转型并不是简单的顺序转型,而是跨越性转型,即在同一时空界面上同时开展由前工业社会到工业社会以及后工业社会的跨越式转型。这一客观现实也预示着在当前社会将面临更多不可控、复杂和复合性的风险,三种社会形态下的风险问题可能同时展现。与此同时,还可能出现该段时期特殊的结构性风险,即原有结构被淘汰的同时,新的结构又出现新的风险。

风险管理包括风险识别、风险评估、风险处置、风险监测与预警以及风险沟通等多个环节。日趋复杂的社会系统增加了风险的诱发因素和易发环节,这就要求提高在风险管理各个环节的操作能力。

而中国进行风险管理的时间较短,积累的经验与数据不多,相关风险预测模型和处理手段还比较落后,与社会风险的复杂化趋势不相适应,在社会风险面前往往显得力不从心,特别是对交叉领域和综合风险的管理,还非常薄弱。一般而言,对于社会风险的分析与评估需要以经验数据为基础,依赖于数理方法和信息技术;而中国这方面经验和数据严重缺乏,风险量化分析不足,过多依赖经验判断,往往导致风险评估结果不可靠,经不住实践考验。

3. 风险的多元性和风险管理主体的单一性之间的矛盾

从风险的承担主体看,风险管理需要充分发挥政府、企业、专家系统、社会组织和个人等各个主体的作用,实现对于公共事务的共同协调管理。但长期以来,中国社会风险管理过度依赖行政机制,政府在社会风险管理和灾害救助中的责任过重,市场的作用没有充分发挥,风险损失不能有效分摊。随着市场化进程的深入推进,要求更多地用市场机制解决社会风险问题,培养包括市场、企业和个人在内的多元化风险控制主体。风险诱因和涉及对象是多元而复杂的,而目前管理风险的主体主要是政府。这就导致政府的风险管理压力过大,且管理效果较弱。因此,要建立健全风险管理体系,进一步动员、监督市场、企业、公民等社会主体树立风险管理理念、开展风险管理工作。

第二节 中国公共部门风险管理的实践探索

近几年来,中国的一些专项部门、地方政府都开始了风险管理的探索,尤其是在 2008 年北京奥运会、国庆 60 周年等特殊时期,重点引入了风险管理手段作为确保安全工作的基础性手段予以使用,并取得了一定的成效(见表 3-3)。值得重点关注的是,2012 年年初,中共中央办公厅与国务院办公厅联合印发《关于建立健全重要决策社会稳定风险评估机制的指导意见(试行)》的通知,将我国公共部门的风险管理工作推向了一个新的高度。

表 3-3 中国政府风险管理相关项目及政策(示例)

	年份	部门	项目/政策
专项部门的风险管理实践	2006 年	国资委	《中央企业全面风险管理指引》
	2008 年	住房与城乡建设部	《市政公用设施抗灾设防管理规定》
	2008 年	国务院办公厅	《关于进一步开展安全生产隐患排查治理工作的通知》
	2009 年	国务院新闻办公室	《中国的减灾行动》白皮书
	2010 年	卫生部等 7 部委	《食品安全风险评估管理规定》
地方政府风险管理实践	2006 年	吉林市人民政府办公厅	《关于开展突发事件风险隐患排查监管工作的通知》
	2008 年	中共深圳市委办公厅等	《深圳市重大事项社会稳定风险评估办法》
	2010 年	北京市应急委	《全面加强本市公共安全风险管理工作的意见》《北京市公共安全风险管理实施指南》《北京市突发事件应急委员会关于公共安全风险管理重点工作安排(2010—2011 年)的通知》(京应急委发〔2010〕11 号)《北京市突发事件应急委员会办公室关于开展 2010 年度市级重大风险评估工作的通知》
重点时期风险管理实践	2008 年北京奥运会	2008 年前	奥运安保情报中心	奥运安保风险评估
		2008 年前	奥组委总体策划部	奥运赛事运行风险评估
		2007 年	北京市应急委	奥运期间城市公共安全风险评估
	全运会	2008 年	济南全运会组委会	11 届全运会突发事件风险评估
	国庆 60 周年	2009 年	北京市应急委	国庆 60 周年风险评估与控制工作

一、专项部门的风险管理实践

1. 国资委:《中央企业全面风险管理指引》

为全面落实科学发展观,进一步加强和完善国有资产监管工作,深化国有企业改革,加强风险管理,促进企业持续、稳定、健康发展。2006 年 6 月 6 日,国务院国有资产监督管理委员会出台了《中央企业全面风险管理指引》(以下简称《指引》),《指引》对中央企业开展全面风险管理工作的总体原则、基本流程、组织体系、风险评估、风险管理策略、风险管理解决方案、监督与改进、风险管理文化、风险管理信息系统等方面进行了详细阐述,对《指引》的贯彻落实也提出了明确要求。

企业实施全面风险管理,是指企业围绕总体经营目标,通过在企业管理的各个环节和经营过程中执行风险管理的基本流程,培育良好的风险管理文化,建立健全全面风险管理体系,包括风险管理策略、风险理财措施、风险管理的组织职能体系、风险管理信息系统和内部控制系统,从而为实现风险管理的总体目标提供合理保证的过程和方法。

该指引所称风险管理基本流程包括以下主要工作:

(1) 收集风险管理初始信息。

企业风险一般可分为战略风险、财务风险、市场风险、运营风险、法律风险等。企业风险信息的收集,首先,企业应广泛收集国内外企业由于各类风险失控导致企业蒙受损失的案例,参考借鉴各国已有经验;其次,在案例收集的基础上,企业要收集与各类风险相对应的本企业的重要信息,譬如:企业战略风险方面,包括国家在本行业/产业政策、企业的战略合作伙伴情况、本企业的供应商/客户/竞争对手的信息等;财务风险方面,包括企业的负债及偿债能力、现金流、成本和盈利状况、产品存货情况等等;运营风险方面,包括产品结构、新产品研发、新市场开发、市场营销策略、企业组织效能、管理现状、企业文化等;市场风险方面,产品或服务的价格及供需变化、能源/原材料/配件等物资供应的充足性、稳定性和价格变化以及潜在竞争者及其替代品情况;法律风险方面,包括影响企业的新法律法规和政策、本企业签订的重大协议和有关贸易合同、本企业发生重大法律纠纷案件的情况以及企业和竞争对手的知识产权情况。

(2) 进行风险评估。

风险评估应由企业组织有关职能部门和业务单位实施,也可聘请有资质、信誉好、风险管理专业能力强的中介机构协助实施。风险评估包括风险辨识、风险分析、风险评价三个步骤。风险辨识是指查找企业各业务单元、各项重要经营活动及其重要业务流程中有无风险,有哪些风险。风险分析是对辨识出的风险及其特征进行明确的定义描述,分析和描述风险发生可能性的高低、风险发生的条件。风险评价是评估风险对企业实现目标的影响程度、风险的价值等。

(3) 制定风险管理策略。

《指引》中所称风险管理策略,指企业根据自身条件和外部环境,围绕企业发展战略,确定风险偏好、风险承受度、风险管理有效性标准,选择风险承担、风险规避、风险转移、风险转换、风险对冲、风险补偿、风险控制等适合的风险管理工具的总体策略,并确定风险管理所需人力和财力资源的配置原则。

企业应根据不同业务特点统一确定风险偏好和风险承受度,即企业愿意承担哪些风险,明确风险的最低限度和不能超过的最高限度,并据此确定风险的预警线及相应采取的对策。另外,企业也应该根据风险与收益相平衡的原则,进一步确定风险管理的优选顺序,明确风险管理成本的资金预算和控制风险的组织体系、人力资源、应对措施等总体安排。

(4) 提出和实施风险管理解决方案。

企业应根据风险管理策略,针对各类风险或每一项重大风险制定风险管理解决方案。方案一般应包括风险解决的具体目标,所需的组织领导,所涉及的管理及业务流程,所需的条件、手段等资源,风险事件发生前、中、后所采取的具体应对措施以及风险管理工具(如:关键风险指标管理、损失事件管理等)。

具体解决方案包括风险管理解决的外包方案和内控方案。选择外包方案,应注重成本与收益的平衡、外包机构的选择及工作质量、自身商业秘密的保护以及防止自身对风险解决外包产生依赖性风险等;内控方案则要求企业建立和完善一系列相关制度,包括内控岗位授权制度、报告制度、批准制度、责任制度、审计检查制度、考核评价制度、重大风险预警制度以及法律顾问制度等等。

(5) 风险管理的监督与改进。

《指引》要求企业应以重大风险、重大事件和重大决策、重要管理及业务流程为重点,对风险管理初始信息、风险评估、风险管理策略、关键控制活动及风险管理解决方案的实施情况进行监督,采用压力测试、返回测试、穿行测试以及风险控制自我评估等方法对风险管理的有效性进行检验,根据变化情况和存在的缺陷及时加以改进。风险管理的监督和改进应贯穿于整个风险管理流程,风险管理监督机构既可以是本企业内部的相关部门,也可以是外部的专业机构。

同时,《指引》对企业的风险管理组织体系也作出一定的规定和要求,完善的风险管理组织体系应包括规范的公司法人治理结构,风险管理职能部门、内部审计部门和法律事务部门以及其他有关职能部门、业务单位的组织领导机构并各施其责。对于企业的风险文化建设,《指引》也提出了诸多要求,诸如:大力培育和塑造良好的风险管理文化,树立正确的风险管理理念,增强员工风险管理意识,将风险管理意识转化为员工的共同认识和自觉行动;不仅加大员工的法律素质教育,董事和高级管理层在培育企业风险文化的过程中起到表率作用。

2. 住房与城乡建设部:《市政公用设施抗灾设防管理规定》

为了加强对市政公用设施抗灾设防的监督管理,提高市政公用设施的抗灾能力,保障市政公用设施的运行安全,保护人民生命财产安全,2008年10月7日住房和城乡建设部出台了自建部以来的第一号部令——《市政公用设施抗灾设防管理规定》(以下简称《管理规定》)。

《管理规定》提出了市政公用设施抗灾设防实行预防为主、平灾结合的方针,并阐明了市政公用设施、重大市政公用设施、可能发生严重次生灾害的市政公用设施、抗灾设防等概念及其所包含的内容。其中,市政公用设施是指规划区内的城市道路(含桥梁)、城市轨道交通、供水、排水、燃气、热力、园林绿化、环境卫生、道路照明等设施及附属设施。而抗灾设防则是指针对地震、台风、雨雪冰冻、暴雨、地质灾害等自然灾害所采取的工程和非工程措施。规定指出,市政公用设施的选址和建设,应当符合城乡规划以及防灾专项规划、市政公用设施各项专业规划和有关工程建设标准的要求;位于抗震设防区、洪涝易发区或者地质灾害易发区内的,还应当符合城市抗震防灾、洪涝防治和地质灾害防治等专项规划的要求。

《管理规定》要求部分市政公用设施工程的选址和设计方案须进行相关专项论证。其中要求,对重大市政公用设施和可能发生严重次生灾害的市政公用设施进行可行性研究时,建设单位应当组织专家对工程选址和设计方案进行抗灾设防专项论证。对抗震设防区的部分市政公用设施、风荷载起控制作用的城镇桥梁和城市轨道交通桥梁等市政公用设施,建设单位应当在初步设计阶段组织专家分别进行抗震专项论证或抗风专项论证。未进行相关专项论证或设计图纸未执行专项论证意见的市政公用设施,施工图审查结论为不合格。规定还对市政公用设施抗灾设防所涉及的建设、维护管理、运营、应急处置、监督管理、有关主体的法律责任以及处罚措施等内容,提出了具体要求。

3. 国务院办公厅:《关于进一步开展安全生产隐患排查治理工作的通知》

其目的在于:为深入落实2008年安全生产"隐患治理年"各项工作要求,有效遏制重特大事故的发生,促进安全生产状况持续稳定好转,在2007年开展隐患排查治理专项行动的基础上,进一步开展隐患排查治理工作,提高安全管理水平,为实现到2010年安全生产状况明显好转的目标奠定坚实基础。《通知》规定的隐患排查治理范围是各地区、各行业(领域)的全部生产经营单位。排查治理内容是各生产经营单位及其工艺系统、基础设施、技术装备、作业环境、防控手段等方面存在的隐患,以及安全生产体制机制、制度建设、安全管理组织体系、责任落实、劳动纪律、现场管理、事故查处等方面存在的薄弱环节。

《通知》对隐患排查治理工作提出了明确的工作要求,具体要做到"四个结合"。一是把隐患排查治理工作与深化煤矿瓦斯治理、整顿关闭工作以及各重点行业(领域)安全专项整治结合起来,解决影响安全生产的突出矛盾和问题;二是与日常安全监管监察执法结合起来,严格安全生产许可,加大打"三非"(非法建设、生产、经营)、反"三违"(违章指挥、违章作业、违反劳动纪律)、治"三超"(生产企业超能力、超强度、超定员,运输企业超载、超限、超负荷)工作力度,消除隐患滋生根源;三是与加强企业安全管理和技术进步结合起来,强化安全标准化建设和现场管理,加大安全投入,推进安全技术改造;四是与加强应急管理结合起来,建立健全应急管理制度,完善事故应急救援预案体系。

另外,《通知》还根据不同时段的具体情况明确了各自的工作重点,例如:5月至9月主要围绕汛期和北京"奥运会",10月至12月主要针对第四季度赶任务、抢工期现象增多和冬季雨、雾、冰、雪天气多发的特点,分别开展隐患排查工作。

4. 国务院新闻办公室:《中国的减灾行动》白皮书

2008年5月12日发生的四川汶川特大地震,造成重大人员伤亡和财产损失,给中国人民带来巨大伤痛。中国政府决定,自2009年开始,每年的5月12日为国家"防灾减灾日"。国务院新闻办公室2009年5月11日发表《中国的减灾行动》白皮书,这是中国政府在首个"防灾减灾日"前夕发布的一份具有特殊意义的白皮书。白皮书从内容上看,主要分为三个部分:首先,对我国自然灾害的现状进行了描述;其次,列出中国防灾减灾的成就和存在的薄弱环节;最后,提出了建立适合我国国情的防灾减灾行动指南。

白皮书指出,中国的自然灾害呈现出四大特点:(1) 灾害种类多。中国的自然灾害主要有气象灾害、地震灾害、地质灾害、海洋灾害、生物灾害和森林草原火灾。(2) 分布地域广。中国各省(自治区、直辖市)均不同程度受到自然灾害影响,70%以上的城市、50%以上的人口分布在气象、地震、地质、海洋等自然灾害严重的地区。(3) 发生频率高。中国气象灾害频繁,局地性或区域性干旱灾害几乎每年都会出现,东部沿海地区平均每年约有7个热带气旋登陆。同时中国位于欧亚、太平洋及印度洋三大板块交汇地带,新构造运动活跃,地震活动也十分频繁。(4) 造成损失重。1990—2008年19年间,平均每年因各类自然灾害造成约3亿人次受灾,倒塌房屋300多万间,紧急转移安置人口900多万人次,直接经济损失2 000多亿元人民币。

白皮书中提到,中国政府在《国家综合减灾"十一五"规划》等文件中提出的"十一五"期间(2006—2010年)及中长期国家综合减灾战略目标,即:建立比较完善的减灾工作管理体制和运行机制,灾害监测预警、防灾备灾、应急处置、灾害救助、恢复重建能力大幅提升,公民减灾意识和技能显著增强,人员伤亡和自然灾害造成的直接经济损失明显减少。同时,白皮书明确了中国减灾的九大任务:(1) 加强自然灾害风险隐患和信息管理能力建设;(2) 加强自然灾害监测预警预报能力建设;(3) 加强自然灾害综合防范防御能力建设;(4) 加强国家自然灾害应急抢险救援能力建设;(5) 加强流域防洪减灾体系建设;(6) 加强巨灾综合应对能力建设;(7) 加强城乡社区减灾能力建设;(8) 加强减灾科技支撑能力建设;(9) 加强减灾科普宣传教育能力建设。

与此同时,白皮书也列举了近年来中国政府在防灾减灾工作中所取得成就,包括:

第一,中国注重减灾的法制建设,颁布实施一系列减灾法律、法规,逐步把减灾工作纳入法制化轨道。中国实行政府统一领导,部门分工负责,灾害分级管理,属地管理为主的减灾救灾领导体制。在长期的减灾救灾实践中,中国建立了符合国情、具有中国特色的减灾救灾工作机制。中央政府构建了灾害应急响应机制、灾害信息发布机制、救灾应急物资储备机制、灾情预警会商和信息共享机制、重大灾害抢险救灾联动协调机制和灾害应急社会动员机制。

第二,中国政府重视减灾的能力建设,在减灾工程、灾害预警、应急处置、科技支撑、人才培养和社区减灾等方面做了大量工作。

第三,中国政府同样注重减灾的社会参与,重视社会力量在防灾减灾工作中的地位和作用,积极支持和推动社会力量参与减灾事业,提高全社会防灾减灾的意识和能力。

第四,中国注重减灾的国际合作,中国本着开放合作的态度,积极参与减灾领域的国际合作,建立和完善国际减灾合作机制,加强国际减灾能力建设,在重大灾害中相互援助。中国在减灾领域与联合国开发计划署、联合国国际减灾战略、联合国人道主义援助事务协调办公室、联合国亚太经社理事会、联合国世界粮食计划署、联合国粮农组织和联合国外空委等机构建立紧密型合作伙伴关系,积极参与联合国框架下的减灾合作。

5. 卫生部等七部委:《食品安全风险评估管理规定》

2010年1月21日,卫生部会同工业和信息化部、农业部、商务部、工商总局、质检总局和国家食品药品监管局制定了《食品安全风险评估管理规定(试行)》。该规定适用于国务院卫生行政部门依照食品安全法有关规定组织的食品安全风险评估工作,旨在规范食品安全领域的风险评估。

《食品安全风险评估管理规定(试行)》的主要内容包括:

(1) 卫生部负责组织食品安全风险评估工作,成立国家食品安全风险评估专家委员会,并及时将食品安全风险评估结果通报国务院有关部门。

(2) 依据国家食品安全风险评估专家委员会章程组建国家食品安全风险评估专家委员会。国家食品安全风险评估专家委员需依据本规定及国家食品安全风险评估专家委员会章程独立进行风险评估,任何部门不得干预国家食品安全风险评估专家委员会和食品安全风险评估技术机构承担的风险评估相关工作,以保证风险评估结果的科学、客观和公正。

(3) 经由卫生部确定的食品安全风险评估技术机构才能承担食品安全风险评估相关科学数据、技术信息、检验结果的收集、处理、分析等任务。受委托的有关技术机构应当在国家食品安全风险评估专家委员会要求的时限内提交风险评估相关科学数据、技术信息、检验结果的收集、处理和分析的结果。

（4）卫生部将视具体情形确定国家食品安全风险评估计划和优先评估项目；风险评估项目必须经卫生部审核同意之后，国家食品安全风险评估专家委员会才能对某一项目任务进行风险评估：① 为制订或修订食品安全国家标准提供科学依据需要进行风险评估的；② 通过食品安全风险监测或者接到举报发现食品可能存在安全隐患的，在组织进行检验后认为需要进行食品安全风险评估的；③ 国务院有关部门按照《中华人民共和国食品安全法实施条例》第十二条要求提出食品安全风险评估的建议，并按规定提出《风险评估项目建议书》；④ 卫生部根据法律法规的规定认为需要进行风险评估的其他情形。

（5）发生下列情形之一的，卫生部可以要求国家食品安全风险评估专家委员会立即研究分析，对需要开展风险评估的事项，国家食品安全风险评估专家委员会应当立即成立临时工作组，制订应急评估方案。具体包括：① 处理重大食品安全事故需要的；② 公众高度关注的食品安全问题需要尽快解答的；③ 国务院有关部门监督管理工作需要并提出应急评估建议的；④ 处理与食品安全相关的国际贸易争端需要的。

（6）评估执行情况：国家食品安全风险评估专家委员会以食品安全风险监测和监督管理信息、科学数据以及其他有关信息为基础，按照风险评估实施方案，遵循危害识别、危害特征描述、暴露评估和风险特征描述的结构化程序开展风险评估。

二、地方政府的风险管理实践

1. 吉林市：《关于开展突发事件风险隐患排查监管工作的通知》

吉林市人民政府办公厅发出的《关于开展突发事件风险隐患排查监管工作的通知》（吉市政办发〔2006〕28号）（以下简称《通知》）提出的主要工作任务是：各县(市)区人民政府、市政府各委办局、各直属机构要按照分类指导、分级管理、重点突出、全面推进的原则，认真做好风险隐患排查监管工作。全面准确地掌握风险隐患的种类、数量和状况；对风险隐患进行普查登记、安全评估、统计汇总，加强动态监管；加大风险隐患治理整改力度，防范突发事件的发生；建立风险隐患数据库，建立长效机制。

《通知》明确了相关职责分工:各县(市)区人民政府负责本行政区域所属企业、学校、社区及各行各业风险隐患调查、登记、风险评估、检查、监控以及本行政区域各类风险隐患监管工作;市政府有关部门负责安排指导、规范本行业或领域及所属企事业单位风险隐患排查工作,共同做好可能引发特别重大和重大突发事件风险隐患的监管工作。其中:(1)煤炭企业风险隐患排查工作,由市煤炭局负责。(2)非煤矿山、危险化学品生产存储企业、烟花爆竹生产和批发企业风险隐患排查工作,由市安全生产监督管理局负责。(3)建筑施工企业风险隐患排查工作由市建委负责。(4)大型公众聚集场所和大型商场超市风险隐患排查以消防、治安为主要内容开展风险隐患排查工作,由市公安局牵头,市文化局、市商务局、市旅游局等行业主管部门配合完成。(5)吉林市松花江段沿江企业环境污染风险隐患排查工作,由市环保局负责。(6)市属工业企业的风险隐患排查工作由市经委负责。(7)中省直企业(含企业重点岗位)亦按有关规定做好风险隐患排查工作。(8)交通运输企业的风险隐患排查工作由市交通局负责。(9)各大医院的风险隐患排查工作由市卫生局负责。(10)各级各类学校的风险隐患排查工作由各级各类教育主管部门负责督办。其中,各县(市)区所辖学校的风险隐患排查工作由学校所在的县(市)区教育局负责。市教育局所属学校的风险隐患排查工作由市教育局负责。市直委办局所属各类培训学校的风险隐患排查工作由市直各委办局负责。各大专院校风险隐患排查工作由院校自行负责。(11)重点民营企业的风险隐患排查工作由市中小企业发展局负责。

2. 深圳市:《深圳市重大事项社会稳定风险评估办法》

为切实从源头上预防、减少和消除影响社会稳定的隐患,2008年2月4日,中共深圳市委办公厅、深圳市人民政府办公厅颁布了《深圳市重大事项社会稳定风险评估办法》(以下简称《办法》)。

《办法》中所称的重大事项是指深圳市涉及较大范围人民群众切身利益的重大决策,法规制定或修改,改革举措以及市政规划、建设项目的实施。社会稳定风险评估是指对重大事项是否可能引发群众大规模集体上访或群体性事件进行先期预测、先期研判、先期介入。而《办法》中涉及的评估责任主体是重大事项方案制订的职能部门。如重大事项是人大、政府制订出台的,由人大、政府指定评估责任主体;如涉及多部门职能交叉而难以界定评估责任主体的,由同级党委、政府指定。市级重大事项由市级职能部门牵头负责进行评估,区级重大事项由区级职能部门牵头负责进行评估。

社会稳定风险评估分为一般评估和重点评估。对于评估程序,办法也作出了具体规定。一般评估的评估程序相对简单,需由评估责任主体就重大事项征求意见、论证和公示,再对社会稳定风险进行认真预测,形成社会稳定风险评估报告报同级信访、维稳部门审批。对于重点评估而言,则有着严格的评估程序。重点评估由评估责任主体成立专门的社会稳定风险评估小组,组织相关部门和专家、学者或委托有资质的第三方机构进行。第一步,确定评估事项;第二步,制定评估方案;第三步,组织进行评估;第四步,编制评估报告;第五步,制定工作预案;第六步,上报。而对于那些在风险评估过程中发现的过失责任主体,《办法》中也作出了较为明确的责任追究规定。

3. 北京市应急委:全面加强北京市公共安全风险管理工作长效机制建设

2007年至2009年,在北京市委、市政府和市应急委的领导下,北京市圆满完成了2008年北京奥运会、残奥会期间城市公共安全风险评估控制工作和新中国成立60周年庆祝活动风险评估控制工作。实践证明,风险管理作为一种创新的科学管理手段,是深化科学发展观,实现城市安全协调发展的必然要求;是维护公共安全,完善政府社会管理和公共服务职能的重要方面;是落实预防为主,常态与非常态管理相结合原则的具体体现;是创新公共安全管理理念,做好突发事件预防与应急准备工作的重要抓手;是建设世界城市,实现"人文北京、科技北京、绿色北京"三大理念的基础性工作。

为了促使各区县政府、各相关部门和单位进一步提高认识,把公共安全风险管理工作作为一项重要政治任务,给予高度重视,切实抓紧、抓好,北京市从2009年年底开始在全市全面推动风险管理管理工作,并连续出台《北京市人民政府关于加强公共安全风险管理工作的意见》(京政发〔2010〕10号)、《北京市突发事件应急委员会关于印发北京市公共安全风险管理实施指南的通知》(京应急委发〔2010〕8号)、《北京市突发事件应急委员会关于公共安全风险管理重点工作安排(2010—2011年)的通知》(京应急委发〔2010〕11号)、《北京市突发事件应急委员会办公室关于开展2010年度市级重大风险评估工作的通知》等相关规定,同时,《北京市公共安全风险管理监督检查办法(试行)》等相关文件也正在研究与制定当中,这些相关文件的出台都为在全市范围内建设风险管理的长效机制提供了保障。

(1) 北京市关于加强公共安全风险管理工作的总体要求。

为深入贯彻落实《中华人民共和国突发事件应对法》及《北京市实施〈中华人民共和国突发事件应对法〉办法》,建立健全市公共安全风险管理长效机制,着力提高风险控制和应急管理水平,维护首都的安全稳定,北京市于2010年4月16日印发的《北京市人民政府关于加强公共安全风险管理工作的意见》(京政发〔2010〕10号),就加强公共安全风险管理工作提出了相关要求。主要内容如表3-4所示。

表3-4 《北京市人民政府关于加强公共安全风险管理工作的意见》的主要内容(京政发〔2010〕10号)

序号	条目	主要内容
1	充分认识加强公共安全风险管理工作的重要意义	
2	明确公共安全风险管理工作的目标、原则和范围	
3	进一步完善公共安全风险管理体制机制	1. 建立健全风险分级分类管理体系 2. 建立健全专项风险管理体系 3. 建立健全区域风险管理体系 4. 建立健全综合风险统筹协调机制
4	认真做好风险评估与动态监测	1. 全面开展风险识别和隐患排查 2. 系统开展专项风险评估和区域风险评估 3. 统筹组织全市重大风险综合评估 4. 推进重大活动和重要时期风险评估 5. 完善风险监测与动态更新机制
5	切实抓好风险控制与应急准备	1. 明确风险控制责任 2. 落实风险控制措施 3. 做好应急准备工作 4. 重点做好市级重大风险控制工
6	加强配套制度和保障机制建设	1. 加强风险管理组织和人员保障 2. 研究建立全市风险管理规范和标准体系 3. 建立风险管理资金投入保障机制 4. 强化风险管理科技支撑 5. 搭建完善风险管理信息化技术平台 6. 建立健全风险管理年度考核机制
7	积极推进社会共同参与	1. 督促企事业单位积极履行风险管理主体责任 2. 引导公众树立风险防范意识 3. 加强风险信息沟通与交流

(2) 北京市关于加强风险管理体系建设的具体要求。

为贯彻落实《北京市人民政府关于加强公共安全风险管理工作的意见》(京政发〔2010〕10号),规范指导各单位科学开展公共安全风险管理工作,市应急委于2010年5月14日印发了《北京市突发事件应急委员会关于印发〈北京市公共安全风险管理实施指南〉的通知》(京应急委发〔2010〕8号),要求各区、县人民政府,市政府各委、办、局,各市属相关单位参考《指南》,并结合本系统、本领域、本行业、本地区的实际工作情况和专业特点,细化工作流程和标准,制定具体的实施细则,认真做好公共安全风险管理相关工作,为了进一步加强全市的风险管理工作提出了具体要求。

《北京市公共安全风险实施指南》的内容总体包括:总则、风险管理工作流程、风险管理工作机制、附则和附件五个部分。

(3) 北京市推动全市风险管理体系建设的安排。

第一,制定风险管理重点工作安排。为贯彻落实《北京市人民政府关于加强公共安全风险管理工作的意见》(京政发〔2010〕10号),北京市应急委于2010年7月5日印发《北京市突发事件应急委员会关于公共安全风险管理重点工作安排(2010—2011年)的通知》(京应急委发〔2010〕11号)、《北京市突发事件应急委员会办公室关于开展2010年度市级重大风险评估工作的通知》,就全市2010至2011年期间公共安全风险管理的重点工作进行安排。期间,还组织了相关部门进行了多次培训。

第二,推动相关工作的研究。为了进一步推动风险管理相关工作,北京市应急委于2010年下半年也开始启动了《北京市公共安全风险管理监督检查办法(试行)》等相关文件的研究与制定工作。

三、重点时期的风险管理实践

1. 2008年北京奥运期间城市公共安全风险评估

风险管理作为一种新兴的管理方式,在近几届奥运会安全管理中得到广泛应用,并且在应急管理和城市常态管理中发挥越来越重要的作用,是提升城市管理工作主动性、前瞻性和预见性的重要手段。为保障第29届奥运会与第13届残奥会安全顺利举办,北京市应急系统围绕"平安奥运",全面启动了风险评估与控制工作,实现了应急管理工作的"关口再前移"。通过开展奥运期间风险评估,查找城市公共安全领域可能出现的各种风险和问题,并通过全面制定完善应急预案,开展综合性实战演练,落实风险控制和应急管理的各项措施,不断提高解决问题、防范风险和应急处置的能力,为成功举办奥运会和残奥会提供有力的城市公共安全保障。

(1) 风险评估。

借鉴国际惯例并采纳有关专家建议,自2005年起,奥运安保情报中心主要针对国家安全层面开展了奥运安保风险评估,奥组委总体策划部主要针对赛事运行与场馆内部管理组织开展了奥运运行风险评估。2007年2月,按照"树立科学的管理理念,创新管理模式,完善管理手段,落实严格的管理措施"以及"把应急工作融入城市安全运行各个环节,以实现综合管理,有效应对各种风险"等要求,北京市全面启动第29届奥运会与第13届残奥会期间城市公共安全风险评估与控制工作,成立了风险评估工作小组,由市应急办牵头组织全市55个相关单位、24个科研机构和200余名专家,共同开展了此项工作。

此风险评估工作紧紧围绕奥运期间北京市实际情况,本着系统性、科学性、专业性、综合性、实用性的原则,以全面保障奥运期间城市公共安全为总体目标,对奥运期间(2008年6月至10月)可能发生的自然灾害、事故灾难、公共卫生和社会安全等四大类突发事件的风险,以及奥运场馆安保线以外的城市重点区域,包括场馆外围保障区、重点商业场所、大型活动场所、重要交通枢纽、主要旅游区域等的风险进行识别、评估并提出控制对策与建议。

市应急办会同科研机构,在参考国际风险管理理事会(IRGC)《风险管理白皮书》和澳大利亚/新西兰风险管理标准(Risk Management,AS/NZS 4360:2004)等资料的基础上,编制了《北京市奥运期间突发公共事件风险评估框架指南》和《北京市奥运期间突发公共事件风险评估实施细则》,将风险评估工作流程分为计划和准备、风险源调查、风险承受能力与控制能力分析、风险可能性评估、风险后果评估、风险等级确定、提出处置建议、反馈与更新等八个环节。工作分五个阶段开展:第一阶段(2007年3月至7月),全市开展奥运期间风险源调查工作,初步摸清了北京市可能出现各种风险源。第二阶段(2007年8月至11月),各相关单位开展专项或重点区域风险评估工作,完成《专项风险评估与控制对策报告》(以下简称专项报告)和《重点区域风险评估与控制对策报告》(以下简称重点区域报告)。第三阶段(2007年12月至2008年1月),在各单位风险评估结果的基础上,组织开展分类综合评估,完成《北京市奥运期间城市公共安全风险评估与控制对策分报告》(以下简称分报告)和《北京市奥运期间城市公共安全主要风险评估与控制对策总报告》(以下简称总报告)。第四阶段(2007年9月至2008年5月),按照"边评估,边控制"的原则,开展风险控制与动态管理。各单位依据风险评估工作中发现的问题,结合城市日常运行管理和应急体系建设,加强主要风险的控制与整改,实时调整评估级别。同时,结合风险评估成果,开发信息化管理系统。第五阶段(2007年10月至2008年5月),完善应急预案,开展应急演练。依据风险评估结果,全面检查、完善各项应急预案,并且进行实战演练,全面落实应急处置的各种措施,不断提高防范风险能力和实际应急处置能力。

风险评估工作共形成73份报告,约270万字,包括:1份总报告、5份分报告(社会安全、事故灾难、公共卫生、自然灾害和重点区域)、及42份专项报告和25份重点区域报告。评估报告经过专家反复论证,专家一致认为其内容全面、方法科学、结论可信,对策措施具有针对性和可操作性,是一次理论创新和实践创新,将为保障奥运会与残奥会的安全顺利举办发挥积极作用,对国内大城市风险管理具有示范意义。

风险评估结果显示,北京市奥运期间城市公共安全领域共存在32类、250项风险。其中,极高风险21项,高风险70项,中风险97项,低风险62项。调查确认风险源(点)2 204个,其中,有522个在奥运前可基本消除或显著降低风险。此外,在全市94个重点区域中,有49个存在极高或高风险。综合考虑各项风险发生的可能性及其对奥运赛事和城市安全的影响,以及风险的承受力和控制力,奥运期间城市公共安全面临的十四个方面主要风险。针对每个方面的风险,分别按照风险描述、基本判断和控制措施三个要素进行了综合分析,提出了对策措施。

(2)风险监测与动态更新。

在风险评估结果基础上,分别于2008年6月、7月组织进行了两轮风险动态更新。建立了风险管理信息化系统,作为奥运期间城市运行监测指挥系统的重要组成部分,实现跨部门、跨区域、跨灾种的风险信息共享。进一步完善风险动态监测和更新机制,提高自然灾害短时预报和精细化预测水平;强化对水、电、气、交通、通信、环境等风险的动态监测能力;提高突发公共卫生事件早期识别能力;增强社会安全事件情报信息掌控能力。依托紧急、非紧急报警服务系统和城市管理信息平台,建立风险社会监测网络。依托市气象部门建立统一的预警信息发布平台,实现通过手机短信对城市特定区域及特定人群的各类预警信息快速发布功能。

(3) 风险控制。

北京市政府于2008年4月印发了《奥运期间风险控制与应急准备工作方案》,强化奥运期间城市公共安全风险控制和应急处置能力,全力保障奥运期间城市公共安全,并逐步建立科学、规范、完整、系统、动态的城市风险管理体系。风险控制工作在市委、市政府和市应急委统一领导下,按照预防与应急并重、常态管理与非常态管理结合,"集中领导、逐级负责、分类管理、条块结合,依托科技、依靠专家,动态监测、综合控制"的原则开展。

职责分工上,由市应急办具体组织、协调、指导、督促、检查全市有关部门开展奥运期间风险控制、风险监测与应急准备工作。由市级专项应急指挥部办公室和市有关部门牵头负责,其他市有关部门和区县应急委配合,落实极高、高风险的控制措施,开展中、低风险的动态监测管理,做好相关风险的应急准备工作。由市"2008"环境办、各区县应急委、天安门地区管委会、西站地区管委会和北京经济技术开发区管委会牵头负责,在市级专项应急指挥部办公室和市有关部门指导和协助下,开展重点区域风险控制、监测与应急准备工作。市、区县两级财政为风险控制、监测和应急准备工作提供必要的资金保障。针对评估出的风险,各牵头单位制定《风险控制与应急准备工作方案》,明确各项工作的牵头领导、主责单位、配合单位、控制措施、完成时限和所需资源保障。

对于能在奥运前基本消除的风险,采取工程、技术等措施,市、区两级财政给予必要的资金保障,并做好与安全隐患排查整改工作的衔接,形成工作合力,于2008年7月底前全力消除。对于通过采取特殊控制措施可降低等级的风险,研究制定严密的奥运期间特殊风险管理措施,有效规避风险或将风险降到最低。建立不可预见风险的应对机制,组建风险管理专家顾问队伍,加强风险关联性和连锁反应分析,增强对难以预测、突发性强的特异型风险的早期识别和应对能力。对一些特殊风险全程追踪、在奥运会(残奥会)开、闭幕式期间,加强与市气象局情况沟通,果断采取人工消(减)雨措施,确保开、闭幕式顺利进行。在涉奥场所周边重点生产经营单位、危险化学品、非煤矿山等高危行业全面实施了安全生产守护行动,开展不间断检查和排查。完成奥运会开闭幕式烟花生产、储存、燃放等环节的安全保障工作,定期对鸟巢顶部钢结构上焰火发射架的安全性进行检查,保证了燃放安全。

截至奥运前,全市共消除风险49项,降低风险93项,2 204个风险源(点)中,消除611个,有效控制948个。对各种风险,均强化安全隐患整改和风险控制,落实了1 000余项工程、技术和特殊管理措施,确保了奥运期间全市各类风险降至最低水平。

2. 济南全运会组委会:第11届全运会突发事件风险评估

我国第11届全运会的开闭幕式和主要项目于2009年10月11—23日在山东济南等城市举办,适逢新中国成立60周年、全运会设立50周年,为了实现"和谐中国、全民全运"的精神和理念,消除公共安全风险对全运会的不利影响,山东省人民政府和全运会组委会进行了全运会历史上第一次系统的、规范的风险评估工作和应急体系建设的研究。

全运会风险评估工作的整体实施过程及主要工作主要包括:

(1) 立项与筹备。

2008年5月,山东大学、清华大学联合成立了风险评估专家组,并向山东省人民政府办公厅提交了《关于对第11届全运会进行突发公共事件风险评估有关工作的请示》,该请示于2008年10月得到了省政府领导的批示并获准立项。根据《第11届全运会风险评估工作方案》,此次风险评估工作的内容共分为8个分项目:开闭幕式风险评估及应急预案、新闻媒体宣传风险评估及应急预案、比赛场馆运行和赛事保障风险评估及应急预案、社会治安和突发公共事件风险评估及应急预案、医疗卫生和食品安全风险评估及应急预案、城市(赛区)运行保障风险评估及应急预案、气象(自然灾害)风险评估及应急预案、火炬传递风险评估及应急预案。

项目一经立项就立刻得到了全运会组委会的大力支持,组委会成立了以组委会办公室秘书处副处长为组长的联络小组,有力地推动了项目的开展。2008年11月全运会组委会下发了《关于搞好第11

届全运会风险评估和应急预案体系建设工作的通知》,要求各部室、各赛区组委会结合各自实际,切实抓好组织实施工作。2008 年 12 月,组委会根据山东大学和清华大学联合制定的《第 11 届全运会风险评估工作方案》,拟定了相应的《全运会风险评估工作实施方案》,要求组委会各部室、各赛区组委会组建由专家和组委会工作人员共同组成的风险评估工作组,负责各项目的风险评估和应急预案的编制工作,并明确了相关的负责人和承办人员。

全运会风险评估工作是复杂的系统工程,涉及面广、任务重,涉及方方面面的组织协调工作。通过组委会的积极努力,有力的沟通和协调了项目专家与各部室、该赛区组委会以及相关部门之间的对接与合作,克服了组织协调上的困难,保障了项目的顺利开展。

(2) 前期准备与培训。

根据这 8 个分项目,专家组制定了《第 11 届全运会风险评估实施细则》,以及相应的风险评估流程和技术标准,并进行了培训。

2008 年 12 月 11 日,"第 11 届全国运动会风险评估和应急预案体系建设工作第一次全体会议"召开,由专家对风险评估实施细则做了相关讲解。12 月 21 日,组委会下发了《关于召开 11 运会风险评估培训暨工作会议的通知》,在济南召开了风险评估培训暨工作会议,组织组委会各有关部室、各赛区工作人员参加会议,并由项目组专家对 11 运会风险评估细则和实务操作做了相关的培训。

2009 年 1 月到 3 月,山东省公安厅、济南市政府、济南市公安局、济南市赛区组委会等有关机构分别召开了一系列的风险评估和应急预案的培训会议。经过系列培训,全运会组委会各部室、政府各相关部门、各赛区对于全运会的风险识别与评估工作有了较为全面和深入的了解,有力地推动了全运会相关安全工作的顺利开展。

(3) 风险识别。

完成风险评估准备和培训后,下一项工作就是搜集、整理相关信息,进行风险识别。专家组根据山东省的区域特点和赛区分布,并借鉴北京奥运的相关技术指标制定了 8 个分项目的风险识别表及详细的填表说明。在此基础上,全运会各部室、各赛区系统全面地排查和分析全运会期间可能存在的风险源和安全隐患。并于 2009 年 2 月到 3 月间将风险识别表上报,共计汇总各赛区城市风险识别表 100 份、全运会组委会各部室专项风险识别表 50 余份(因公安系统内部的风险识别表因涉密,故未统计在内)。另外,省消防总队在2月到3月间对济南、青岛等主要城市的高层宾馆和办公楼进行了大规模的消防安全检查,省气象局对气象保障类风险专门编写了专项气象技术资料报告,约为100万字。安全保卫类风险源的识别表因涉密由公安系统各单位、各区县公安工作人员单独上报公安厅和市公安局备案。

(4)撰写风险评估报告及预案。

风险评估是应急预案编制的前提条件。为此,专家组专门拟定了相应的应急预案模板与编制说明,对应急预案的框架作了统一的要求,并在组委会和各有关部门做了相关的培训和说明,各部门在此基础上对原有预案的基础上进行了修订和补充。最后,共形成了8份"第11届全运会风险评估××类风险专项报告",共计字数50余万字。

在撰写风险评估报告的过程中,在组委会的大力协助下,各分项专家与相关的组委会部室和政府各有关部门成功对接,并建立了良好的沟通和合作机制。专家与实务部门的工作人员共同对相关项目和风险源进行了分析和整理,对于风险识别表和评估报告中涉及的相关信息进行了多次的反馈,并不断地加以补充、修改和完善。

(5)开展应急演练。

风险评估的过程中,有较为成熟预案的部门,在评估的过程中根据风险识别和风险评估等相关评价体系,进行了部门内部相关业务的应急演练,比如公安反恐、消防等部门已经进行了多次的演练,并取得了良好的效果。

(6)作用与成效。

此次风险评估工作对于保障全运会的顺利召开起到了以下几个方面的作用:

① 对全运会进行大规模、系统、科学的风险评估,这是全运会历史上第一次。通过这次评估,将原有的往届全运会安全工作提上了一个新的高度,为以后的全运会安全保障工作提供了示范。而且,通过这项工作,还增强了全省范围内与全运会相关机构和部门的"防患于未然"的风险防范意识和"未雨绸缪"的应急准备意识,改变了原有的"亡羊补牢"的传统应急管理思维方式,从而为全运会安全工作和全省应急管理工作引进了一种新型的、有效的、低成本的风险预防思维和机制。

② 通过全省范围内的、大规模的、系统的风险调查和风险识别工作,将全运会以及山东省各地原有的公共安全信息予以整合、更新和丰富,并以科学的流程加以梳理和加工,有力的整合了全运会相关的安保信息数据材料,形成了较为全面、科学、系统的全省公共安全信息资源总汇,为山东省的应急管理和公共安全管理工作信息化奠定了一定的基础。

③ 风险评估是应急预案的前提和基础。根据《国务院关于全面加强应急管理工作的意见》等文件传达的精神,制定和不断修订应急预案是加强应急管理工作的必须环节,通过这次风险评估工作,根据风险评估的成果,补充了山东省相关公共安全领域的应急预案,修订和完善了原有的应急预案,积极、有力地推动了山东省的应急管理和公共安全工作。

3. 北京市应急委:国庆60周年风险评估与控制工作

借鉴奥运经验,在北京市委、市政府和市筹委会的领导下,按照市应急委统一部署,全面开展庆祝活动风险和城市公共安全风险两个层次的评估与控制工作。同时,针对风险具有综合性、衍生性和不确定性等特点,加强市筹委会各工作机构和市应急体系之间的沟通协调,完善庆祝活动区域内外工作联动机制,认真查找问题,及时弥补薄弱环节,实现庆祝活动区域内外风险控制工作及应急预案的衔接,取得了显著成效。

针对群众游行、阅兵服务保障、联欢晚会、国庆游园等庆祝活动,共评估出104种风险,其中,极高风险13种、高风险38种;可消除风险38种、可降低风险51种、不可控风险15种。各相关单位制定并落实风险控制工作方案,层层明确责任、具体措施和时限,采取技术、工程或管理类措施,全力消除或减小风险。采取了一系列有效措施全力消除或降低风险,确保了庆祝活动万无一失。

全市55家相关单位,针对国庆期间城市范围社会面开展了社会安全、公共卫生、城市生命线、事故灾难、自然灾害、经济民生等6大方面、24个综合类、52个专项的风险评估与控制工作,共评估出291种风险。其中,极高风险18种、高风险90种;可消除风险65种、可降低风险175种、不可控风险51种。经过3个月细致扎实的风险控制工作,国庆前消除了风险11项,降低了62项。各单位依托属地区县政府和北京地区武警等有关力量,加强对重点部位的安全保卫和应急处置救援力量的安排,提高防范和处置能力。同时,充分利用企业和社区等非专业应急力量,弥补专业处置力量的不足,做好社会面突发事件的早期发现和处置。市卫生局于8月15日前制定并落实阅兵、群众游行、联欢晚会、游园等庆祝活动甲型H1N1流感防控工作方案,提前做好人员、药品、物资等各种防范和应急准备。

第三节 中国公共风险管理的工作定位

多次巨灾事件的发生一次又一次地提醒我们,要想实现国家公共安全水平的整体提高,必须从更基础的层面推动应急管理工作,必须系统、全面地整合公共安全治理框架,发挥风险治理在完善与提升国家公共安全管理中的重要作用。

目前,国家已经将公共安全视为与人民生命财产安全、国家安全和环境安全并列的、能够影响国家稳定与持续发展的重要因素。因此,有必要在认清中国国情,合理借鉴发达国家管理经验的基础上,对中国应急管理体系建设背景下的公共安全治理系统,尤其是对确保整个系统稳定发展的基础性风险治理问题有更加系统与清晰的认识,从而为政府提高应对突发事件的能力提供保障与依据。

从公共管理的角度来看[1],公共安全管理可以被认为是[2]:政府制定公共政策,与其他公共组织一起,运用政治、法律、经济和管理等手段,及时发现、隔离或消除各类安全隐患,对涉及公共安全的事件进行管理,和提高安全管理、危机处理能力的行为,为的是维护人民的生命、财产安全,保证国家主权不被侵犯。

公共安全管理是一个循环的过程,从安全管理目标的设定、管理措施的实施、管理行为的监督、管理结果的反馈、到目标的再设定,循环往复。公共安全管理的特点在于:(1) 涉及面广泛,危机难于预见;(2) 成效不明显,难以被重视。

根据我国的情况,目前的公共安全管理仍然是以系统管理为主,

---

[1] "公共管理看作为一种社会实践活动,即政府制定公共政策,与其他公共组织一起,处理公共事务,提供公共产品和服务的活动",见薛澜、彭宗超、张强:《公共管理与中国发展——公共管理学科发展的回顾与前瞻》,《管理世界》2002年第2期。

[2] 赵秀雯:《公共安全管理在社会和谐发展中的作用》,《安全与环境学报》2006年第7期。

系统管理的特征就是"决策模式",具体来讲,就是信息传递是自下而上,而处理意见是由上向下,这一点在政府的公共安全管理活动中普遍存在。

一、公共安全的定位:基础性与渗透性

在公共治理体系中,公共安全管理处于基础性和渗透性的地位,是和谐社会的基础,是政府职能的重要体现,也是城市管理的有力保障。

首先,公共安全是和谐社会的根本基础。和谐社会的基本特征是充满活力、公平与正义、诚信与友爱、民主与法制、安定有序、人与自然和谐相处。其中的安定有序,是指和谐社会是一个充满安全感、富有秩序的社会。因此,公共安全是全社会和谐发展的基石,是社会整体可持续发展的重要保障。关乎国计民生,关乎社会的发展和稳定,关乎国家的安全。

其次,公共安全渗透到政府职能的各个方面。从本质上来讲,公共安全问题属于公共产品范畴,是政府必须向公民提供的、也必须提供好的一项服务。换句话说,公共安全问题集中反映了政府的行为责任能力。公共安全管理是履行政府社会管理和公共服务职能的重要内容,是政府应尽的职责。一方面,公共安全立足于政府的社会管理职能,加强公共安全工作是政府履行社会管理职能的重要方面;另一方面,公共安全又渗透政府的经济调节、市场监管和公共服务等职能中,安全是基础,对政府履行其他职能具有非常重要的意义,是有效实现政府管理的基础和保障。因此,根据公共安全的基础和渗透属性,全面推进公共安全工作是实现政府职能转变的重要体现。

最后,公共安全是城市管理各个环节的重要组成要素。城市是人类聚居的产物,需要具备功能的多样性,来满足人们的各种需要,而安全就是人们最基本的需要。随着人类对生命价值认识的提高,"以人为本"已经成为城市发展的共识,以人为本首先要以人的安全为本。进入20世纪以来,城市公共安全正在成为全世界都在关注的问题,公共卫生、城市基础设施、通讯、环境、商品供应、社会稳定、灾害防控等任何一个方面出现问题,都会威胁到城市公共安全。因此,公共安全是城市"规划、发展、建设、管理、运行、服务"等各个环节的重要组成要素与基础,应当渗透到城市管理和运行的每一环节中。

二、将风险与治理融入公共安全管理结构

"公共治理"①是结合了公共管理与治理的理论发展而来,它是当社会文明发展到一定高度,在公共事务参与方变得更为多元化且经过反被动于主动的蜕变之后,各行为主体积极参与处理公共事务,在共同利益基础上,通过协调和合作,设计制度框架、进行制度安排、建立共同行为准则,用以指导和稳定行为主体的行为方向和行为准则、并提高技巧和能力,保证公共决策的科学性、并实现公共利益最大化的一个持续互动的过程。"公共治理"的特点在于:(1) 主体多元化,强调社会力量的主动参与;(2) 行动网络化,强调制度框架约束下的行动主体的良性互动;(3) 决策科学化,强调决策过程的科学依据及多方沟通;(4) 管理综合化,强调管理手段中文化与法制的软硬结合;(5) 模式动态化,强调因时、因地制宜。

要巩固新的应急管理体系,把应急管理和谐地融入公共治理体系,从更基础的层面推动应急管理工作,使其真正成为新型和谐的公共治理大厦中的重要支撑,就需要将风险治理融入公共安全管理结构中,系统、全面地整合公共安全治理框架。

1. 着眼全局战略,将风险治理整体纳入国家安全管理的战略框架

公共安全是国家可持续和和谐发展的重要保障,维护公共安全是政府的重要职责和基础性工作;我们要从战略的高度认识应急管理工作,大力提升公共安全在管理中的战略定位。需要注意的是:

(1) 世界各国风险管理的实践表明,消除和防范各类风险因素是实现公共安全的更基础、更深层次的要求;通过科学的规划、防范与减少各种风险源的产生,可以从根本上减少公共安全事件发生的可能性,减少甚至避免公共安全事件带来的损失。

---

① 截至目前,对"治理"的解释,具有较大权威性的,还属全球治理委员会的定义,该委员会于 1995 年《我们的全球伙伴关系》的研究报告中,对治理做出了如下界定:"治理是各种公共的或私人的机构管理其共同事务的诸多方式的总和。其并不必须由代表权威的政府或者是国际组织排他性地加以实施,私人公司、公司联合体或者是非政府组织都能参与其中。它是使相互冲突的或不同的利益得以调和并且采取联合行动的持续过程,是公共利益最大化的社会管理过程。它既包括有权迫使人们服从的正式制度和规则,也包括各种人们同意或以为符合其利益的非正式的制度安排。"参见全球治理委员会:《我们的全球伙伴关系》,牛津大学出版社 1995 年版,第 23 页。

（2）贯穿在风险管理到应急管理整个过程中的危机管理,是对最严重的风险和威胁全过程和全方位的防范、准备、响应及改进行动,不仅仅是事件发生之后的危机应对和一般常规的应急管理。

因此,除了应急管理外,还应当将风险管理和危机管理作为公共安全治理不可分割的部分,总体纳入到国家发展的总体规划中去,可以保证公共安全规划的合理性、可行性、可操作性,实现体制、机制和技术的协调统一。

2. 整合治理框架,风险、应急、危机管理并重

当前,我国经济社会发展进入新的关键时期,这是一个黄金发展期,也是一个矛盾凸显期,各种新问题层出不穷,自然灾害、生产事故、公共卫生和社会安全等领域暴露的问题日益突出。加大对社会风险、危机的关注和研究,健全风险管理、危机管理和应急管理体系,是政府全面履行职能,进一步提高行政能力的重要举措。然而,实现这一点,仅凭现有的国内外经验是远远不够的,就需要在既有理论与实践成果基础上、结合中国国情的特点,构建出符合中国转型期特点的整合治理框架。这对研究和实践部门来讲,既是机遇、也是挑战。

突发事件的根源在于风险,有效的风险管理能够帮助实现"使用少量钱预防,而不是花大量钱治疗"的目的。目前的应急管理中对风险管理的重视程度还不够,必须做到关口的再前移,即从当前侧重对突发事件的管理到对事件和风险并重的管理,在此基础上实现应急管理工作从事后被动型到事前主导型的积极转变,从而实现最大限度地避免和减少风险源和突发事件的发生。

3. 治理目标:实现从单目标到多目标权衡[①]

应急管理的目的在于"最大限度地预防和减少突发事件及其造成的损害,保障公众的生命财产安全,维护国家安全和社会稳定",可以说,"安全"是应急管理相对明确的单一目标。然而公共安全治理的目标则是多元的,考虑的是公平、效率、安全、发展等多元目标之间的权衡。

经历了2003年SARS疫情的惨痛教训后,应急管理工作得到高度重视,各地区、各部门都纷纷加大了应急管理体系建设力度,"安

---

① 薛澜:《从更基础的层面推动应急管理——将应急管理体系融入和谐的公共治理框架》,《中国应急管理》2007年第1期。

全"作为重要的价值和目标被强调,这也正是从单纯强调经济发展到强调社会经济协调发展的重要体现。但需要注意的是,对"安全"单一目标的强调,也可能导致在应急管理过程中出现矫枉过正,不计成本的"短视"行为。例如把"不出事"或"不死人"作为唯一或最大强调的管理目标,容易忽略在我们总体公共治理水平没有更大的改善情况下,取得这些目标所需花费的巨大成本以及所带来的后遗症。

治理所追求的"善治"的一个重要特征,就是有效性(effectiveness),即在保证合理目标取得的前提下,最大限度地降低管理成本和不良后果。理想状态的应急管理确实应当对所有检测到的风险因素和所发生的突发事件都做出全力响应,特别是在面对人民生命安全受到威胁时要"不惜一切代价"。但是从资源限制、其他目标的实现等实际情况考虑,应急管理的成本如果超过突发事件所带来的损失则是欠合理的,"不惜一切代价"的应急管理理念是不科学和不可持续的。因此,必须引入多目标权衡的理念,在应急管理过程中不但考虑技术可行性或技术有效性,还要考虑成本问题,从而实现在多个目标之间以最小的代价实现最大的安全目标,真正实现和谐、科学的发展。

4. 促进公共事务管理主体在风险治理中的多元发展

任何公共事务工作要实现公共利益的最大化,就需要从多元主体角度出发,从最大限度上兼顾公平与效率。与应急管理相比,风险管理渗透在社会活动的各个方面,更加需要全社会的积极参与。

要实现参与主体的基础化拓展,在现行阶段政府主导的基础上,不仅让非政府部门、私人部门、社会群体这些非政府组织参与进来,还要强调公众个体的全面参与(比如救火,拥有井然有序、工作高效的救火队伍固然是好事,但如果能做到防火意识、灭火能力渗透到社会中的每个个体,就能实现真正的"防火于未燃")。党的十六届六中全会明确提出,要健全"党委领导、政府负责、社会协同、公众参与的社会管理工作格局",应急管理工作也越来越强调社会广泛参与。因此,在应急管理的参与主体方面,要提倡主体多元化、应对网络化,强调在全过程应急管理中建立政府、企业、社会组织等多元主体之间平等交流、协商合作的互动机制。同时,随着政府应急管理工作的推进,将来需要更多强调社会组织、企业和公民的主体地位,在强调"政府负责"的同时,应当逐步树立"多元主体的责任意识",要明确应急工作中那些应当由社会组织、企业或公民承担的责任和义务,建立多元主体共同负责的社会文化,让社会各类主体能够积极主动,而不是消极被动、响应号召式地参与应急管理工作,由此真正形成全社会共同参与的应急管理工作格局。

5. 推动应急管理机构"使能性"角色的发展

推动应急管理机构"使能性"(enabling)角色的发展①。目前在各个地方政府建立应急管理机构时,面临的问题就是如何定位应急管理机构的工作职能。一般政府机构多为"功能性"的,即具有某一专业领域的具体职能,例如规划、建设、商务、工商管理等等。而应急管理机构的本质与这些"功能性"的机构不同,它是"使能性",其设立不是要替代现有政府机构,也不是要把现有政府部门与应急相关的工作职能抽出来进行统一的具体管理。相反,它是要从总体统筹规划的角度考虑应急管理体系,在保持现有功能性部门机构职能基本不变的情况下,通过统筹、协调、监督等各种方式,来推动和促进现有政府机构在应急管理工作中发挥其应有的作用,提高其应急管理能力。同时,这种"使能性"还应表现在推动和促进政府机构与企业、社会各个方面建立有机联系,构成一个坚实有力的全社会应急管理联动网。按照定位建设的应急管理机构,其主要作用就是在平常时期规划、建设、提升应急管理体系的整体能力;在各种突发事件发生后,主要发挥协调指挥作用,依赖相关"功能性"部门的专业处置。

6. 转换管理思路,建立鼓励主动承担风险的文化

整合公共安全治理的整体框架,就需要从现有的全过程突发事件的应急管理,到风险和事件并重、常态与非常态管理都兼顾、政府主导和社会主动参与相结合的全方位、一体化战略性转变。为了实现这一转变,就要求管理者以及相关部门建立更加积极主动的公共安全管理理念,全面推进制度、文化、规划等各层面的综合配套改革。这体现在:

(1)注重加强政府与社会各个方面、学术研究与实际应用之间的风险沟通,以各种形式向社会进行宣传教育,培养社会主动履行相关义务的意识,从而实现在整个社会范围内建立一种和谐的安全文化

---

① 薛澜:《从更基础的层面推动应急管理——将应急管理体系融入和谐的公共治理框架》,《中国应急管理》2007年第1期。

与制度,这样能够帮助增强整个社会的超前防范风险和突发事件的能力。

（2）在建立和完善突发事件应急处置工作责任制的过程中,要注重鼓励创新和勇于承担风险。公开透明、严格问责的处理原则对于提高认识、建立清晰的应急管理责任体系固然具有重要意义,但是问责(包括法律问责)既不是唯一目的也不是最终目的,而是为了增强责任意识,推动各部门和领导更好做好应急管理工作,其作用不应被夸大,不能把追究相关部门和领导的责任作为应急管理调查评估的主要出发点和落脚点。由于很多突发事件无章可循,既定的应急预案难以照搬,需要决策者在紧急情况下做出非常规决策,在这种情景下就需要更多地鼓励创新和勇于承担风险。为此,应急管理问责制的设计和实践中,一是要区分个人责任、组织责任、政府责任等,"打对板子";二是要正确区分法律责任、行政责任、政治责任;三是在强化问责制的同时,也要提倡对特定的应急管理与决策行为予以"宽恕",鼓励在突发共事件应对中勇于行动而不是推卸责任。

第四章　公共安全风险管理体系

现代社会系统是一个由众多的子系统组成的宏大系统,譬如,作为运行主体的城市,其功能就具有复合型的特点,往往承担着经济、文化、甚至政治的功能。整体来看,任何城市或地区运行过程中的风险是一个复杂巨系统,是一个多层级、多主体交互式的立体网络。这些系统中的风险具有聚合性特点。

基于社会系统和风险的复杂性,构建公共风险的综合管理体系变得越来越不可或缺,风险的综合治理是实现对社会和谐、稳定的保证。从国外发展的总体趋势看,从单一风险管理走向综合风险管理已经成为一种趋势,其目标是把系统面临的所有风险都纳入到一个有机的具有内在一致性的管理框架中去,对多种风险管理方式进行整合,整合的关键是要分析清楚不同风险管理方式是如何相互作用的。

对社会系统的公共安全风险管理体系进行架构,就要在研究城市或地区自组织性、自适应性和自相关性的基础上,分析城市或地区系统风险的组成结构及其关键要素,并重点研究风险子系统之间的关系问题。具体内容包括:系统风险的分级分类、系统风险的动态管理、系统风险管理的工作机制、风险管理工作的资源保障等。公共安全风险管理体系的建设首先要做到风险管理目标的单一性向综合性的转换。为实现这一转换,应该确保每个单独的风险管理系统管理目标、计划与整个系统的目标和总体规划的一致性。其中,各个子系统中要明确指定风险跟踪人员和风险应对策略,并有独立的检查机制定期检查每个项目的风险变化,要将风险管理列入项目计划。另外,在项目的进行过程中,也要建立反馈机制,以便及时根据公共风险管理实施的反馈意见,对风险管理的目标和计划进行全面的调整。

由于风险管理在中国公共管理领域还是一个新的课题,全国范围还无统一的规则可遵循,因此,需要提供一个风险管理体系建设的整体思路。基于现阶段掌握的研究与实践的资料,本章将站在公共安全风险管理的角度进行讨论与研究,旨在为各地的公共管理部门提供一个如何在宏观层面架构上架构整个城市或地区的风险管理体系的思路。值得注意的是,风险管理体系建设是一个系统化的工程,不能一蹴而就,各地各部门应当分时、分区、分段地开展系统、科学的风险管理体系的建设。涉及公共部门风险管理的具体工作内容,将在本书的下一章节中予以阐述。

第一节 公共安全风险管理体系建设的前提

为在各地、各部门建立健全公共安全风险管理长效机制,着力提高风险控制和应急管理水平,前提是各级领导提高风险防范与应急管理意识,充分认识加强公共安全风险管理工作的重要意义,将风险管理工作作为战略规划融入日常工作中。

一、充分认识加强公共安全风险管理工作的重要意义

各地、各部门应全面提高风险管理意识,强化突发事件应对的全过程管理,实现常态与非常态管理工作的有机结合。

传统的观点更多地将突发事件的应对视为一种事中处置的"救火工具",而非涵盖事前、事发、事中和事后的全过程主动保障。在这种观点之下,传统的管理体系构建在一种常态假设基础之上,重事后救援而轻事前预防,导致整个应急体系"头痛医头,脚痛医脚",主动保障性较差。

从系统和过程的视角来认识应急管理,就是要将突发事件应对视为一个"事前—事发—事中—事后"各环节有机衔接、承前启后的全过程应对活动。公共部门加强风险管理工作,就是要从"事件"发生之前的"风险"入手,科学分析突发事件的形成与演变机理,对突发事件实施动态监测、风险评估和预警管理,推动应急管理从以事后处置为主向全过程系统管理转变,从更基础、更主动的风险管理层面积极有效地开展工作,实现关口前移、防患于未然,达到"无急可应是应

急管理工作的最高境界"这一目标。

二、明确公共安全风险管理工作的目标、原则和范围

1. 公共安全风险管理工作目标

根据中国目前应急管理实践工作的开展情况,公共部门应通过建立科学、规范、系统、动态的公共安全风险管理长效机制,健全"各级政府分级负责、政府部门依法管理、责任主体认真履责,社会公众积极参与"的公共安全风险管理工作格局,完善风险管理工作体制机制,规范标准体系和工作要求,明确配套保障制度,实现风险识别、风险评估、风险监测、风险控制、风险预警、应急准备和应急处置全过程综合管理,切实增强应急管理工作的预见性、针对性、科学性和主动性,强化全面预防与应急准备,实现对公共安全风险的有效控制和应对,保障人民生命财产安全和社会和谐稳定。

2. 公共安全风险管理工作原则

根据"党委领导、政府主导、政府主导、部门协调、军地结合、全社会共同参与"的应急管理原则,中国的公共安全风险管理工作应充分发挥应急体系筹协调作用,依托常态行政管理体制,坚持"统筹组织、条块结合,分类管理、分级负责,依靠科技、重点突破,动态评估、综合控制,政府主导、社会参与"的原则,扎实开展公共安全风险管理工作。

3. 公共安全风险管理工作范围

中国公共安全风险管理工作全面覆盖自然灾害、事故灾难、公共卫生事件和社会安全事件等4大类突发事件,贯穿城市规划、建设、运行、发展等各个环节。工作重点包括城市生命线(水、电、气、热、交通、通信)安全、传染病疫情防控、食品安全、社会稳定、能源保障、生活必需品市场秩序、大型社会活动安全,以及政治、宗教、教育、商业、旅游、文化、体育等敏感场所和人员密集场所的各类风险管理。各地、各部门和单位应当根据工作实际,进一步明确风险管理的具体工作目标和内容。

公共安全风险管理体系建设工作需注意的问题

长远来看,中国各地、各部门开展综合性公共安全风险管理体系的建设工作还需要注意如下问题:

(1) 基础研究与典型应用相结合。

从目前急需满足的需求来看,各地、各部门应围绕着风险管理工作的总体需求开展工作。

长期来看,要在夯实整体风险管理工作的基础上,结合对国内外最新的研究与工作进展,对典型部门和重点区域的风险管理工作进行延伸和细化,并反应出典型部门和重点区域的风险、风险控制点和风险关联的具体情况。并通过这些具体的应用,反过来不断调整与更新整体的风险评估工作。

(2) 近期工作与远期规划相结合。

目前来看,各地、各部门的风险评估工作应主要针对较为宏观的风险、风险控制点的指标进行设计与评估,也就是进行风险评估指标体系的框架设计。

长期来看,各地、各部门还需要对这些指标进行进一步细化,在此基础上进行数据的搜集与整理,便于实现在质性研究基础上开展量化研究工作。

(3) "软"性研究与"硬"性规划相结合。

目前来看,各地、各部门能够尽快启动的是风险管理的"软性"工作,也就是针对风险管理指标体系及其评估方法进行研究,这能够奠定相关工作基础。

长期来看,还要完善风险评估的基础数据库、应急平台、风险管理软件系统的设计与建设工作。

(4) 全面评估与局部评估相结合。

目前来看,各地、各部门可主要针对整个地区或部门最高层级的风险、风险控制点及其之间的关联性进行评估,这能为整个地区或部门开展风险评估提供整体思路。

长期来看,各地、各部门还要针对重点地区和典型部门进行评估手段的具体应用,这些方法还需要针对具体情况进行调整。

(5)"小环境"与"大系统"的工作衔接。

目前,各地、各部门主要启动的是所辖地区和部门内部的公共安全风险评估,由此创新了本地区和本行业自身的安全管理的工作方式。

长期来看,各地、各部门的风险管理是在全国范围内安全管理的大环境中进行的,因此,各地、各部门的风险管理工作应当与整个"大系统"实现衔接并进行互动,推动相关工作手段的创新。

第二节 公共安全风险管理组织体系建设

在认真总结2003年"非典"疫情的应对经验和教训的基础上,中国开始实行统一的领导体制,整合各种力量,确保提高突发事件的处置效率。中国的应急管理工作在经历了初期的不被重视,到以"非典"为标志的应急管理的阶段以后,开始逐步进入预防为主,关口前移,重点在于社会风险点分析、查找,进而降低脆弱性,实现各类风险的综合治理。

目前,中国应急管理工作组织体系的建设进入了正规化、系统化、法制化的轨道。[1] 这主要体现在:一是我国政府应急管理组织机构建设一般包括突发事件应急委员会、应急管理办公室以及各类专项突发事件管理机构等。这与应对"非典"疫情前我国主要采取"以部门为主,综合协调不足"的模式相比,呈现出常设性、综合性和专业性的特点[2],为推动应急管理工作奠定了组织基础。二是全社会共同参与的应急管理工作格局逐步形成,推动了应急管理"进社区、进农村、进企业、进学校"的基层应急管理工作。三是军队系统、武警、民

---

[1] 闪淳昌、周玲:《从SARS到大雪灾:中国应急管理体系建设的发展脉络及经验反思》,《甘肃社会科学》2008年第5期。

[2] 郎佩娟、王传宏:《论我国政府突发公共事件管理机构》,《中国行政管理》2007年第11期。

兵预备役与专业救援队伍的应急体系建设和对地方的支援进一步加强①。

中国的公共安全风险管理体系的建设工作就是依托于目前的应急管理体系基础之上开展的。

一、中国公共安全风险管理体制：政府主导

2006年4月10日，国务院办公厅印发《关于设置国务院应急管理办公室（国务院总值班室）的通知》，指出"为进一步加强应急管理工作,全面履行政府职能,国务院办公厅设置国务院应急管理办公室（国务院总值班室），承担国务院应急管理的日常工作和国务院总值班工作,履行值守应急、信息汇总和综合协调职能,发挥运转枢纽作用"。各省（区、市）相继成立应急管理领导机构及其办事机构,国务院各有关部门陆续成立或加强了应急管理机构。这一举措的实施,为中国的应急管理模式朝着常设性、综合性和协调性的方向发展,为推动应急管理工作奠定了坚实的组织基础。

这一国家应急管理体制是推动中国公共管理风险管理体制建设的基础。

1. 国家应急管理体制的构成及特点

（1）国家应急管理体制的构成。

根据《国家突发公共事件总体应急预案》的规定,我国应急管理组织体系的内容包括：

第一,领导机构。国务院是突发事件应急管理工作的最高行政领导机构。在国务院总理领导下,由国务院常务会议和国家相关突发事件应急指挥机构（以下简称相关应急指挥机构）负责突发事件的应急管理工作；必要时,派出国务院工作组指导有关工作。

第二,办事机构。国务院办公厅设国务院应急管理办公室,履行值守应急、信息汇总和综合协调职责,发挥运转枢纽作用。

第三,工作机构。国务院有关部门依据有关法律、行政法规和各自的职责,负责相关类别突发事件的应急管理工作。具体负责相关类别的突发事件专项和部门应急预案的起草与实施,贯彻落实国务院有关决定事项。

---

① 《军队处置突发事件总体应急预案》,中央军委于2006年11月14日向社会公布。

第四,地方机构。地方各级人民政府是本行政区域突发事件应急管理工作的行政领导机构,负责本行政区域各类突发事件的应对工作。

第五,专家组。国务院和各应急管理机构建立各类专业人才库,可以根据实际需要聘请有关专家组成专家组,为应急管理提供决策建议,必要时参加突发事件的应急处置工作。

(2)国家应急管理体制的特点。

2007年颁布并正式实施的《中华人民共和国突发事件应对法》规定:国家建立"统一领导、综合协调、分类管理、分级负责、属地管理为主"的应急管理体制。①

统一领导,是指在各级党委领导下,在中央,国务院是突发事件应急管理工作的最高行政领导机关;在地方,地方各级政府是本地区应急管理工作的行政领导机关,负责本行政区域各类突发事件应急管理工作,是负责此项工作的责任主体。在突发事件应对中,领导权主要表现为以相应责任为前提的指挥权、协调权。

综合协调,有两层含义,一是政府对所属各有关部门、上级政府对下级各有关政府、政府与社会各有关组织、团体的协调;二是各级政府突发事件应急管理工作的办事机构进行的日常协调。综合协调是在分工负责的基础上,强化统一指挥、协同联动,以减少运行环节、降低行政成本,提高快速反应能力。

分类管理,是指按照自然灾害、事故灾难、公共卫生事件和社会安全事件四类突发事件的不同特性实施应急管理,具体包括:根据不同类型的突发事件,确定管理规则,明确分级标准,开展预防和应急准备、监测与预警、应急处置与救援、事后恢复与重建等应对活动。此外,由于一类突发事件往往有一个或者几个相关部门牵头负责,因此分类管理实际上就是分类负责,以充分发挥诸如防汛抗旱、核应急、防震减灾、反恐等指挥机构及其办公室在相关领域应对突发事件中的作用。

分级负责,主要是根据突发事件的影响范围和突发事件的级别不同,确定突发事件应对工作由不同层级的政府负责。一般来说,一般和较大的自然灾害、事故灾难、公共卫生事件的应急处置工作分别

---

① 汪永清:《突发事件应对法的立法背景和总体思路》,2007年(内部资料)。

由发生地县级和设区的市级人民政府统一领导;重大和特别重大的,由省级人民政府统一领导,其中影响全国、跨省级行政区域或者超出省级人民政府处置能力的特别重大的突发事件应对工作,由国务院统一领导。社会安全事件由于其特殊性,原则上,也是由发生地的县级人民政府组织处置,但必要时上级人民政府可以直接处置。履行统一领导职责的地方人民政府不能消除或者有效控制突发事件引起的严重社会危害的,应当及时向上一级人民政府报告,请求支持。接到下级人民政府的报告后,上级人民政府应当根据实际情况对下级人民政府提供人力、财力支持和技术指导,必要时可以启用储备的应急救援物资、生活必需品和应急处置装备;有关突发事件升级的,应当由相应的上级人民政府统一领导应急处置工作。

属地管理为主,主要有两种含义:一是突发事件应急处置工作原则上由地方负责,即由突发事件发生地的县级以上地方人民政府负责。二是法律、行政法规规定由国务院有关部门对特定突发事件的应对工作负责的,就应当由国务院有关部门管理为主。比如,中国人民银行法规定,商业银行已经或者可能发生信用危机,严重影响存款人的利益时,由中国人民银行对该银行实行接管,采取必要措施,以保护存款人利益,恢复商业银行正常经营能力。再比如,《核电厂核事故应急管理条例》规定,全国的核事故应急管理工作由国务院指定的部门负责。

2. 公共安全风险管理体制建设

从体制建设来看,总体应遵循的原则是:总体协调、授权部门与专业、功能性部门相结合,由综合协调部门指导,必要时引入第三方评估机制。

经过长期的积累,公共部门运行中的各个专业领域业已形成一整套相对行之有效的管理系统,并形成了自我运行的惯性,这成为风险管理工作专业化、深度化的发展基础,但是同时也是进一步进行体制改革的障碍。从以往发生的公共风险事件来看,风险、突发事件的不确定性、复杂性、耦合性越来越明显,各种类型的风险互为交叉、渗透、叠加,因此单靠某个专业部门,或者某个专业领域的工作已经不能满足风险管理的目的。这就需要设置一个总体的协调部门,或者利用现有的、具有总体协调功能的部门开展相应工作。同时,要赋予他们足够的权利,使之能够推动各个专业部门(从地理空间上来讲,应当还包括各个行政区域)之间进行协调,从而使风险管理工作更加完整、准确、系统。

需要明确的是:(1) 总体协调部门是风险管理(评估)工作的组织者,在整个进程中负有监督和督促的责任。同时,它还要与各专项部门(各行政区域)沟通、协商,对风险评估结果进行归纳、总结与深化,从而明确城市风险管理的总体战略。(2) 各专业部门(各行政区域)是风险管理(评估)工作的实施者,负责具体开展调查评估行为,他们不仅要对对象进行评估,更要发现问题并提出解决方案,他们对相应专项报告的具体内容负责。(3) 无论是总体协调部门,或是专业部门(行政区域),还是两者之间中间层级的管理部门,都要按照风险管理流程开展工作,每一个上层级的工作都是对下层级工作的凝练与总结、反馈与更新。同时,"条块"如何结合也是总体协调部门需要特别关注和解决的问题。

具体来看,公共安全风险管理体制的内容包括:

(1) 建立健全风险分级分类管理体系。

逐步建立"横向到边、纵向到底"的公共安全风险管理体系,对自然灾害、事故灾难、公共卫生事件和社会安全事件以及各专项风险实施分类管理。完善国家、地区、部门不同层级风险的分级管理机制,重点推进专项风险管理体系、区域风险管理体系和综合风险统筹协调机制建设。

(2) 建立健全专项风险管理体系。

专项部门应当根据职责分工,按照"谁主管、谁负责"的原则,牵头建立健全本领域、本行业、本系统的专项风险管理体系;建立并完善风险管理工作体制、机制、规范、流程、标准和要求;按照国家的统一要求,组织做好相关风险评估、控制与监测工作,并对区域风险管理相关工作进行指导与检查。

(3) 建立健全区域风险管理体系。

各地区应当建立健全区域风险管理体系,组织开展行政(管理)区域内的风险管理工作,强化重点区域的风险管理;配合相关部门开展风险评估,并落实相关风险控制任务。

(4) 建立健全综合风险统筹协调部门。

国家、各地、各部门建立综合风险统筹协调机制,并赋权给相关部门作为统筹协调部门具体负责统筹、组织、协调、督促和检查各单位开展风险管理工作,并按照所属层级协调该层级的综合风险评估与控制工作。各地、各部门要加强沟通协调,及时解决工作中存在的问题和可能出现的职责不清、职责交叉、管理缺位等现象,确保风险管理工作落到实处、取得实效。对于确实难以协调解决的重大问题,应当及时报告协调部门。

3. 公共安全风险管理体制建设的重点问题

中国公共安全风险管理体制建设工作需要重点关注以下几个关键问题:

(1) 突出风险管理组织体系的"使能"作用,建立集中领导、统一指挥、高效联动的风险管理体制。

中国应急管理领导体制的一大特色就是集中领导,因此要依托"一把手"统一全面领导风险管理工作。同时,依托各职能部门负责指挥具体领域的风险管理工作,由专业部门负责规划、组织、协调、指导、检查各自领域的风险管理工作。这一风险管理领导与指挥体制,能在领导层面真正体现风险管理工作的合力,形成统一指挥的局面。

风险管理工作具有明显的专业化特征,实行专业管理为主,有利于及时、全面地掌握信息,有效统筹、协调各方面的资源和力量。如果职能部门、专业处置机构和被监管对象的关系处理不好,极易造成风险转换为突发事件,甚至导致损失的扩大化。因此,需要科学处理这些关系,同时,要在部门联动的基础上,与社会单元形成积极协同的互动关系,从而推动综合、健全的风险管理体系的建设。

在风险管理专项体系建设的基础上,各地、各部门要注重对管理层风险管理综合协调部门的建设,并加强其"使能性"能力的建设与推动[1](关于"使能性"问题的解释,参见本书第三章第三节)。

(2) 注重专家咨询,提高风险管理决策的科学性。

风险条件下,决策环境具有高度的不确定性和时间压力,这对决策的科学化是一个极大的挑战。在现代公共管理的决策过程中,由于高度的专业化和复杂性,专家顾问的咨询参考作用越来越突出。依靠专家系统,有利于弥补认识的不足,有利于实现决策的科学化。因此,建立完善的支持系统,保障决策者能够获得尽可能准确的信

---

[1] 薛澜:《从更基础的层面推动应急管理——将应急管理体系融入和谐的公共治理框架》,《中国应急管理》2007年第1期。

息,并通过完善的专家咨询制度来准确处理信息,对保证决策的科学性十分重要。同时,由于风险事件关涉到社会中每一个成员,与社会公众的利益密切相关,应增大决策过程的透明度,拓展对话的范围,充分利用现代科学技术手段,让公众参与进来。在政府、专家、企业、公众四方之间开展积极的对话与交流,以保证决策的科学化和民主化。

(3) 建立主动承担风险的文化,构建与媒体、公众良好的风险沟通与危机应对网络。

各地、各部门需要充分认识到,做好安全管理的风险管理工作,不仅是各地、各部门需要大力推动的一项重要任务,更是各个工作人员履行并承担相关责任的一个有效途径。只有通过在本地、本部门建立一种风险承担的文化,才能保证相关工作的落实。同时,各地、各部门还应当通过以自身为中心而构建其社会整体的突发事件应对网络,这不仅可以帮助预防事件的发生,还能够在事件发生时,及时影响舆论并取得公众的理解,争取主动权,降低事件带来的不利影响。这样,也是节省行政成本,从而更加有效提高安全管理的关键途径。

公共风险管理体系的制度创新示例

国家风险指挥官(country risk officer)

国家风险指挥官的理念就是要求政府设立一个独立的国家风险指挥中心,跨越部门偏见来确定风险的优先处理顺序,开发利用私人部门风险评价、风险管理及转移的技术。

在公司里,首席风险官(The Chief Risk Officer,CRO)对风险管理的所有程序负责,尤其是风险报告(risk reporting)、风险合并(consolidation)与风险集中(aggregation)。企业的首席风险官对风险进行全盘分析——国家风险指挥中心将拥有相似的职能,专注于总体策略的制定而不是日常的管理,并设计行动方案以明确全球性风险如何能够有效管理和减缓。

国家首席风险官的理念其主要优势在于可以促进政府各部门之间进行有效的交流,避免各自为政。同时,各国首席风险官会议为具有全球性的公共风险减缓提供合作机会。

> **自愿组合(coalition of the willing)**
> 　　另一种解决公共风险的制度创新是建立基于个体公共风险的"自愿组合",用一种灵活的机制和结构囊括不同的国家、组织、部门和团体。在这种制度之下,在一段特定时期内,很多独立的利益相关者采取多种方式进行合作,以应对特定的公共风险。一旦遇到风险,相关主体会通过共同签署的协议采取相应政策行动,并激励其他相关主体也加入进来;而那些没有实现协议要求的成员则会受到惩罚甚至除名。
> 　　"自愿组合"结构的主要优势在于其灵活性,只涉及利益相关的主体,从而减少了执行政策中的障碍,同时也可以逐渐吸引其他非利益相关主体的加入。但这一方案的主要劣势在于它难以有效协调各主体针对不同公共风险的不同减缓方案。为防止各主体之间没完没了的讨价还价,这种协调机制还是有必要的。
> 　　资料来源:World Economic Forum, *Global Risks 2007*: *A Global Risk Network Report*, A World Economic Forum Report in Collaboration with Citi-Group, Marsh & McLennan Companies (MMC), Swiss Re and Wharton School Risk Center, January 2007。

二、中国公共安全风险管理体制:社会参与

新公共管理运动中,强调公私伙伴关系(PPP),即各类主体在社会公共产品提供中的作用。要实现参与主体的基础化拓展,在现行阶段政府主导的基础上,不仅意味着非政府部门、私人部门、社会群体这些非政府组织的参与,当然也包括公众个体对公共安全风险综合治理的全面参与。这种参与也是风险管理与应急管理工作能够取得效果的重要原因之一。

1. 督促企事业单位积极履行风险管理主体责任

各地、各部门要督促企事业单位落实安全管理主体责任。各企事业单位应当依据本单位实际情况,落实风险隐患排查整改要求,完善风险管理制度与操作流程;要对本单位的风险隐患登记建档,并及时报当地政府相关部门。矿山、建筑施工单位和易燃易爆物品、危险

化学品、放射性物品、病原微生物等危险物品的生产、经营、储运、使用、处置单位,以及供水、排水、供电、供煤、供油、供气、供热、交通、通信、有线电视网络等公共设施的经营、管理单位,应定期开展隐患排查和风险评估,及时采取措施消除隐患,确保安全运营。大型群众性活动按照"谁承办、谁负责"的原则,由承办单位开展安全风险预测或评估。

2. 引导公众树立风险防范意识

政府应通过形式多样的宣传教育活动,引导公众树立风险防范意识,充分发挥社区、乡村、企业、学校等基层单位在风险识别与隐患排查、风险监测与控制过程中的重要作用,推进建立政府主导和社会参与相结合,全民动员、协调联动的风险管理工作格局。

3. 建立制度化参与平台,加强风险信息沟通与交流

各地、各部门要加强与专家、社会组织、媒体和公众之间的风险信息交流,建立面向社会、多方参与的风险信息共享和沟通机制,争取社会各方面对政府风险管理工作的理解与支持;应当按有关规定及时向社会公布危险源和危险区域,积极引导或依法责令风险涉及的相关单位和人员提前做好风险防范准备并采取安全防范措施。具体工作内容包括:

(1)明确划分政府、非政府组织和公民的职责界限。

在强调"政府负责"的同时,应当逐步树立"多元主体的责任意识",要明确应急工作中那些应当由社会组织、企业或公民承担的责任和义务,建立多元主体共同负责的社会文化,让社会各类主体能够积极主动,而不是消极被动、响应号召式地参与应急管理工作。多元参与风险治理之后,治理机制不再完全依靠一方的权威,其权利运行向度也打破了传统自上而下的单一模式,而是采取多方上下互动的灵活方式,各方积极互动与协调合作,由此真正形成全社会共同参与的应急与风险管理工作格局。

(2)增强公众参与的制度化平台。

如进一步完善目前业已存在的治安联防等公众监督组织,整合这些组织的功能,将仅仅负责社会治安的作用,扩展到承担社会风险综合治理的体系中。同时,以此为核心,吸引广大公众进入这套体

系,提高动员能力。也可借鉴国外邻里监督(Neighborhood Watch)计划①的一些经验,整合比较有效的治安联防组织、志愿者等职能,提高公众参与风险管理的有效性。倡导和教育民众注意身边陌生、反常或可疑的人;加强对重点设施,如水库、核电站等地的保护;如发现有人常在保密单位和政府部门附近活动或拍照要及时报告。

（3）配合教育活动的开展,定期组织公众参与风险管理的有关活动。

应该将公共风险综合管理的有关知识贯穿在单位组织的一些活动中,并将这些活动的效果进行定期的检验和竞赛,提高公众进行风险管理的自觉性、主动性,增强其风险管理知识水平。如风险管理进社区,中小学中的"危机事件应急演练"、印刷发放公民风险小册子等等,提高市民应对突发事件的能力,以及政府、组织、公众之间在突发事件中的协调配合能力。

第三节　公共安全风险管理的工作机制

科学化、制度化、规范化是做好风险管理工作的重要基础。在建立综合的风险管理体系的过程中,要特别注重制度和机制建设。这就包括:其一,制定一系列规范性文件,对体制建设、机制管理等工作做出细致规定。其二,推动风险管理机制的建设工作,包括风险识别、评估、控制等建设,切实提高风险管理的整体能力。其三,做好配套制度和保障机制建设,这就包括资金投入、科技支撑、信息化技术平台的建设等等工作。

一、公共安全风险管理工作基础:分类分级管理

在一定区域范围内,逐步建立健全风险分类分级管理机制,重点建立区域最高层级的重大风险管理工作机制。充分发挥应急体系筹协调作用,重点依托常态政府管理体制、强调各级政府分级负责、

---

① "邻里监督计划"是美国在1972年为减少入室抢劫案件而采取的措施,它要求每个人在发现形迹可疑的人时及时向政府报告,并配合执法机关破案。"9·11"事件后,美国司法部又将这一监控计划作为鼓励普通美国人参与缉拿恐怖分子、"全民皆兵"制止恐怖活动的重要措施。司法部和国家防止犯罪委员会还共同起草了一份《公民预备指南》,并计划将指南发放给各地的社区。指南中详细介绍了属于"形迹可疑"或"恐怖活动"的情况,以及如何将这些情况报告给各级政府部门和执法机构。

主管领导各负其责、政府部门依法履责、社会主体积极参与,全面开展公共安全风险管理工作。这包括:第一,对自然灾害、事故灾难、公共卫生事件和社会安全事件等四大类、各专项风险进行分类管理。第二,实施不同层级的风险分级管理,重点推进专项风险管理、区域风险管理和综合风险统筹协调机制建设。

1. 风险分类管理

(1) 按照诱因、性质和机理划分,可以划分为:自然灾害类风险、事故灾难类风险、公共卫生类风险、社会安全类风险。

(2) 按工作内容和管理方式,可以划分为:专项风险管理、区域风险管理、重大活动和重要时期风险管理、重要政策、规划、项目决策风险管理等。

专项风险管理的重点领域包括:城市生命线(水、电、气、热、交通、通信等)、传染病疫情、食品安全、社会稳定、能源保障、生活必需品市场秩序、大型社会活动等。

区域风险管理的重点区域包括:政治、宗教、教育、商业、旅游、文化、体育等敏感场所和人员密集场所等。

重大活动和重要时期风险管理包括:党委、政府主办(承办)的重大活动、大型群众性活动(如奥运会、世博会、全运会等),以及重要或敏感时期(如春节、两会、国庆黄金周等)风险管理。

重要政策、规划、项目决策风险管理:在涉及民生和社会关注度高的政府政策、规划、项目出台或启动时,可参照开展风险管理,分析评估其可能存在的各种风险,提前采取控制措施,将风险化解在源头。

2. 风险分级管理

(1) 专项为主、区域为辅。

在一定区域范围内,按照政府的不同层级,建立并完善相应层级的风险管理机制。

专项风险管理牵头部门根据风险等级(极高、高、中、低)、风险控制点等级(特级、一级、二级、三级)和相应的常态管理责任,对风险控制点逐项划分不同层级的风险控制责任。(注:关于风险控制点的解释,具体参见本书第五章)

(2) 区域最高层级的重大风险管理机制。

在城市或区域范围内,建立区域最高层级的重大风险管理工作机制,在各单位风险管理工作的基础上,结合整个城市或区域经济社会发展总体形势和党委、政府中心工作,分析该城市或区域面临的主要风险,确定若干项区域最高层级的重大风险,采取强化控制措施予以重点管理。

区域最高层级的重大风险划分原则见表 4-1:

表 4-1　区域最高层级的重大风险划分原则

满足以下条件之一,可列为区域最高层级的重大风险
(1) 跨地区、跨部门或风险控制主体责任不清,且协调解决存在较大困难的; (2) 需协调国家相关部委、其他省(区、市)的风险; (3) 直接涉及本城市、本区域党委、政府重点工作的; (4) 涉及人民群众普遍关心的重大民生问题,媒体舆论关注度高并可能引发社会不稳定因素的; (5) 严重危及社会公共利益和公共安全或可能引发政治关注或外交事件的; (6) 列入政府挂账事故隐患。

区域最高层级重大风险评估工作机制包括以下方面:

第一,区域最高层级重大风险的上报。按照"季度评估、年度汇总、动态管理"的原则,由相关部门、各级政府于每年年底前完成专项或区域风险评估报告,并向区域内最高行政管理机构提交本领域、本行业、本系统、本地区评估出的重大风险(极高、高风险和相应的风险控制点)及其控制方案。对于需及时控制的重大风险,各单位应立即上报,并同时采取动态控制措施。

第二,评估区域最高层级重大风险。区域内最高行政管理机构统筹组织有关单位和专家评估、筛选出若干项区域最高层级重大风险。

第三,确定区域最高层级重大风险管理折子工程。区域内最高行政管理机构建立区域最高层级重大风险管理折子工程,明确管理责任、控制措施和完成时限,并通过专题会等形式,上报领导。

区域最高层级重大风险控制工作由区域内最高行政管理机构协调、检查、督促,由政府相关主责部门具体负责、相关单位密切配合,全力落实风险控制措施。具体工作内容包括:

第一,由区域最高层级重大风险的主责单位负责组织制定风险控制工作方案。包括:风险控制的目标和任务、方法和措施、经费和物资、机构和人员、应急预案等。做到措施、责任、人员、资金的全面落实。

第二，主责部门做好最高层级重大风险进程监控工作，按要求每季度向有关部门报告。报告内容包括：区域最高层级重大风险的控制现状、控制措施落实情况、工作进度、存在的问题等。

第三，区域内最高行政管理机构通过会议、工作简报等形式，向整个区域通报区域最高层级重大风险控制工作进展情况。

第四，区域最高层级重大风险控制措施落实后，主责部门应组织相关专家对风险进行重新评估。符合风险消除（或降低）要求的，主责部门应当向区域内最高行政管理机构提出书面报告，包括风险更新评估结果和专家验收意见等。

第五，列入政府挂账事故隐患的区域最高层级重大风险，按既定的隐患治理工作体系进行管理。

二、公共安全风险管理工作流程：分期管理

1. 风险识别和隐患排查机制

各地、各部门认真分析可能发生的各种突发事件，全面梳理各种风险，掌握风险源、风险点、危险源、事故隐患的种类、数量和状况，建立排查、登记建档制度，准确掌握本领域、本行业、本系统和本地区各类风险情况。

2. 风险评估与动态监测机制

（1）系统开展专项风险评估和区域风险评估。

各地、各部门按照系统性、专业性、综合性和实效性并重的原则做好风险评估工作。区域最高层级专项风险管理牵头部门负责在风险识别与排查结果基础上开展区域最高层级专项风险评估工作，综合分析风险承受能力、控制能力等要素，评估风险的可能性及后果，确定风险等级和风险管理策略，完成专项风险评估报告并上报市区域内最高行政管理机构。各层级政府负责在相关部门的指导下，结合区域最高层级专项风险评估结果，开展区域风险评估工作，完成区域风险评估报告并上报。

（2）统筹组织区域最高层级重大风险综合评估。

区域内最高行政机构统筹组织相关单位和专家，对各专项和区域风险评估报告中提出的重大风险进行综合评估，结合区域内经济社会发展总体形势和党委、政府中心工作，分析区域面临的主要风险，确定若干项区域最高层级重大风险，明确整个区域风险控制和应急准备工作的重点,提出相关工作建议。

(3) 推进重大活动和重要时期风险评估。

各地、各部门针对党委、政府主办或承办的重大活动和重要或敏感时期,开展安全风险评估并制定风险控制方案,并可在涉及民生、社会关注度高的政策、规划、工程项目出台或启动时,参照开展相应的风险评估工作,采取控制措施,做好预案准备,将风险控制在源头。

(4) 完善风险监测与动态更新机制。

各地、各部门建立专项和区域风险的监测和定期更新制度,根据情况的变化和风险控制的成效、存在的问题,密切监测相关风险变化,调整风险等级和风险控制策略。原则上,应每季度完成1次风险动态更新,并根据要求通过会议或简报的形式汇报。要在做好各专项和区域风险监测的基础上,进一步强化城市或区域运行综合监测能力,建立综合风险动态更新制度。

风险监测控制机制

建立综合性的监控系统,形成风险管理的监控机制,对各类风险都加以监控,是风险综合治理系统运作的前提和基础。这一工作主要包括:

(1) 风险监控体系。这主要由四个部分组成:一是各个城市都具有的城市自然灾害相关模块,如城市洪水、火灾、地震等管理模块。二是与城市经济、建设功能相关的模块,如城市供水、供电、供气、粮食供应、公共交通。三是衍生、次生和耦合性灾害事件的管理系统。这些灾害主要是上述一种或多种灾害带来的,其表现后果可以是一种或多种灾害,也可以与灾害源相同或不同。如城市供水事件给居民带来危害的同时,如果管网破裂又可能带来道路中断,道路中断可能引发事故,事故处理结果不当又容易导致群体性事件等等。四是一些特殊功能模块,譬如北京市作为首都所特有的政治功能相关模块,主要包括大规模聚集、群体事件、集体上访等事件,这些与北京市作为首都的功能密切相关。

(2) 构建风险控制指标体系。风险控制指标的建立在于提供风险产生、发展的衡量指标和控制标准,将风险管理纳入常态管理的轨道。主要的风险控制指标包括:一是风险管理控制的基础性指标,比如城市建筑的消防设施配备、消防通道的设置要求等。二是风险控制的动态指标,主要指对风险管理系统运行中的一些指标性要求。如城市地铁运营中的速度控制、城市供水中定期监测等等。

(3)风险系统的管理监控机制的实施。风险监控体系的运行不仅仅要有科学的风险监控指标体系和风险类型划分的设计,更为重要的是这一监控体系要有具体的执行机制。这一机制包括:风险监控主体,即风险控制的执行者,出于成本的考虑,大多数时候某一风险系统的执行者同时就是这类风险所依托事务的管理者,比如城市交通风险监控者与城市交通管理者通常都是交通管理部门。风险监测行为,主要包括风险监测评议会、监测项目论证会、专家会商会、现场办公会、信息通报会等,通过定期磋商、会商机制,能够起到监控各类风险的效果。

3. 风险控制与应急准备机制

(1)明确风险控制责任。

区域内专项风险管理牵头部门应根据风险的等级和常态管理责任,逐项划分区域不同层级的风险控制责任,并在最高层级的专项风险评估报告中明确。区域最高层级风险由专项风险管理牵头部门负责制定风险控制方案,并督促、指导有关主体责任单位采取风险控制措施,在规定时限内有效控制风险。其他不同层级风险由属地政府负责综合控制,相关部门给予支持、配合。对于跨区域、跨领域的风险,原则上应列为区域最高层级风险,由区域最高层级的相关部门协调管理;对于确需协调国家相关部委、其他省区市政府的风险控制工作,相关部门应报请区域最高层级管理部门协调解决。

(2)落实风险控制措施。

各地、各部门坚持"边评估、边控制",根据风险等级和可控性,科学、详细地制定风险控制工作方案,扎实落实每一项风险控制措施。要建立风险管理台账,根据风险控制责任、完成时限、控制措施和风险更新结果,对风险控制工作进度和落实情况实施监控。

(3) 做好应急准备工作。

对于确实难以消除、难以控制的风险,要及时发布风险预警信息,并全面做好预案、演练、队伍、物资、资金、技术等各方面的应急准备工作。

(4) 重点做好区域最高层级重大风险控制工作。

区域最高层级重大风险控制工作列入政府折子工程或区域年度重点工作,由最高层级管理部门统筹、协调、检查、督促,相关主责部门具体负责、相关单位密切配合,全力落实风险控制措施。建立健全区域最高层级重大风险控制工作的进程监控、反馈、督查、警示、上报等各项制度。相关主责部门要定期报告工作进展情况。

4. 风险沟通机制

风险沟通是个体、群体以及机构之间交换信息和看法的互相作用过程,亦即政府部门、专家、媒体、社会组织和公众间交换或共享风险信息的互动过程。由于风险涉及风险引致者、风险承受者、风险管理者等多个利益相关方,任何一方的行动都会产生影响,因此他们之间的信息沟通至关重要。风险管理不仅要在政府组织内部建立信息共享和沟通机制,还必须加强政府、专家、社会组织、媒体和公众之间的交流,建立面向社会、多方参与的风险管理模式。因此,各单位要建立面向社会、多方参与的风险沟通机制,寻求社会各方对政府风险管理工作的理解和支持,并积极引导风险涉及的相关主体提前做好风险防范准备。

风险沟通的方式包括部门内部沟通、部门间沟通、媒体沟通和公众沟通。部门内部和部门间的沟通方式包括召开会议,编制简报,电话、通知等。媒体和公众沟通方式包括现场新闻发布会、新闻通气会、发布新闻稿,通过政府网站发布各种风险信息、宣传材料,开通电话咨询热线,发送手机短信等。

风险沟通对公众风险认知有直接的影响。如果风险沟通的方式不当,极易导致公众认知的偏差;可能使一个风险不大事件产生扩散效应,引发公众必要的恐慌(如图 4-1 所示)。

有效的沟通需要权威的和可信的消息来源,风险沟通有三个阶段:第一阶段是强调向大众传达成熟想法;第二阶段强调说服力,并重视通过公众关系努力说服那些有着不可接受行为(如吸烟、喝酒)

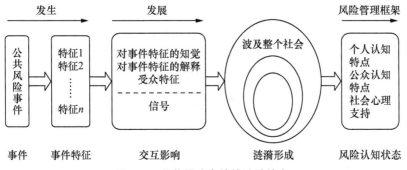

图 4-1 公共风险事件的涟漪效应

资料来源：谢晓非、郑蕊：《风险沟通与公共理性》，《心理科学进展》2003年第11期。

的高风险人群；第三阶段就是现有的风险沟通阶段，强调双方沟通过程，不仅要求公众加入到这个社会学习过程，风险管理者也应当参与其中。这种沟通的目标是协助参与者更好地了解风险结果和风险管理决策的基本原理；风险沟通同时能帮助利益相关方在他们关心的事情上做出合理的决定，并创造共同的信任感。

沟通和咨询对风险管理过程的每一个步骤中都非常重要。在沟通过程的最初阶段，需要给组织内外的利益相关者制订一个沟通方案，方案内容包括明确出现风险种类及内容和处理风险的全过程。沟通和咨询是在利益相关者之间的双向沟通，而不仅是决策者向其他人单方面的信息流动。面对同一个风险，各利益相关方由于背景、理念、需求和关心程度的不同而导致态度有所差异。各方往往会基于各自对于风险的理解而选择不同的处理方式。由于各利益相关方会对决策的制订产生重要影响，所以非常有必要掌握他们对于风险和收益的理解和背后的原因，并将其记录在案。

建立完善的风险信息沟通系统

信息沟通是风险管理体系运行的基础。现代社会在信息技术极大发展的同时，却存在高度的信息不对称问题。为了促使风险信息更好地沟通，需要完善风险信息沟通系统：

(1) 风险预警信息沟通机制。应该采取适当的措施,促进风险预警信息的沟通和传播。在建立预警信息研判平台的基础上,促进预警信息在管理机构、科研机构的沟通,定期对重大预警信息进行研判。

(2) 风险信息的共享与公开机制。风险信息的共享主要是指对于那些已经相对确定的风险,应建立一整套完整的信息共享与公开的机制。这一机制的主要内容包括:信息公开的区域和人员范围,风险信息公开的项目,风险信息公开的形式,违反信息公开的有关处罚等。整个信息公开的管理要纳入政务信息公开管理的范围,但是风险管理相关的信息要制定一些特别的规定,以便体现其与日常管理的差异性。

(3) 风险信息的传导机制。信息公开的传导机制是指通过什么样的途径让广大的公众尽可能迅速地获得风险信息,这是进行公众动员的基础。利用现代信息手段,风险信息公开的渠道也得到创新,比如有些地方利用手机短信的形式,向市民进行重大气候变化的预报,有些地方利用邮件平台或聚合信息服务系统为广大市民进行气象发展趋势通报等等,都是在建立风险信息的传导机制中可以借鉴的。

第四节 公共安全风险管理配套制度与保障机制

一、风险管理组织与制度保障

各地、各部门应高度重视公共安全风险管理工作,由主要负责同志任第一责任人,加强领导、理顺机制、统筹力量、落实责任,要指定工作机构并配备专人具体承担风险管理相关组织协调工作。

当前,中国政府围绕应急预案、应急管理体制、机制和法制建设(即"一案三制"),构建应急管理体系的核心框架,初步形成了中国特色的应急管理体系。但风险治理有别于应急管理,无论从管理的起点、管理对象、管理过程和管理目标均有很大的不同;倘若单单依托现有的组织框架、行使当前应急管理机构的职能,是不可能达到风险治理所期待的效果。因此,如果想达到风险治理所期望的效果,就应给予足够的组织和制度保障,包括风险治理组织框架的完善、相关风险管理部门或机构的功能转变以及风险相关制度的完善等等。

1. 组织保障

风险治理组织保障,也就是建立起适应于当前风险治理要求的风险管理体制。而风险管理体制即指风险管理机构的组织形式,包括综合性风险管理组织、各专项风险管理组织以及各地区、各部门的组织等,并明确各自的法律地位、相互间的权力分配关系及其组织形式等。另外,风险管理体制同时也是一个由横向机构和纵向机构、政府机构与社会组织相结合的复杂关系,包括风险管理的领导指挥机构、专项指挥机构、日常办事机构、工作机构、地方机构及专家组织等不同层次。

2003年SARS之后,我国迅速建立起来的以应急管理为核心的"一案三制"管理体制,虽经改革有了很大进步,但仍然存在诸多问题。另外,我国的政府公共风险管理体系中没有设立常设性的风险管理部门,没有制定权责明晰的风险反应机制。在国家层面上,没有设置具备决策功能的综合体系和常设性的风险管理的综合协调部门;在地方各级层面上,没有根据各地不同的发展实际实事求是的设置相关部门,明确具体的组织形式及职能。虽然也有些政府机构设有救灾办公室等应急机构,但多半是临时性的,这在很大程度上也限制了政府风险管理工作的有效开展。在风险治理更高要求的前提下,管理体制的完善、部门机构功能的转变已经刻不容缓,那么,将风险管理纳入到国家安全的战略框架、与组织的常态管理中相融合是必不可少的条件。

这就需要明确:风险管理是各级政府、各个政府部门的职责和责任。风险管理职能要整合到各级政府和各个政府部门的日常工作之中。因此,必须在中央政府的统一领导下,明确中央各部委、各级人民政府风险管理的职能、职责和责任。考虑到公共风险的多样性,应明确不同政府机构在承担某些特定风险管理的职能和职责,形成统一领导,分工协调的风险管理体制。在国家安全的层面上,建立国家安全委员会,负责对全国突发事件应急处理的统一领导、统一指挥,逐步将风险管理组织体系的建设推向制度化、专门化和法治化。在地方层面,建立起与统一的风险管理机构相对应的风险管理联动应对网络,具体负责风险事件的预警、监控和应对。另一方面,由于现代政府是有限政府,仅仅依靠政府的力量很难做到公共风险应对的高效、快速、协调和灵活。中央风险管理常设机构的建立和地方风险管理联动网络的形成,共同组成完善统一的风险管理组织体系,使风险管理活动有了组织保证。

2. 制度保障

制度是社会中人们遵循的一套行为规则,这些规则涉及社会、政治以及经济行为,在显性层次上表现为法律、规章、合约、条款等规则的集合,在隐形层次上表现为惯例、习俗、道德、宗教等非正式制度。

风险治理需要制度保障,这是由自上而下的发展路径所决定的。只有从制度层面着手,才能保证体制设计和机制运行的合法、规范、高效。西方各国政府为指导解决实际的风险问题,相继出台了风险管理的纲领性文件,涉及对风险及其管理的理解、态度、路线、技术、保障等各方面内容,为部门的具体执行指明了方向。相关部门在风险研究和实践基础上形成了制度规范亦可为风险治理的全面展开和具体落实提供保障。国际经验表明,在风险治理的过程中,制度的设计与完善,制度框架的形成与合力的发挥至关重要。

虽然我国政府已经在各个领域出台了不少有关风险管理的法律法规,如《安全生产法》、《防震减灾法》、《防洪法》、《核事故应急条例》、《突发事件应急条例等》等。但这些法律法规的针对性强、行业特点突出,部门管理色彩太浓,缺乏政府各部门之间、政府与社会之间的协调与合作,缺乏对风险共同规律的总结,不具有普遍的指导性。从整体情况看,有关风险管理的法律法规体系尚不完善,其中最为关键的两个问题:一是我国宪法中没有关于公共风险状态的界定,也没有对政府风险管理权限作出明确规定;二是我国尚没有一部完整的风险综合管理办法[①]。因此,为了使政府风险管理法制化,有必要加紧设计风险管理的立法,从宪法上授予政府管理的权利,并限定其职能;同时,制定一部《国家综合风险管理基本法》[②],而且目前的各种应急法律、法规、条例都应该是国家综合风险管理基本法下的基本条文,把各种风险的管理都纳入到统一的程序和制度中。

[①] 张其春、林昌华等:《政府公共管理机制整合框架构建》,《湖北社会科学》2007年第2期。

[②] 同上。

同时，各地、各部门还应建立健全风险管理年度考核机制。通过研究风险管理考核与奖惩办法，按照过程与结果并重的原则，指导、督促、检查风险管理工作的全过程和风险控制工作的实际成效，推进各地、各部门积极履行风险管理职责。将重大风险控制工作绩效纳入相关单位年终绩效考核范围，实施"一票否决"。

二、风险管理的人力、资金和物资保障

充足的人力、财政与物资储备是风险防范与应急管理的必要前提条件。人、财、物、智力等资源的全方位保障对于风险治理的顺利推进必不可少。诸如，为风险管理活动提供多种形式的资金支持；成立风险治理专家组或专家库，着眼和立足于领域前沿，提供专家建议和决策咨询；对负责风险管理的官员和公务员进行培训，紧跟风险管理理论与实践的发展，精心设置培训课程；为相关各方搭建沟通平台，通过定期召开会议、建立专门网站等形式，交流共享经验；公私部门相互合作，取长补短，尤其是政府可向相关领域表现卓越或有经验的私部门寻求帮助等。

1. 人力保障

加强专业培训，推进风险管理专业人才队伍建设。逐步推行在风险管理重点部门成立或明确风险管理专门机构的工作。

风险管理是一种科学性、专业性很强的工作，涉及的人员包括决策的指挥人员、参谋咨询人员、后勤辅助人员、媒体人员等等，要保障公共部门风险管理工作的科学、规范和高效运行，各相关单位应积极采取措施推进风险管理的专业化、规范化建设，提升风险管理的专业水平。具体措施包括：

（1）加强风险管理专业队伍建设。

加强风险管理的专业培训，提升个人的专业化水平和风险管理意识；且风险管理中的各个角色、职位和级别也应同时设定相应的培训要求和标准考核、资格认定机制。

同时，加强基于风险管理的安全管理演练设计与实施。在风险管理与预案管理的基础上，出台和实施《演练指南》，指导各相关部门加强应急演练，提高针对性、实效性，并针对演练暴露的问题及时对应急预案进行修订。要制定完善有关规章、标准，促进应急演练工作制度化、常规化。

(2) 推进风险管理专业建设。

充分利用各科研机构和高校的专业资源,风险管理的相关部门可与科研单位合作,以成立专家顾问组的形式分类指导风险管理工作,促进风险管理工作的专业化。目前,各科研院所也正积极推进"应急管理"方面的研究,例如清华大学危机管理研究基地、北京师范大学社会发展与公共政策学院的MPA"危机决策与媒体战略"方向、上海交通大学应急管理研究中心,一些科研机构和高等院校开始招收危机管理、应急管理方向的研究生。这一系列措施逐步形成了研究队伍的扩大,也促使应急管理、风险管理教育、宣传普及得到快速发展。

2. 资金保障

财政资源是调动外部或间接资源的总枢纽,是影响应急决策自由度的重要因素。财政资源包括用于应急管理的各种财政预算、专项基金、保险、补贴、专项拨款等以货币或存款等形式存在的资源。毫无疑问,财政资源最终要转化为物质资源。在危机状态下,财政资源转换为物质资源时可能会受到多种条件的约束,诸如时间的约束、价格的约束和供给的约束,因此,必须重视物质资源的储备。而且,从资源角度看,应急管理本身就是一个资源储备与消耗补充的全过程。在该过程中所消耗与占用资源带来的各种成本的总和就是应急管理的成本。中国在长期的赈灾救灾过程中也已形成了一系列应急管理资金保障制度。诸如:应急经费保障制度,《中华人民共和国预算法》第32条规定:"各级政府预算应当按本级政府预算支出额的1%—3%设置预备费,用于当年预算执行中的自然灾害救灾开支及其他难以预见的特殊开支。"

对于风险管理工作的资金保障,根据各级政府分级负责的公共安全风险管理工作责任,风险评估与控制相关经费按照现行财政管理体制,由不同层级的财政部门分别负担,确保风险管理工作的顺利实施。各相关部门开展风险评估与控制的工作方案,按现行资金渠道在各相关单位部门预算中统筹安排经费。区域最高层级重大风险中的综合性、跨区域、跨领域风险控制工作,由区域内最高行政管理部门牵头组织,按照职责分工确定控制方案,按现行资金渠道在各相关单位部门预算中安排经费。涉及政府固定资产投资的建设项目,按政府投资项目审批的相关管理规定由发展改革委安排建设资金。

3. 物资保障

物资储备并不是简单的物资堆积,而是需要根据公共风险的分布情况、发生频率以及损害程度等因素,有针对性的储备物资,同时还需要建立相应的管理制度对物资采购、储存、协调以及调用过程进行规范化管理。这就需要政府建立统一的物资准备和调度系统。公共风险事件的处理不仅仅不要资金,而且还需要大量的物资设备保障,统一的物资准备和调度系统就是要保障应急处理所需的各种物资和器材的及时调配,确保应急物资的及时运送。

从系统论角度讲,物资保障体系包含四个子系统,即物资需求、筹集、配置以及调度系统,只有保证四个系统均能正常运行,才能确保整个物资保障体系的稳定和高效(如图4-2所示)。

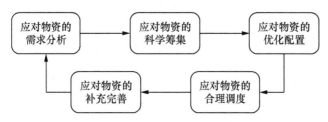

图4-2 突发事件应对物资保障体系示意图

资料来源:周定平:《突发事件应对的物资保障分析》,《中国安全科学学报》2009年第3期。

中国在长期的赈灾救灾过程中也已形成了一系列应急管理物资保障制度。诸如:应对物资储备制度,从1998年起,民政部、财政部建立了全国救灾物资储备网络。行政征用制度,《中华人民共和国宪法》第13条第3款规定:"国家为了公共利益的需要,可以按照法律规定对公民的私有财产实行征收或者征用并给予补偿",《中华人民共和国物权法》、《中华人民共和国突发事件应对法》等也有类似相应规定。尽管我国已建立起上述一系列物资保障制度,但仍与实际危机状态下的物资保障要求具有一定差距,仍需要进一步完善。

无论财政和物资储备是充足还是不充足,资源的有效配置问题(即怎么样最为合理、最为有效地运用资源以达到缓解风险或危机的目的),始终都是应首要考虑的问题。归根结底,在特定时间段内资源是有限的,资源配置时必须做出优化选择,以发挥资源的最大功效。美国的NIPP计划中也明确指出:"资源必须被定向到最优先领域,

使风险得到有效管理。"（有关 NIPP 资源配置流程，参见图 4-3）

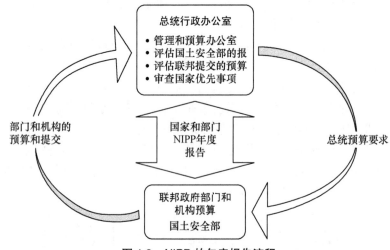

图 4-3 NIPP 的年度报告流程

配置风险管理资源时，除需考虑有效性原则外，还应注意公平性原则和开放性原则。公平性原则是指配置资源时，应把握整体平衡，抓主要矛盾，调动一切资源，尽最大努力满足最普遍、最基本、最强烈的资源需求，避免各类资源需求矛盾之间的互相激荡。开放性原则，公共部门的风险管理能力不仅仅取决于现有资源的种类和数量，也取决于所需资源的协调获取能力。在风险管理过程中，一方面在努力提高公共资源配置效率的同时，还要发动群众积极参与，进一步提高资源配置效率，提高资源的吸纳能力。另一方面，要寻求外部资源协助，整合外部资源，最大限度地减少损失。

美国 NIPP 项目中的资源配置规划

在 NIPP 项目的资源配置过程中，各级政府及相关机构均遵循一个简单的原则：资源必须配置到最优先领域，使风险得到有效管理。

美国 NIPP 项目中所有资源需求信息，均是由年度报告的形式提交国土安全部（DHS）。DHS 与国土安全委员会一起制定国家层级优先顺序次序，并且通过政府协调委员会和部门协调委员会等机制,与具体部门机构一起明确国家和具体部门机构的基础设施保护的工作要求。

各级政府及相关部门、机构在提交年度资源需求时,须综合考量辖区内各实体的脆弱性、威胁、结果,以确定哪些资产、系统、网络对于国家而言更为关键,资源要最先满足最为关键的保护需求。

各部门、机构的年度资源需求信息在 DHS 汇总后,最终形成一个汇总意见书——详细说明资源的配置情况,及各部门的职责;最终实现引导国家 NIPP 项目的资源配置;对州、地方、部落和区域的联邦重点赠款援助和补充私营部门的相关活动。

年度报告的形式有:

1. 具体部门机构的(资源需求)报告(上交国土安全部)

(1) 保护对象的优先次序和年度目标;

(2) 保护活动的具体要求和基于风险、需求以及任何其他驱动因素(如条例和总统指示)的相关项目;

(3) 关注并预测部门或国家层级的保护资金或资源缺口,估计有关部门的资源需求;

(4) 在稳态和突发事件状态下,关键资源缺失,可能造成区域或国家层面的影响。

2. 州政府的(资源需求)报告

(1) 保护对象的优先次序和年度目标;

(2) 基于风险和需求,州政府对保护活动和项目的要求;

(3) 政府和私营部门伙伴之间的协调规划与信息共享机制;

(4) 在稳态和突发事件状态下,关键资源缺失,可能造成区域或国家层面的影响;

(5) 联邦赠款资金,应考虑到那些缺乏资金支持的活动与措施;

(6) 其他资金来源,用于执行 NIPP 项目和实施确定的优先事项和年度目标。

3. 州、地方、部落和区域政府协调委员会的(资源需求)报告
4. 区域联盟协调委员会的(资源需求)报告
5. 汇总的报告意见书(国土安全部层次)

　　国家层级的优先事项和资源需求信息得到汇总和确定之后,国土安全部将制订出资源或资金配置计划,旨在减少国家在关键资源与设施保护任务区内的风险水平。

　　美国国土安全部负责收集、汇总基于风险分析的各级政府、部门的年度报告,并最终总结出国家关键资源与设施保护年度报告。报告详细列举了国家关键资源与设施保护优先事项和要求,并提出针对整个联邦政府优先考虑的重点建议,以便达到国家级关键资源与设施保护需要。

　　资料来源:Department of Homeland Security, National Infrastructure Protection Plan, 2006。

三、风险管理的标准化体系保障

　　风险管理标准是研究分析各种风险管理体系所共有的结构、原则及要素后的产物。制定标准的目的就是为了在一定范围内获得最佳秩序。所谓"最佳秩序"指的是通过制定和实施标准,使标准化对象的有序化程度达到最佳状态。不同组织对风险管理可能有着不同的理解,关注的焦点也各有不同。这就造成了不便于实现风险管理的各个相关方之间的相互配合与促进、难以开展对整体风险管理效果的客观评价等问题。风险管理标准提供了一种共同的语言或公式,有了统一的标准,实施风险管理的相关各方就可以使用相同风险管理过程,有了相同的决策、处理基础,有可能对风险管理持有共同的认识。

　　在城市或区域范围内,最高行政管理部门牵头组织制定公共安全风险管理实施指南;各地、各部门结合各自的风险管理工作特点和实际情况,研究制定相应的风险管理实施细则与工作规范。最高行政管理部门研究制定城市或区域的综合风险评估标准;专项风险管理牵头部门负责研究制定专项风险评估标准,推进风险评估地方标准体系建设。逐步探索建立公共安全指标体系。

通过实施统一的风险管理标准,应用它提供的合理的、系统的方法,就能更加有效地进行风险管理。在风险管理标准的指导下,组织的风险管理工作可以更规范、更高效,标准化、系统化的方法可以帮助组织识别、分析、评价所面临的各种风险,并给出适当的处理措施,从而进一步提高组织管理水平,增强竞争力,实现组织的持续、健康、稳定发展。

1. 国际风险管理标准化:以《ISO 31000:风险管理原则与实施指南》为例

ISO 31000 指出,风险管理必须先有一个整体框架(见图 4-4),风险管理应当在风险管理框架内运行。该框架可以帮助组织在各层面和特定环境下通过应用风险管理程序,以有效管理风险。这个框架不是描述一个管理系统,只是协助组织将风险管理整合到整个管理系统中。因此,组织应该根据自己的需求来确定框架的组成部分。如果组织现有的管理措施和程序中已包含了部分风险管理的组成部分,或者组织已经采用了应对某些特定类型风险或状况的风险管理,这时,组织就应以本标准为基准,严格审查和评估自身的不足。

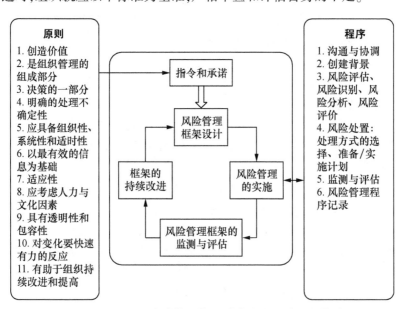

图 4-4　ISO 31000 风险管理的原则、框架和程序之间的关系

如图 4-4 所示,一个组织应当在各个层面遵循以下原则①:

(1) 风险管理可以创造价值。风险管理有助于组织取得显著成绩,以及提高安全健康、法律法规实施、环境保护、产品质量、经营效率等方面的水平。

(2) 风险管理是组织管理的组成部分。风险管理是组织管理层的责任之一,也是组织管理程序的组成部分,而不仅仅是单独的活动。

(3) 风险管理是决策程序的组成部分。风险管理可以帮助决策者作出更加明智的选择、实施优先管理措施,以及风险处置办法是否适当与有效。

(4) 风险管理可以明确处理不确定性。风险管理指出决策过程中的不确定方面,并能提供相应的处理办法。

(5) 风险管理具有系统性、组织性和适时性的特点,这有助于组织提高效率和保持可持续性,并取得具有可比性和可信赖的结果。

(6) 风险管理以最有效的信息为基础。风险管理程序以经验等信息资源为基础。决策者应掌握这些信息资料,并考虑这些资料的局限性以及专家之间存在分歧的可能性。

(7) 风险管理具有适应性。风险管理可以根据组织的外部和内部背景及风险概况作出适当的调整。

(8) 风险管理应考虑人与文化的因素。组织的风险管理可以辨识出外部和内部相关人员的能力和意图,这些人对企业目标的实现具有促进或阻碍的作用。

(9) 风险管理具有透明性和包容性。利益相关方尤其是组织各级决策者的适当和适时参与,可以确保风险管理适合于组织管理,并能保持更新。

(10) 风险管理应对变化作出有力和快速的反应。

(11) 风险管理有助于组织持续改进和提高。

在明确了风险管理框架后,进行风险管理流程设置。根据 ISO 31000,风险管理程序应当按照管理框架,创建背景、风险评估(风险辨识/风险分析/风险评价)、风险处置三大步骤进行(见图 4-5)。风险管理过程是公共安全管理不可分割的一部分,且应融入组织的文化和活动中,并与组织的日常业务流程相适应。在风险管理过程中

---

① ISO, *Risk Management—Principles and Guidelines*, ISO 31000:2009(E), 2009.

第四章　公共安全风险管理体系

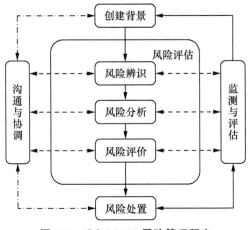

图 4-5　ISO 31000 风险管理程序

的每一个阶段,都需要与内部、外部利益相关者进行沟通与协商。因此,应在初期阶段建立与内部、外部利益相关者沟通和协商的计划。通过创建背景,组织在管理风险、制定风险范围时,能够充分考虑内部和外部的影响因素;具体内容包括创建风险管理程序的背景(明确风险管理的责任、实施管理活动的范围、深度和宽度)及制定风险标准。风险评估就是指风险辨识、风险分析和风险评价的全过程;接下来如果发现风险不能容忍,将采取一定的风险处置办法,并评估风险处置的效果,直到到达组织的风险标准要求。监测与评估应作为风险管理程序的计划部分,贯穿于风险管理的全过程,工作包括日常的检查或监督等等。

ISO 31000 标准的最大特征是将"创建背景"作为风险管理程序的开始。通过了解背景,组织可以阐明组织目标;并在进行风险管理之前,界定组织内外部的利益相关者和风险管理范围、标准。"创建背景"的内容具体包括:(1)了解外部背景,包括文化、政治、法律、法规、金融、技术、经济等环境,以及外部利益相关者的价值观、利益关系等。(2)了解组织内部背景,包括组织结构、角色,组织文化、能力,组织内部各机构的相关关系,组织信息系统以及决策程序等。建立内部沟通和报告机制,这样可以确保风险管理框架的重要组成部分及其后续修订内容得到适当的沟通;建立外部沟通和报告机制,组织应当制定和实施如何与外部利益相关者进行沟通的计划,如雇佣适当的外部利益相关者,确保信息的有效沟通。

ISO 31000：风险管理原则与实施指南

《ISO 31000：风险管理原则与实施指南》是一项于2009年正式公布的风险管理国际标准，目的在于减少风险管理中的风险。由于目前对风险评估的方法各家都有一套理论基础，无法一致化，而ISO 31000便是针对这一问题而拟定的国际标准。

ISO 31000是聚合了大约26个国家的风险管理工作经验，并广泛征询专家意见，以澳大利亚和新西兰风险管理标准《AS/NZS4360：2004》为基础，实现了安全、健康、环境与财务风险管理的一体化。该标准应用于组织的整个生命过程，以及一系列广泛的活动、流程、职能、项目、产品、服务、资产、业务和决策。

1. 适用范围

本标准制定了风险管理的原则与通用的实施指导准则。本标准适用于任何公共、私有或社会企业、协会、团体或个人。因此，这一标准是通用的，而不局限于特定行业或部门。为便于陈述，本标准将所有不同的对象都称之为"组织"。

本标准应用于组织的整个生命过程，以及一系列广泛的活动、流程、职能、项目、产品、服务、资产、业务和决策。虽然本标准提供了通用的指导准则，但并不建议所有组织实行统一的风险管理。风险管理的设计和实施取决于特定组织的不同需要、组织特定的目标、范围、组织结构、产品、服务项目、业务流程和具体操作。本标准将协调与统一现有的和未来的风险管理标准。本标准提供了一个通用的处理具体风险/或部门的方法，但并不是取代那些标准。

2. 该标准的最大特征是将"创建背景"作为风险管理程序的开始，这样可以使该标准满足多样性的需要。实施这一新的国际标准，组织可以达到如下目的：

(a) 鼓励采用预防性而非被动性的管理

(b) 认识到整个企业辨识和处置风险的必要性

(c) 提高辨识各种隐患的水平

(d) 符合相关法律法规和国际标准的要求

(e) 提高经济效益
(f) 改善企业管理
(g) 建立决策和计划的可靠基础
(h) 改善事故管理和预防
(i) 减少损失

ISO 31000 可能不会被广泛地专门用于风险管理体系的认证。然而,它可以提供一种实用、规范的原则、框架和程序,并涵盖不同的领域——安全、环境、质量和财务等各种风险的管理。ISO 31000 标准不能也不应作为规定企业风险管理的标准,比如什么级别的风险是可以容忍的,什么级别的风险是不可容忍的,企业还需根据自身的目标和文化设定具体的标准。ISO 31000 程序的实施,将使企业明确自身所承受的风险级别的风险,即用一个包括成本—效益分析的正式的、结构化的程序确定风险是否在最低可接受限度。

资料来源:ISO, *Risk Management—Principles and Guidelines*, ISO 31000:2009(E),2009。

2. 中国风险管理标准化建设

当前,风险管理标准化在中国的基础相对比较薄弱,运作过程中多没有科学的风险管理标准可依,至今没有形成完善的风险管理标准体系,这也是导致事故频发、领导决策不力的一方面原因;但在政府积极支持、企业有强烈的需求的推动下,我国风险管理标准化正在逐步完善。经国家标准委批准,2007 年 11 月全国风险管理标准化委员会(SAC/TC310)正式成立,这标志着我国风险管理标准化工作已经全面启动。[①]

中国风险管理标准化委员会,其秘书处设在中国标准化研究院与消费品质量安全标准化研究所,由 43 名委员组成。该技术委员会不仅集中了社会各界力量参加我国风险管理标准化工作,而且还建立一个与国际风险标准化工作以及其他国家风险管理标准化组织交

---

① 高晓红等:《我国风险管理标准化现状与趋势研究》,《世界标准化与质量管理》2008 年第 6 期。

流的平台,很快引起了我国相关部门和广大企业的重视。中国全国风险管理标准化技术委员会主要负责风险管理术语、方法、指南等相关基础工作,风险识别、风险分析、风险评估等风险管理技术,以及公司、业务管理、合同、人力资源管理、外购管理、公共政策制定等典型活动的风险领域的标准化工作。自从 2005 年国际标准化组织风险管理小组成立以来,中国标准委员会始终在组织和鼓励国内的专家积极参与风险管理国际标准的活动与风险管理国际标准的制定工作;并且一直致力于建立风险管理标准体系、风险管理标准制定、风险管理标准的推广实施、国际国内风险管理标准化的交流活动等工作[1]。

值得注意的是,在参与指导北京 2008 奥运会及国庆 60 周年风险评估工作的基础上,并结合北京市后继的风险管理长效机制建设工作取得的成果,2010 年年底,由国务院参事闪淳昌负责组织起草的《公共安全风险评估技术规范》通过专家验收,提交国家标准化管理委员会报批。这是结合地方实践,将相关经验转化为国家标准和公共安全风险评估标准的一次有力尝试。

四、风险管理的科技保障

风险管理是一种在各种不安全因素和威胁并存的环境中,如何把风险减至最低的管理过程。高效的风险管理除需具备科学、专业的管理理念外,还需拥有必要的技术保障设施,给予技术支撑;公共风险管理的预警、识别、分析、处理等阶段均是建立在复杂的风险管理方法与技术的基础上的。而公共风险的复杂性、多变性、全局性等特征也决定了技术性支撑体系是有效防范公共风险的基础。

相对而言,中国无论是具体的风险处理技术方法,还是技术支撑体系建设均相对落后。例如,中国风险管理工作中的风险识别、分析、评估与决策等具体管理环节,仍主要依据经验主义的管理方法。各种检测设备、风险管理量化技术应用还不熟练,科学与技术的研究成果还没有最终落实到实践中并真正发挥其价值。同时,美、日、英等发达国家已经应用现代通讯、网络等信息技术建立起科学的风险管理信息系统,而中国在这方面还处于起步阶段[2]。综上所述,要切

---

[1] 李宁、胡爱军等:《风险管理标准化评述》,《灾害学》2009 年第 6 期。
[2] 张其春、林昌华等:《政府公共管理机制整合框架构建》,《湖北社会科学》2007 年第 2 期。

实保障我国风险管理工作的顺利运行,必须建立起一套中国综合风险管理的科技支撑体系和信息共享体系,以便为风险管理工作提供足够技术支撑。

1. 强化风险管理科技支撑

在区域内最高行政管理部门,依托各领域有关专家,组建公共安全风险管理专家组,指导公共安全风险管理工作。各地、各部门应结合各自工作实际,依靠专家、依托科技,组建相关专项、区域风险管理专家组。同时,还应积极整合资源,支持公共安全风险管理相关标准、规范及技术研究和示范等工作。鼓励和培育一批能够为风险管理工作提供有效专业支撑的科研机构;探索建立依托相关科研机构、专家团体和企业的第三方专业化风险评估机制,研究建立相应的资质认定机制。

在具体技术方面,通过对风险沟通、风险动态监测与更新、系统运行的风险演变趋势研判、风险预警与突发事件预警衔接等手段的研究与分析,加强区域运行系统风险的动态管理。同时,通过基于风险评估的资源调配指标体系设计、基于风险系统演变规律的资源调配动态优化、基于物联网技术的资源调配实时实现等工作的开展,推动基于城市或区域系统风险评估的资源调配研究,实现风险管理工作中应急资源组成与调配系统的最优配置与管理。

2. 搭建完善风险管理信息化技术平台

利用物联网等新兴技术,逐步建立公共安全风险管理信息化体系。充分发挥城市运行监测平台作用,做好公共安全风险监测。各相关部门、各级政府按照"谁评估、谁管理、谁维护"的原则,做好风险数据的维护更新工作,实现信息资源共享。进一步完善市预警信息发布平台,做好风险预警发布工作。

建立综合风险管理的信息共享体系。综合风险管理强调的重点在于综合性与时效性,综合性既需要各部门、各层次、各领域之间的协同与合作,一致性、整体性与系统性;时效性要求在综合风险管理过程中必须做出及时反应。而网络信息技术的可复制性、高速运算、全球接入和工作流程集成化等特征,使政府可以通过建设数据库,聚成可共享的信息资源以提高对风险事件机制对风险事件的快速反应与及时处理能力。风险管理的信息共享体系,事实上也是公共部门间的沟通协调机制建设的一部分。当前公共风险复杂性的现实决定,风险的应对和处置很多情况下需要跨部门、跨领域的协作。而通过信息共享体系建设,保证信息的共享性、完全公开和透明,以便做到即时响应、协同作战。这一信息共享体系是中国综合风险管理工作的技术支撑平台。因此,政府必须应用风险控制技术搭建一个规范化、结构化、系统化的新的风险信息管理平台,有效地控制风险,防止和遏制各类事故的发生。

图4-6介绍了美国国家基础设施保护计划(NIPP)关于信息共享的各项机制。

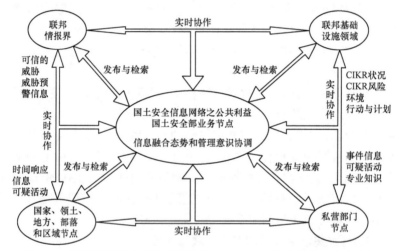

图4-6　美国国家基础设施保护计划(NIPP)之网络化的信息共享路径

(注:美国国家安全信息网络(HSIN)是由国家和地方当局共同建立的危险因素的总通信系统,连接所有50个州、50个地区、华盛顿特区和50个主要城市地区。)

美国 NIPP 的信息共享机制

信息共享是实现风险有效管理的手段,一个有效的信息共享环境的目标是提供及时和有效信息,风险管理的相关部门机构可以在此基础上迅速作出决定和采取必要措施来处置风险。

美国国家基础设施保护计划(NIPP)的顺利实施是在信息全方面、有效共享基础上,政府与私营部门积极参与与合作的结果。在信息共享的基础之上,当风险管理者面临复杂的威胁或风险源情况、混杂的信息流时,该系统使其进行评估风险、安全投资及制定弹性策略的能力得到大大的提高。同时,当政府部门了解到私营部门的信息需求时,政府可以适当调整其信息收集、分析、综合等活动。

美国国家基础设施保护计划的信息共享方式完成了由严格的等级传播到网络模式的转变,分配与获取信息、决策和行动的能力趋于分散和网络化。信息共享网络化的目标是:(1) 实现安全多向信息的跨政府部门和行业的共享,尽最大可能简化、降低重复报告信息。(2) 构建一个基础设施保护部门共用的风险沟通、协调和信息共享平台。(3) 为基础设施保护的相关机构提供可靠的沟通框架,以适合其特定的信息分享要求。(4) 为基础设施保护的合作伙伴提供全面、通用的实际操作景象,包括关于自然灾害、恐怖主义威胁、突发事故和事件的及时、准确的信息等等。(5) 提供一个将联邦、地方、部族及区域各级政府和私营部门有效整合的方法,将其纳入到信息情报系统。(6) 使多向的信息流符合相关部门、机构进行风险评估、资源分配等要求。(7) 确保敏感信息的完整性和保密性。

信息共享机制的主要内容集中在四个方面:(1) 规划。所有部门机构均有权利独立设置各自的信息要求,保证信息能最适合每个基础设施保护部门的需要和要求,同时各部门需要积极参加降低风险的活动。美国国土安全部联同相关机构组织协作开发和推广每年基础设施保障信息的要求报告,报告总结了各级政府和部门的信息要求并提出相关建议。(2) 信息搜集。私营部门参与到风险信息的搜集通常是自愿性质,内容包括提供某主题的专业知识、数据与结果;私营部门同时也报告可疑的活动,使危险发生的可能性最大限度地降低。(3) 信息分析。国土安全部的国家基础设施的威胁和风险分析中心(HITRAC)负责集成基础设施脆弱性和威胁信息的结果与数据,通过风险评估来指导各种层次的风险缓解行动与计划。(4) 信息传播与决策。美国国土安全部的相关评估,直接贴到各大门户网站,各部门间实现信息共享。

网络化模式导致信息共享方式是多向的,最主要的两种信息模式是自上而下与自下而上的信息共享方式。自上而下信息共享方式是指通过国内和或海外对风险信息的收集和融合分析,潜在的风险/恐怖威胁的信息首先源于一级国家层面,然后再将信息发送到各州和地方政府;自下而上的信息共享方式是指通过建立相关的信息通信和报告渠道,州政府、地方政府、部落、私营部门和非政府组织报告一系列与安全、事件相关的信息;与此同时,这些信息会受到美国国家安全部及其情报合作伙伴、相关法律组织的评估,以确保信息的安全和有效。

资料来源:Department of Homeland Security, National Infrastructure Protection Plan, 2006。

第五章 公共部门风险管理工作要素分析

风险管理是全过程动态管理方式,具体工作包括计划和准备、风险识别、风险评估、风险控制、风险监测与更新、风险预警、风险沟通等多个环节。为规范指导公共管理部门科学开展公共安全风险管理工作,应制定相应的《公共安全风险管理实施指南》,相关单位需要结合本系统、本领域、本行业、本地区的实际工作情况和专业特点,细化工作流程和标准,制定具体的实施细则,全力做好公共安全风险管理相关工作。

除了明确风险管理全流程各要素及其工作要点之外,作为风险管理过程中的重要组成部分,风险评估是由风险识别、风险分析及风险评价构成的一个完整过程。但是,风险评估并非一项独立的活动,必须整合到风险管理过程的其他组成部分中。该过程的开展方式不仅取决于风险管理过程的背景,还取决于开展风险评估工作所使用的方法与技术。风险评估活动适用于组织的各个层级,评估范围可涵盖项目、单个活动或具体事项等。但是在不同情境中,所使用的评估工具和技术可能会有差异;同时,对各类风险的评估,风险评估通常涉及多学科方法的综合应用。因此,对风险评估全过程中需要使用的技术与方法进行系统化的梳理,对于科学、规范和高效地开展风险评估工作具有重要意义。

对风险评估过程进行记录、汇总、整理和归档,是领导决策和有关部门采取处置措施的依据。因此,还需要对公共管理部门的风险管理报告的内容与格式进行规范,要求结论准确、措施明确。

综上所述,本章将重点针对公共部门的风险管理流程、风险评估技术以及风险管理报告的核心内容和规范进行系统化阐述。

第一节 公共部门风险管理流程

在借鉴、总结不同的观点和经验的基础上,风险管理工作的整个过程可划分为:计划与准备、风险评估和风险处置三个基本环节(见图 5-1)。各环节之间并非简单孤立,而是动态进行风险沟通、风险监测与

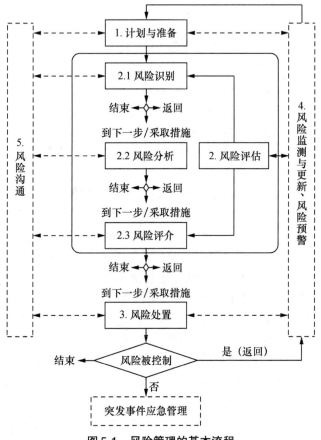

图 5-1 风险管理的基本流程

资料来源:

(1) Canada Standards Association, *Risk Management: Guideline for Decision-Makers*, A National Standard of Canada, CAN/CSA-Q850-97, 1997.

(2) Australia/New Zealand Standard on Risk Management, AS/NZS 1999.

更新。与此同时,钻石决策模型①贯穿始终,衔接各个环节并推动风险管理工作往前延伸。

一、计划与准备

计划与准备是风险管理工作的第一个阶段,是各单位开展风险管理工作的基础,是确保整个风险管理过程有序有效进行的保证。各单位在进行风险管理之前应进行充分的计划和准备,制定有效的工作方案,明确工作的具体目标、范围、组织管理与工作机制、职责分工、实施程序、进度安排和保障措施等。计划与准备工作的目的在于界定整个风险管理的工作范围和基本参数,该过程在组织的战略、组织、管理三个层面展开。

首先,通过分析组织自身情况以及社会、经济和环境等因素,明确需求,制定风险管理目标。目标的确定在很大程度上取决于道德、业务、技术、经济、法律,社会和环境等诸多方面。

其次,建立风险评估标准,包括技术的、经济的、法律的、社会的等方面的标准,并考虑可行性和成本收益的权衡。

最后,做好风险管理计划,包括风险管理的组织与工作机制、实施过程、人财物和技术等保障。

1. 明确风险管理目标与范围

各单位应根据各自职责和工作实际,依据公共安全风险管理工作的要求和相关工作安排,明确风险管理工作范围,细化各项工作任务,落实协同工作职责,开展风险管理工作。可在现有职责分工基础上,进一步拓展或调整风险管理工作范围,并报上级领导部门备案。

界定工作目标与范围通常是风险管理过程中非常重要、但也是非常困难的一个环节。一般而言,对工作目标与范围的界定取决于引发与启动风险管理活动的动因(见表5-1)。此环节聚焦在组织运行所处的环境上,组织通过分析自身的优劣势以及环境中存在的机会与威胁,确定与所处环境之间的关系,找到运营中的薄弱环节,从而确定风险管理工作的目标与范围。具体而言,首先通过明确与分析组织中的各种资产、网络及系统,同时考虑组织可能遭受到的各方

---

① Canada Standards Association, *Risk Management: Guideline for Decision-Makers*, A National Standard of Canada, CAN/CSA-Q850-97, 1997:8.

影响,核实组织存在的安全风险,从而确定其安全需求,最终制定风险管理目标。

表 5-1　组织启动风险管理工作的动因

动因	具体表现
日常安全管理	对整个系统运行进行定期、周期性的日常安全检查与监测
特殊活动的安全管理	处理系统运行中出现的一种特殊且关键的状态(譬如城市举办大型活动)
应急管理	应对紧急状态或突发事件
组织中出现的新情况	系统正常运行过程中出现的新情况,譬如做出新决策、实施新规章制度等。

　　工作目标最终还需要得到组织执行层的认可;另外,还要对目标进行分解,分解成若干子目标,并建立相应的基本参数,这一方面为组织设置整体远景与总体目标提供基础,另一方面也为更深层的风险管理过程提供了决策参考。

　　风险管理目标与范围的设置是组织保持正常、安全运营和实现组织整体战略目标的基础,而且正确地制定风险管理工作目标与范围,能够帮助组织将有限资源更加合理、有效地应用到最需要且最适用的领域。要做到这一点,需要:

　　(1)动态更新优先领域。

　　各领域的风险问题会随时变化,有的问题会随着信息积累变得明朗化、有的则会消失、随着时间推移甚至会出现新的问题等。因此,随时更新风险管理工作的优先领域与相关风险,对组织的正常运转和安全运营来讲变得异常重要,这就要求风险管理者要根据不同领域风险的差异与变化,掌握事态最新变化,适时的更新管理/处理办法。

　　(2)确保关键因素的全面性。

　　风险分析内容应该囊括组织功能的各个方面,譬如经济、政治(公众认知/公众形象)、社会、文化和法律等因素,以及组织运营管理的各方面。这就需要将某一活动或项目分解成为一系列因子,并在此基础上建立一个有逻辑的认知和分析框架,这样就能够有效防止某一风险被忽视/疏忽。其中,有些关键因素会增强组织管理风险的能力,而有些则会削弱这种能力,组织应当努力探求、确定这些关键因素,力求全面。

(3) 充分利用组织内外的利益相关方。

一般情况下,组织决策者对关键要素的考虑会与组织外部的利益相关方有差异;因此,为了让风险管理工作的内容更加全面与科学,组织需要界定出内外部的利益相关方,并制定与这些主体进行沟通的策略,将他们的目标及想法也要纳入到制定战略目标的过程中去。当然,并不意味着所有这些利益相关方都必须要参与到目标与范围设定工作的所有环节中去。但是有一点必须明确:他们介入的时间越早、对他们关心的问题考虑的越多,那么后继他们参与的程度就越高,风险管理工作涉及的问题也就越全面。

利益相关方

利益相关方是指那些能够影响决策或活动,或受到(或自认为会受到)决策或活动影响的个体。组织内外都存在利益相关方,他们包括:

(1) 决策者;

(2) 受到(或自认为受到)决策直接影响的个体;

(3) 组织内部成员,如雇员、管理人员、高级管理层;

(4) 参与决策的合作伙伴,如金融机构、保险部门、标准组织和技术团体;

(5) 具有监管职能的部门及相关机构;

(6) 虽然没有直接利益、却希望能够保持信息沟通的(各级、各部门)官员;

(7) 社会团体,例如环保组织、公共利益组织、消费者组织等;

(8) (地方的、国家的、国际的)媒体,作为利益相关者的同时,也是向其他利益相关者传递信息的渠道;

(9) 其他对决策感兴趣的个体与组织。

风险管理工作一开始,组织就需要充分考虑这些利益相关方对整个工作过程带来的直接或潜在的影响,因此,需要初步制定一份利益相关方列表,尽可能地囊括组织内外所有的

> 利益相关方；需要注意的是，与现有的利益相关方的沟通能够帮助确认出更多潜在的利益相关方。随着风险管理工作的推进，利益相关方的组成结构也在不断变化：新的利益相关方可能出于各种考虑希望参加或加盟；而既有的利益相关方则可能由于不再介入这个过程而离去。同时，随着信息的更新，利益相关方的需求和关注点也会发生变化，或是诱发了新需求、议题和关注点。因此，对利益相关方的分析应当是一个连续的过程，它也应当是风险管理整个过程中必备的一部分。
>
> 资料来源：Canada Standards Association, *Risk Management: Guideline for Decision-Makers*, A National Standard of Canada, CAN/CSA-Q850-97, 1997。

2. 建立风险评估标准

在开展公共安全风险管理工作的大背景下，各单位应结合本系统、本领域、本行业、本地区的实际工作情况和专业特点，细化工作流程和标准，制定具体的《风险评估实施细则》或《风险评估技术标准/规范》。

基于风险评估的决策以及风险处置措施的选择应当建立在一系列标准的基础上。评估风险的标准包括操作性的、技术性的、经济相关的、法律的、社会学的和人道意义上的标准等等，而这些标准通常由组织内部规定、组织目标和利益相关者考虑各自利益基础上来决定。虽然风险评估标准应该是作为风险评估阶段的重要组成部分出现，但是，组织内部和外部认知以及法律规定可能会影响到标准的内容，因此从一开始就确定合适的评估标准是很重要的，同时，随着某个特别风险的确定和风险分析技术的选择，在后继的风险评估工作中，风险评估标准可以得到进一步的发展和修订。

制定风险评估标准的基本原则包括：

（1）全面性原则。

首先，全面性原则要求社会风险评估标准应从各个不同角度反映社会运行的总体态势，多层次，全方位地描述社会风险的变化趋势。因此设计评估标准时应涵盖社会运行的主要方面，全面反映社会系统中经济领域、政治领域、社会领域和生态环境领域的发展状况。其次，不同类型、不同视角的评估标准之间应互相衔接、互相补充,以全面、网络化的反映社会风险态势。

(2) 目标一致性原则。

目标一致性是指风险评估标准与风险评估的战略目标间的一致。风险评估的目标是能准确衡量社会风险的整体水平,动态反映社会发展的变化趋势,为政府部门制定风险管理决策、实施风险管理行为提供参考依据。因此,在建立风险评估标准时应从风险评估的总目标出发,根据评估总目标在设定和选择评估指标。

(3) 互补性原则。

风险评估标准包括操作性的、技术性的、经济相关的、法律上的、社会学的和人道意义上的标准等多种形式。风险评估时,评估标准应最大限度操作化,使得评估标准在现实的风险评估过程中具备可行性;对那些难以操作化评估的风险,应尽可能全面的使用其他类型标准加以约束,不同类型评估标准间实现互相完善、补充。

3. 制定实施工作方案

各单位应结合各自工作实际,制定并印发详细的风险管理工作方案,明确组织领导、职责分工、工作步骤、工作要求以及调研表格、评估模板、评估报告样式等。具体内容包括:

(1) 明确组织领导。

各单位要高度重视风险管理工作,加强领导,由主要负责同志任第一责任人,建立风险管理工作机制,成立风险管理工作领导小组,全面领导本单位风险管理工作。同时,应组织具体管理人员和专业技术人员,组成风险管理工作小组,开展风险管理的具体工作。

经过长期的积累,中国各个专业领域业已形成一整套行之有效的管理体系,这成为风险管理工作专业化、深度化的发展基础。然而在当今世界,风险、突发事件的不确定性、复杂性、耦合性越来越明显,互为交叉、渗透,因此单靠某个专业部门,或者某个专业领域的工作已经不能满足风险管理的目的。这就需要设置一个总体的协调部门,或者利用现有的、具有总体协调功能的部门开展相应工作[1]。同时,要赋予他们足够的权利,使之能够推动各个专业部门(从地理空间上来讲,应当还包括城市的各个行政区域)之间进行协调,从而使

---

[1] 例如在北京市开展奥运期间城市运行管理的风险评估工作期间,主持总体协调工作的就是北京市突发事件应急委员会办公室。

风险管理工作更加完整、准确、系统。总体协调部门的主要职责是通过获取与评估所需的信息为决策层(领导层)提供专业技术支持与建议,因此这个部门必须拥有或者能够获取解决相关问题的知识与技能。同时,风险管理总体协调部门将指导整个风险管理工作的进程。需要明确的是:

① 总体协调部门是风险管理(评估)工作的组织者,在整个进程中负有监督和督促的责任。同时,它还要与各专项部门(各行政区域)沟通、协商,对风险评估结果进行归纳、总结与深化,从而明确整个区域风险管理的总体战略。

② 各专业部门(各行政区域)是风险管理(评估)工作的实施者,负责具体开展调查评估行为,他们不仅要对对象进行评估,更要发现问题并提出解决方案,他们对相应专项报告的具体内容负责。

③ 无论是总体协调部门,或是专业部门(行政区域),还是两者之间中间层级的管理部门,都要按照风险管理流程开展工作,每一个上层级的工作都是对下层级工作的凝练与总结、反馈与更新。同时,"条块"如何结合也是总体协调部门需要特别关注和解决的问题。

美国重大基础设施和关键资源保护的领导和协调机制

由于风险本身的复杂性以及可能涉及多个利益相关方,风险的治理过程需要各级政府间、不同部门之间的领导和协调机制予以保证。

各级政府之间、国际社会之间,供应与私营部门之间应建立良好的合作关系。领导协调机制的建立除了直接的沟通协调机制之外,同时已构建了一个组织框架结构,促进国内部门间以及国家间的沟通、信息共享。

美国基础设施保护的领导和协调机制,包括:

(1) 国家层级的协调。美国成立了基础设施保护办公室(国土安全部国家保护和规划局的部门),该机构的成立促进了美国基础设施保护计划和各部门相关计划的发展,其为基础设施保护提供总体指导、监测相关的各种协调活动和措施的效能,并给予各部门的保护、风险缓解措施一定的支持。

(2) 部门间的协调,伙伴关系的建立。基础设施保护跨部门委员会,政府跨部门委员会,部门协调委员会和政府部门协调委员会共同构成了一个协调组织框架。借助这一组织架构平台,美国联邦、州、地方和部落之间,政府和私营部门之间展开密切合作,共同为基础设施的有效保护而努力(见图5-2)。

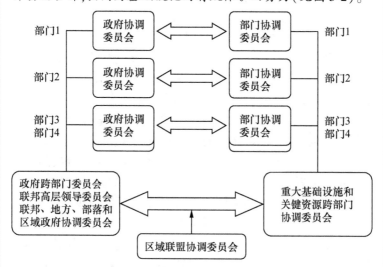

图5-2 美国国家基础设施保护计划(NIPP)——部门合作模式

资料来源:Department of Homeland Security, National Infrastructure Protection Plan, 2006。

(3) 区域协调。美国已有的区域间的机构、组织和部门,譬如五大湖区合作组织,灾害协会,太平洋西北经济区,和东南区域研究倡议,实现了跨地理区域和部门内部的基础设施保护协调与沟通。

(4) 国际协调。如美国、加拿大和墨西哥建立的安全与繁荣伙伴关系,北大西洋条约组织的政府高层应急计划委员会,地方政府理事会以及非政府组织;上述组织机构商定了一系列有关CIKR保护与协调的国际协定。

资料来源:Department of Homeland Security, National Infrastructure Protection Plan, 2006。

(2) 明确职责分工。

各单位开展风险管理工作应主要依托常态行政管理体制,由各单位的相关业务处室(机构、部门)具体承担风险评估与控制工作。各单位应急管理处室(机构、部门)要发挥统筹协调作用,协调单位内部相关业务处室(机构、部门),主动加强与其他配合单位的沟通协调,及时解决工作中存在的问题和可能出现的职责不清、职责交叉等问题。

(3) 依托专家或专业机构开展相关工作。

鉴于风险管理工作的专业性、科学性较强,建议依托专家或专业机构支持开展相关工作。专业团队的整个架构也需要根据整个决策进程的进展成都进行变更。例如,在风险评介阶段,需要的是领域的专家;而在分析和评估控制策略时,则需要经济学家。然而,从头到尾都必须要有一个核心的团队来进行管理,确保整个过程的连续性。在需要的时候,就会聘请专门的成员和顾问来参与。同时,还应当为整体的风险管理工作配备一个多学科背景的专家组(也包括一些关键的利益相关者),这可以包括来自组织内部的相关领域专业专家、沟通专家、法律专家和金融专家;还包括来自组织外部的专家。

(4) 明确工作进度和经费预算。

针对工作范围,各单位应根据自身所承担的工作任务要求,编制工作进度和经费预算,并积极向相关部门争取支持,切实有效地加以实施推进风险管理工作。

(5) 建立保密制度。

风险管理的内容往往重要且敏感,要根据相关保密制度,建立风险管理相关保密机制。

风险管理工作方案应经批准后,相关单位应组织对管理人员和技术人员的培训,以明确有关人员在风险管理工作中的任务。

制订工作计划并提供资源保障

工作计划应当包括目标、范围、组织、手段、指标参数等。制订计划时,还应当充分考虑到成本、效益与机会之间的平衡问题,明确所需资源。

完整的工作计划应当包括:(1)确定工作目标;(2)确定任务执行的时间、空间范围;(3)组织中各部门的角色与职责分配;

> (4) 确定所需资源及其获取方式,以及资源的保障手段;
> (5) 确定所需风险管理手段的范围和综合程度;(6) 工作计划与其他项目或组织其他部门之间的关系等。
>
> 从管理层来看,组织应当确保:(1) 按照标准建立、贯彻和保持风险管理体系;(2) 定期向管理层汇报风险管理体系的运行状况,便于随时加以改进。
>
> 从责任与权力的角度来看,组织应当对风险管理的执行者及其监管方的责任、权力加以明确定义,并形成书面文字。尤其当上述人员需要得到组织的授权和充分的自由以从事以下工作时,更应该明确其责任和权力,包括:(1) 发起行动以阻止或降低风险的负面影响;(2) 控制风险处置过程直到风险达到可以接受的水平;(3) 确认和记录与风险管理有关的任何事项和情况;(4) 通过指定的渠道发起、建议或者提供解决方案;(5) 核实工作方案的执行效果;(6) 在适当的时候进行内外部的交流和咨询。
>
> 从资源保障的角度来看,组织应当明确所需要的资源,并保证其供给,其中,能够执行风险管理的训练有素的员工是必不可少的。
>
> 资料来源:Canada Standards Association, *Risk Management*:*Guideline for Decision-Makers*. A National Standard of Canada, CAN/CSA-Q850-97, 1997。

二、风险评估

作为风险管理活动的组成部分,风险评估提供了一种结构性的过程以识别目标如何受各类不确定性因素的影响,并从后果和可能性两个方面来进行风险分析,然后确定是否需要进一步处理。风险评估工作试图回答以下基本问题:(1) 会发生什么以及为什么(导致产生风险的风险控制点是哪些)?(2) 后果是什么?(3) 这些后果发生的可能性有多大?(4) 是否存在一些可以减轻风险后果或者降低风险可能性的因素?(5) 风险等级是否可容忍或可接受?是否要求进一步的应对和处理?[①] 风险评估旨在根据评估对象的需要和相

---

① 《风险管理—风险评估技术》,中华人民共和国国家标准,中华人民共和国国家质量监督检验检疫总局与中国国家标准化管理委员会联合发布,2012 年 2 月 1 日实施。

关法律法规、标准规范的规定,通过基于事实的信息并进行分析,制定并实施有效的风险控制措施,就如何处理特定风险以及如何选择风险应对策略进行科学决策,最终使评估对象的风险达到可容许水平。

> **风险控制点**
>
> 风险控制点这一概念是在北京市应急管理部门实施风险管理过程中得出的一个实际操作性概念。设置这一概念的前提是:(1) 在风险管理实践中,得出"风险"的等级结论能够帮助明确某一风险的"可能性"大小与"后果"严重程度,但究竟应该从哪些关键点入手对风险进行管理,并不能从风险等级结论中得到答案。因此,需要对引发风险的关键要素进行总结,从而找到具体风险管理措施的实施点。(2) 北京市在全市范围内铺开风险管理工作之前,有些行业已经开始了风险管理工作,有些也积累的丰富的经验且运作良好。在这些行业中,对于风险的引发因素也有不同的描述,包括风险源、风险点、危险源、事故隐患、薄弱环节、具体管理问题、重点防护目标等多种概念,这些概念已经成为相关行业内行之有效的办法。但是,从北京全市统一开展风险管理工作的角度来看,需要对这些概念进行统一。因此,在保留各行业现有成效的基础上,将这些概念统一为"风险控制点",从而便于统一管理。
>
> 当然,关于"风险控制点"这一概念,在专家中还存在较大的争议。但由于本书中在一定意义上也是作者经历了北京市风险管理工作实践的理论研究结果,同时为了更好地进行表述,因此,本书将继续沿用这一概念。
>
> 所谓风险控制点是指那些可能导致风险后果的因素或条件的来源。在实际工作中,风险控制点是包括了风险源、风险点、危险源、事故隐患、薄弱环节、具体管理问题、重点防护目标等引发风险的因素的总称。风险控制点是对风险实施有效管理的具体落脚点,应当具体化、明确化,并尽可能空间化。

风险评估是由风险识别、风险分析及风险评价构成的一个完整过程。该过程的开展方式不仅取决于风险管理过程的背景,还取决于开展风险评估工作所使用的方法与技术。风险评估活动适用于组织的各个层级,评估范围可涵盖项目、单个活动或具体事项等,但是在不同情境中,所使用的评估工具和技术可能会有差异。同时,考虑到各类风险的原因及后果有较大差异,因此风险评估通常涉及多学科方法的综合应用。风险评估有助于决策者对风险及其原因、后果和可能性有更充分的理解(见表5-2)。

表5-2 风险评估的作用及其服务的决策领域

风险评估的功能	基于风险评估的决策	风险评估遵循的基本原则
(1) 认识风险及其对目标的潜在影响; (2) 为决策者提供信息; (3) 有助于认识风险,以便帮助选择应对策略; (4) 识别造成风险的主要因素,揭示系统和组织的薄弱环节; (5) 有助于明确需要优先处理的风险事件; (6) 有助于通过事后调查来进行事故预防; (7) 有助于风险应对策略的选择; (8) 满足监管要求。	(1) 是否应该开展某些活动; (2) 如何充分利用时机; (3) 是否需要应对风险; (4) 选择不同风险的应对策略; (5) 确定风险应对策略的优先次序; (6) 选择最适合的风险应对策略,将风险的不利影响控制在可以接受的水平。	(1) 信息记录与共享。该方法意味着需要准确、清晰的记录所有有用的信息,为风险评估提供尽可能详尽的依据。同时应当保持的信息的透明性、共享,所记录信息应当与相关部门及民众共享。 (2) 多重评估。针对一事件的风险评估不应仅仅一次,而应多次,产生多种可对照、可比较的结果,以便供决策层决策;多重评估即可由同一评估小组进行,也可由不同分析小组进行。与此同时,进行风险评估时应最大限度地保证价值中立,最大限度地减少主观决断,真正做到科学评估与判断。 (3) 思辨与专业性。风险评估过程应尽可能地运用相关专业学科的分析,使得整个评估过程逻辑清晰,以规避失误/错误的产生。尽可能保证风险评估结果更科学、可靠。 (4) 完整性。风险评估应准确、完整的评估潜在风险可能的导致的所有结果、脆弱性和威胁,并依照具体的专业知识,给予详尽解释。

资料来源:《风险管理——风险评估技术》,中华人民共和国国家标准,中华人民共和国国家质量监督检验检疫总局与中国国家标准化管理委员会联合发布,2012年2月1日实施。

(一) 风险识别

在风险信息得以分析和管理之前、风险事故发生之前,风险应该被识别、并用一种能被理解的方式描述出来。识别风险是进行有效风险管理的基础,也是风险管理中的重要步骤,通过发现潜在的风险及其存在领域,以及对其产生原因的分析,可以为后面的风险衡量工作奠定基础,甚至可以在此基础上进行风险管理决策,选择最佳的风险处理方案。

　　风险识别是发现、认可并记录风险的过程。通过综合相关概念①,可以认为:风险识别是指根据风险管理的范围,通过设置确定风险问题的基本尺度,系统查找隐患和薄弱环节,分析各种风险来源和可能产生的后果,这包括排查并确定各类风险源、风险点、危险源、事故隐患、薄弱环节、具体管理问题、重点防护目标等,对可能存在的风险进行识别和描述。

　　风险识别是一个有序的、系统的、全方位的过程,这样才能搜索出可能的或者客观存在的风险。对风险进行合理的分类,能够更加有效的管理风险,同时还能确保对那些能够带来非常严重后果的风险给予充分的关注。

　　风险识别工作的主要内容包括:

1. 风险识别的内容

　　通过风险识别,主要回答下列几个基本问题:(1)可能存在的风险是什么?即可能发生什么(what)?(列举风险/可能出现的不利情况)。(2)引发这些风险的因素包括哪些?即为什么会发生(why)?(可能导致不利事件发生的原因、致灾因子、薄弱环节、管理问题等)。(3)何时何处会发生(when,where)?(4)主要受影响对象是什么(Whom)?(5)风险可能导致怎样的后果?即会怎样发生(how)?(可能造成的突发事件和次生、衍生灾害,以及影响的对象和可能的影响方式等)。

　　结合中国公共部门安全管理的实际情况,风险的类别一般应涉

---

　　① 对于风险识别,不同的学者也给出多种定义。Lave(1987)认为,风险识别的目的是生成与特定风险诱因有关的信息,这些诱因具有不确定性,但有可能产生影响。风险识别的最终结果是对风险的判断,它以模型影响的概率分布表现出来。风险识别的不同阶段随着风险来源的不同而改变。Kolluru与Brooks的观点是,风险识别是用来说明什么处在危急中,计算想要的结果和不想要的结果的可能性,将两种组成成分合并到一维中。刘新立认为风险识别是指在过去损失资料进行分析的基础上,运用概率论和数理统计的方法对某一(或几个)特定风险事故发生的概率(或频数)和风险事故发生后可能造成损失的严重程度做定量分析。风险识别有许多计算模型或方法如精算外推法、PRA、贝叶斯统计工具等。毫无疑问,风险识别的方法在处理人类行为或自然事件所带来的潜在损害中,已经成为成熟的、强有力的工具。

及自然灾害、事故灾难、公共卫生事件、社会安全事件等(见表 5-3)。风险识别的内容包括但不仅限于这四类。

表 5-3 中国公共安全风险识别的内容与要求

类别	具体要求	具体示例
自然灾害	应根据自然灾害特点收集特定时段的自然灾害事件和气象、国土资源等相关部门的监测数据,统计、分析灾害发生频率、发生强度、每年因灾死亡和受伤人数以及经济损失等指标,全面辨识自然灾害及其次生灾害导致的风险,确定风险来源、易发生部位(位置或地点)以及风险的影响形式和影响对象。	水旱灾害(水灾、旱灾); 气象灾害(暴雨、大风、沙尘暴、浓雾、冰雪、雷电、冰雹、高温等); 地震灾害; 地质灾害(滑坡、泥石流、地面塌陷等); 生物灾害(突发林木有害生物事件、植物疫情、外来生物入侵); 海洋灾害(台风、风暴潮、赤潮等); 森林草原火灾; 其他。
事故灾难	应收集国内外同行业典型事件案例及相关事件统计、现有安全管理水平及应急救援力量等相关资料,分析可能引发事件的各种原因(自然、技术、管理、人为等原因),全面辨识事故灾难风险,确定易发生部位(位置或地点)以及风险的影响形式和影响对象。	城市供水事故; 城市排水事故; 电力事故; 燃气事故; 供热事故; 道路交通事故; 铁路事故; 民航事故; 轨道交通事故; 桥梁事故; 火灾事故; 通信线路和通信设施事故; 建筑工程事故; 房屋安全事故; 人防工程事故; 危险化学品事故; 矿山事故; 特种设备事故; 核事件与辐射事故; 环境污染和生态破坏事故(重污染天气、突发环境事件); 其他。

续表

类别	具体要求	具体示例
公共卫生事件	应收集特定时段的公共卫生事件及卫生、农业、林业等相关部门的统计资料,综合考虑地理、气象条件和影响人群特征,全面辨识公共卫生风险,确定风险的影响形式、影响对象及其潜在后果。	传染病突发事件; 职业中毒事件; 食品安全事件; 生活饮用水安全事件; 药品安全事件; 动物疫情; 其他。
社会安全事件	应综合考虑政治因素、经济因素、社会环境因素等的变化对社会安全事件风险的影响。	恐怖袭击和刑事案件; 涉外突发事件; 群体性上访事件; 民族宗教群体性突发事件; 公共场所滋事事件; 邪教组织滋事事件; 校园安全事件; 经济安全事件(生活必需品供给事件、粮食供给事件、能源资源供给事件、金融突发事件); ——其他。

资料来源:《公共安全风险评估技术规范》,中华人民共和国国家标准,中华人民共和国国家质量监督检验检疫总局与中国国家标准化管理委员会联合发布(送审稿)。

2. 风险识别的程序

风险识别工作主要从风险产生的原因入手,通过各种识别工具和方法来发现客观存在的不确定性,然后建立风险的详细清单进行风险分析。这包括:

(1)分析并列出所有可能出现的风险,编制风险清单。搜集风险评估所需资料(见表5-4),在此基础上,将资料、数据统计出的风险和分析出的潜在风险进行归纳、汇总,并列出风险清单。同时,针对某一类风险,从不同层面、不同角度,分析、列举、细化风险或可能发生的各种不利情况。

表 5-4　风险识别所需资料及其获取

调研资料	现场调研
评估对象基本情况； 国内外相关事件案例及分析； 风险控制措施； 应急救援能力； 被评估方及受影响人群的风险意识； 其他资料。	采取问卷调查和实地走访相结合的方式。

资料来源:《公共安全风险评估技术规范》,中华人民共和国国家标准,中华人民共和国国家质量监督检验检疫总局与中国国家标准化管理委员会联合发布(送审稿)。

(2)排查风险控制点,并按照风险的特征进行描述。描述每一风险的类型、发生部位(位置或地点)、发生时间、发生原因、影响因素、影响形式、影响对象及其潜在后果。描述风险特征,包括致灾因子、承灾体状况、危险源等,条件允许时可进行风险区划。其中,风险控制点是对风险实施有效管理的具体落脚点,应当具体化、明确化,并尽可能空间化。

在充分考虑利益相关方的需求、问题和关注点的基础上,确定需要开展风险管理工作的风险控制点。由于风险管理工作的对象往往是多元的,因此需要通过确认风险控制点,将各个部门所承担的工作进行明确划分。所谓风险控制点是指那些可能导致风险后果的因素或条件的来源。在分析风险控制点引发的风险的过程中,需要充分考虑中间的"触动因素",其中有几个是需要重点考虑的,包括管理失效后没有对管理步骤进行充分的改善、工作环节失效后缺乏后继监测与跟踪和组织内缺乏事件调查协议等(见表 5-5)。

表 5-5　风险控制点的确认手段、分类及其引发的损失

确认风险控制点的手段	风险控制点的分类	风险控制点能引发的损失
(1) 通过总结先前的事件与损失经验,对即已确认的危险来源进行结构化、完备化的分析。 (2) 将所有了解系统各个方面的人员组织起来,进行头脑风暴。其中,在一位负责人领导下,将所有的风险控制点列举出来,识别出它们会引发的风险。 (3) 通过风险情景模拟的手段来识别风险控制点。	(1) 自然灾害,比如洪水、暴风、地震、生物危害以及其他自然现象。 (2) 经济危机,比如通货膨胀、经济萧条和税收变化等。 (3) 技术灾害,比如系统或设备的失效、火灾、爆炸空气污染等。 (4) 人为灾害,比如专业能力较差的雇员工作失误、蓄意破坏或恐怖行为等。	(1) 健康损失,包括死亡与损伤,有时特制死亡率(mortality)与发病率(morbidity); (2) 财产损失,包括不动产或有形财产(建筑物、机动车等)和无形财产(商业机密、友好关系等); (3) 纯收益损失,这既可以是成本的增加、也可以是收入的减少。例如,如果一个组织失去了一个主要供应商的服务,那么寻求另一个供应商提供同等水平的服务就需要支付更多的费用(成本增加)。如果一个组织下设的一个生产线遭受了火灾,那么就意味着组织的收入减少。 (4) 信任损失,也就是组织被控告违反了或没有执行一个法律职责。无论是否属实,组织都必须要为自己辩护,即使是最大的组织,也会被这种损失折磨得疲惫不堪。 (5) 人员损失,也就是关键雇员的理智。组织需要雇用新的职员,可能需要支付更高的薪水,然而还是会遭受生产率下降的损失,这种情况一直要持续到新雇员完全熟悉业务。 (6) 环境损失(土地、空气、水源、植物群或动物群受到负面影响)。 (7) 以上这些损失还会造成组织的形象和地位的损失。

资料来源:Canada Standards Association, *Risk Management:Guideline for Decision-Makers*, A National Standard of Canada, CAN/CSA-Q850-97, 1997。

风险情景模拟

风险情景是指一系列具有因果关系的事件的总和,这包括(引发潜在损失的)风险控制点及其引发的潜在后果[①]。首先,风险情景(risk scenario)是回答"风险是什么",包括所有可能的后果、脆弱性和危险估计。其次,风险情景还可以确定潜

---

① Canada Standards Association, *Risk Management:Guideline for Decision-Makers*, A National Standard of Canada, CAN/CSA-Q850-97, 1997.

在的风险源,可以利用这一手段来确定风险控制点引发的潜在危险。

例如,冰雹(风险控制点)可能会导致人行道结冰(由冰雹导致的一个新的风险控制点)。这些结冰的人行道会给一些人带来风险,他们可能会滑倒,其结果可能就是受伤。地震可能引发一个尾矿坝的塌陷,可能会导致有毒液体被释放到一个饮水供给系统中,从而导致健康问题。最初的风险控制点(地震)引发了一个新的风险控制点(被污染的饮水系统)。而被污染的水则可能引发饮水者的健康问题(结果)。风险情景的复杂程度表现不一,但相似之处在于:它们都包含了能够引发风险的危险。风险源并不一定带来损失(例如,在行人通过结冰的人行道时,上面已经铺上了防滑的沙子;对于污染的水源,或许人们根本就没有机会接触到),但不能否认的是,存在着损失的可能性。

风险控制点带来的后果并不仅仅取决于危险源本身的存在,还取决于"向危险源暴露的程度"(exposure to the hazard)。同时,对后果的分析也是用以判断"对一个危险源暴露水平"的标准。譬如,如果更多的人饮用了被污染的水,或者是水源受的污染程度较高,那么后果就较为严重,反之亦然。

可以用来开展风险情景工作的手段包括:(1) 失效模式及后果分析(Failure Mode and Effect Analysis, FMEA);(2) 历史事件数据分析,并同时利用其他类似组织的经验与保险报告;(3) 故障树分析(Fault Tree Analysis);(4) 事件树分析(Event Tree Analysis);(5) 危险源与可操作性研究(Hazard and Operational Studies, HAZOP);(6) (内外部专家的)专业判断;(7) 个人观察(例如,到现场实地考察)等。

失效模式及后果分析(Failure Mode and Effect Analysis, FMEA):建设一座大桥,考虑与此相关联的风险。可以按照四种类型将所有的危险源列举出来:(1) 自然的(风、冰、地震、腐蚀等);(2) 经济的(资金不足、使用低质量的材料等);(3) 技术的(设计缺陷等);(4) 人为因素(超载、蓄意破坏、轮船撞击桥墩等)。同时,这种结构性的列表还需要识别出整座桥的不同组成部分(桥墩、结构、桥梁、栏杆、收费所等),针对每个部分,风险管理小组应当分析它们的组成要素、并识别所有可预见的风险情景。

对于许多复杂的系统而言,无法确认出所有的风险情景。有些情景只会在特定的事件发生后才会出现,例如,印度博帕尔由于土地使用控制措施不到位,导致大量的居民生活在化工厂附近的缓冲区。在危险源不确定的情况下,就无法识别出风险情景。

故障树(Fault Tree)或事件树(Event Tree)能被用来辅助头脑风暴这一手段,帮助人们分析一个已知故障可能发展的趋势。例如,储藏碳氢化合物一般面临着泄露和燃烧的危险。故障树分析能够帮助确认泄露的方式,以及泄露导致的燃烧情况。

在一些产业领域,基于大量的经验和历史事件,业已发展出非常成熟的危险源识别手段。危险源与可操作性研究(Hazard and Operational Studies, HAZOP)在化学加工业的使用已经超过了25年。在HAZOP研究过程中,过程中每一个步骤(或物理元素)都被依次分析,然后被修改,从而确定在修改之后可能出现怎样的后果。通过分析如果增加热度(压力),或者减少热度(压力),甚至没有热度(压力)等一些情况下会发生怎样的结果,这样促进风险情景的完善与发展。

还可以用于风险识别的方法有:检查清单、基于经验和记录的判定、流程图、自由讨论、系统分析、设想分析和系统工程技术;具体使用何种风险识别方法取决于被管理的活动性质以及所带来风险类型。

通过风险识别这一环节,风险情景列表组成的整体框架便为接下来的风险管理工作奠定了基础。每一个情景就是一个条目,把它们整合起来,这些条目就形成了完整的风险。

资料来源:Canada Stadards Association, *Risk Management: Guideline for Decision-Makers*, A National Standard of Canada, CAN/CSA-Q850-97, 1997。

(3)风险筛选,确定风险及风险控制点列表。根据具体风险管理工作任务(特定时期、特定空间),结合国际、国内及本市经济社会形势和所掌握的信息,对已分析和排查出的风险和风险控制点进行必要的筛选、排除和调整,填写风险和风险控制点列表(见表5-6)。

表5-6 风险与风险控制点识别表

所属专项(区域)_____ 评估时间_____
填表单位_____

风险名称	描述	风险控制点名称	描述
		1.	
		2.	
		3.	
		……	
		1.	
		2.	
		3.	
		……	

资料来源:北京市突发事件应急委员会:《北京市公共安全风险管理实施指南》(京应急委发[2010]8号),2010年5月14日印发。

风险识别这一环节用以识别和认定需要受管理的风险。如果风险在这一步骤中没有被认定为是潜在的危险,那么就不会进入下一环节的深入分析过程。因此,使用科学、系统的分析手段进行全面识别非常关键,无论一项风险是否在组织的控制之内,风险识别这一过程都要尽可能涵盖所有的范围。

3.根据风险识别结果确定风险处置措施

通过风险识别这一环节,风险管理组织一般采取的行为包括:第一,立刻采取应对行动。第二,需要进一步的分析才能采取行动。第三,风险不存在,风险管理工作就此结束(见表5-7)。

表 5-7　根据风险识别结果所采取的风险处置行为

风险处置行为	采取行动的情景及示例
立刻采取应对行动	（1）在还没有完全掌握风险信息的情况下,就需要立刻采取应对行动。譬如加拿大曾经出现过有几个人因为食用东海岸贻贝而生病甚至死亡的情况;基于问题的严重性,在还没有确定究竟是哪一种贻贝造成了病亡的问题之前,政府当时就谨慎地做出决定,立刻将所有的贻贝从销售市场中下架。于是,这就为接下来开展更加细致的科学分析赢得了时间,同时对于贻贝的销售与食用问题,也能做出更为长期有效的规划。 （2）有些情况下,出现的问题是非常标准且结构化的,而且已经存在最佳的解决方式。譬如,通过风险识别,发现造成问题的原因在于一种标准化的安全控制措施的缺失,包括交通灯、灭火系统、安全出口,那么就需要马上配备这些安全控制手段。但需要注意的是,这并不意味着风险管理工作就此结束,除了配备标准化的手段外,还存在需要配备其他控制手段的可能性,这就需要进一步的分析与评估。
需要进一步的分析才能采取行动	在风险管理工作中,这是最为常见的情况;只有进行进一步的深入分析,才能为重要决策提供更为充足和有效的信息。由此进入风险评估下一个环节。
风险不存在,风险管理工作就此结束	有些情况下,一些被认为是风险的问题本身并不存在。例如,如果最初的信息或假设被认为是错误的,那么这个风险问题就自动消失。值得注意的是,在风险识别的早期,应尽可能地将外部的利益相关方融入这个环节,因为他们在帮助确认这些并不存在风险方面作用很大,这样就可以帮助省时间与成本。

资料来源:Canada Standards Association, *Risk Management*:*Guideline for Decision-Makers*, A National Standard of Canada, CAN/CSA-Q850-97, 1997。

（二）风险分析

风险分析是在风险识别的基础上加深对风险的理解,为风险评价提供输入,以确定风险是否需要处理以及最适当的处理策略和方法。整体来看,风险分析是指综合考虑导致风险的原因和风险源自身特点、受灾体的风险承受能力、风险后果及其发生的可能性等因素,识别影响后果和可能性的因素,还要考虑现有管理者的风险控制能力、风险控制措施及其有效性。然后结合风险发生的可能性及后果来确定风险水平,即分析风险发生的可能性大小和后果的严重程度,也就是根据"事件发生可能性 * 事件损失(后果)"这个标准,确定风险事件的类型以及风险水平(见图5-3)。具体而言:(1)风险分析涉及风险事件发生的可能性和后果严重性两个基本要素。也就是说,风险分析通常涉及对风险事件潜在后果及相关概率的估计,以便确定风险等级。一个风险事件可能产生多个后果,从而可能影响多重目标。(2)风险的可能性和后果受三个因素决定:一是风险源(或不利事件)本身的可能性和危害程度;二是风险所作用对象(客体)的承受能力(脆弱性);三是控制和应对事件的能力。因此,对风险承受能力与控制能力的分析,是评估风险可能性和后果级别的前提。(3)根据风险分析的目的、可获得的可靠数据以及组织的决策需要,风险分析可以是定性的、半定量的、定量的或以上方法的组合。

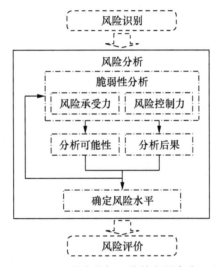

图 5-3 风险分析工作的主要内容

资料来源:(1)北京市突发事件应急委员会:《北京市公共安全风险管理实施指南》(京应急委发[2010]8号),2010年5月14日印发。
(2)《公共安全风险评估技术规范》,中华人民共和国国家标准,中华人民共和国国家质量监督检验检疫总局与中国国家标准化管理委员会联合发布(送审稿)。

1. 风险"可能性 * 后果"分析

应采用适当的方法确定事件发生的可能性和后果严重性,判断事件对评估对象的影响,即风险。按以下范式计算风险:

$$R = f(P, S)$$

式中:
R 表示风险水平;
f 表示风险的计算函数;

P 表示事件发生的可能性；

S 表示事件后果的严重性。

针对不同类型的风险事件，风险分析的侧重点会有所不同（见表5-8）。

表5-8 不同类型风险事件的风险分析内容

风险事件	风险分析内容	其他分析内容
自然灾害	结合致灾因子和孕灾环境的自身特征，分析承灾体的风险承受能力、风险控制能力，确定自然灾害发生的可能性和后果的严重性。自然灾害的风险承受能力与风险控制能力分析可建立指标体系，指标定量化应考虑承灾体的易损度空间差异。	（1）事件是否会引发次生事件、衍生事件、耦合事件等；（2）风险预测的可信度、预测前提以及假设的敏感性；（3）专家意见的分歧；（4）模型的局限性；（5）其他。
事故灾难	根据风险固有属性、受影响对象（人群、设施、地域、政治）的风险承受能力、风险控制能力，确定事故灾难发生的可能性和后果的严重性。	
公共卫生事件	依据公共卫生事件的暴发背景、流行规律、人群易感性以及各类监测数据，分析风险承受能力及风险控制能力，确定公共卫生事件发生的可能性和后果的严重性。	
社会安全事件	综合考虑影响社会稳定的不安定、不确定因素，分析风险承受能力和风险控制能力，确定社会安全事件发生的可能性和后果的严重性。	

资料来源：《公共安全风险评估技术规范》，中华人民共和国国家标准，中华人民共和国国家质量监督检验检疫总局与中国国家标准化管理委员会联合发布（送审稿）。

(1) 分析风险可能性。风险可能性分析是通过对风险的固有属性、受影响对象的风险承受能力、风险管理者对风险的控制能力等要素的综合分析，确定风险事件发生的可能性的过程。

风险可能性受风险本身固有属性的影响（例如不同传染病疫情的暴发概率不同），同时与风险承受能力成反比（例如人群抵抗力越高，风险可能性越小），与风险控制能力成反比（例如医疗技术水平越高、防范措施越完善，风险可能性越小）。在风险可能性评估中应综合考虑这三个因素。

(2) 分析风险后果。分析风险后果是风险评估过程中最重要的环节之一。确定风险后果等级对于提出相应的应对措施，制订必要的应对预案具有重要的参考价值。风险后果评估工作是否全面、准确、客观,将直接影响对风险等级判断的准确性。

风险后果是指一旦事件发生,其可能产生的不利影响以及影响的严重程度。某个风险事件可能会产生一系列不同严重程度的影响,也可能影响到一系列对象。风险后果分析时,应当确定所需要分析的后果的类型和受影响的对象。

风险后果可分为客观损失和主观影响:客观损失包括人员伤亡、经济损失、环境影响等;主观影响包括政治影响、社会影响、媒体关注度、敏感程度等。风险后果受风险本身固有属性的影响,同时与风险承受能力成反比,与风险控制能力成反比。

风险后果分析中须关注的问题

假设特定事件、情况或环境已经出现,后果分析可确定风险影响的性质和类型。某个事件可能会产生一系列不同严重程度的影响,也可能影响到一系列目标和不同利益相关方。在明确环境信息时,就应当确定所需要分析的后果的类型和受影响的利益相关方。

后果分析可以有包括从结果的简单描述到制定详细的数量模型等多种形式。

影响可能是轻微后果高概率,或严重后果低概率,或某些中间状况。在某些情况下,应关注具有潜在严重后果的风险,因为这些风险往往是管理者最关心的。在其他情况下,同时分析具有严重后果和轻微后果的风险可能是重要的。例如,频繁而轻微的问题可能具有很大的累积效应。另外,处理这两类截然不同风险的应对措施往往有很大的区别,因此分别分析这两类风险是很必要的。

后果分析应包括:

(1) 考虑现有的后果控制措施,并关注可能影响后果的相关因素;

(2) 将风险后果与最初目标联系起来;

(3) 对马上出现的后果和那些经过一段时间后可能出现的后果两种情况要同等重视;

（4）不能忽视次要后果,例如那些影响附属系统、活动、设备或组织的次要后果。

资料来源:《风险管理—风险评估技术》,中华人民共和国国家标准,中华人民共和国国家质量监督检验检疫总局与中国国家标准化管理委员会联合发布,2012年2月1日实施。

（3）风险"可能性*后果"的分析与计算。根据数据的充足与否,可以有两种具体的处理办法:

第一,在风险分析的数据充足时,事件发生的可能性及后果的严重性应根据相关数据,采用概率法、指数法等定量方法进行确定。根据计算出的事件发生的可能性以及后果严重性,直接计算风险水平。

第二,在风险分析的数据不足时,事件发生的可能性及后果的严重性宜采用定性或半定量的方法进行确定(见表5-9)。事件发生可能性和后果严重性的度量可参照表5-10和表5-11。

表5-9 采用定性分析的情况及方法(示例)

采用定性分析的情况	常用的定性方法	半定量分析
（1）作为初选,以决定此风险是否需要进行进一步的分析; （2）使用定性分析便可做出决策,不需投入更多的时间和精力; （3）没有足够的资料和资源进行定量分析或无法赋值。	检查表法; 类比法; 现场调查法; 德尔菲法; 头脑风暴法; 故障类型与影响分析法; 经验分析法; ……	风险矩阵法; 层次分析法; 影响图分析法; 事件树; 故障树; 历史演变法; ……

表5-10 风险可能性度量

级别	说明	描述
A	基本不可能发生	评估范围内未发生过,类似区域/行业也极少发生
B	较不可能发生	评估范围内未发生过,类似区域/行业偶有发生
C	可能发生	评估范围内发生过,类似区域/行业也偶有发生;评估范围未发生过,但类似区域/行业发生频率较高
D	很可能发生	评估范围内发生频率较高
E	肯定发生	评估范围内发生频率极高

表5-11 风险后果度量

级别	说明	描述
1	影响很小	无伤亡、财产损失轻微,不会造成不良的社会舆论和政治影响
2	影响一般	造成3人以下死亡或10人以下重伤,现场处理(第一时间救助)可以立刻缓解事故,中度财产损失,有较小的社会舆论,一般不会产生政治影响
3	影响较大	造成3人以上10人以下死亡或10人以上50人以下重伤,需要外部援救才能缓解,较大财产损失或赔偿支付,在一定范围内造成不良的舆论影响,产生一定的政治影响
4	影响重大	造成10人以上30人以下死亡或50人以上100人以下重伤,严重财产损失,造成恶劣的社会舆论,产生较大的政治影响
5	影响特别重大	造成30人以上死亡或100人以上重伤,巨大财产损失,造成极其恶劣的社会舆论和政治影响

资料来源:《公共安全风险评估技术规范》,中华人民共和国国家标准,中华人民共和国国家质量监督检验检疫总局与中国国家标准化管理委员会联合发布(送审稿)。

2. 承受力与控制力分析(脆弱性分析)

风险的可能性和后果受三个因素决定:一是风险源(或不利事件)本身的可能性和危害程度;二是风险所作用对象(客体)的承受能力(脆弱性);三是控制和应对事件的能力。因此,对风险承受能力与控制能力的分析,是评估风险可能性和后果级别的前提。

(1)分析风险承受能力。风险是通过作用于对象而产生影响和后果的。对象的风险承受能力不同,风险发生的可能性和产生的后果均有可能变化。风险承受能力分析就是分析受风险影响对象对风险的承受、抵抗能力,包括系统自身承受能力和社会心理承受能力等。其基本步骤包括:

第一,明确受影响对象。根据风险识别阶段的分析结果,明确某一风险可能影响的具体对象,包括受影响的人群、设施、系统、环境等。

第二,分析各类受影响对象的风险承受能力。通过各类情况分析报告、专家会商和专项调研等方式,分析各类受影响对象的物理属性、心理属性等特点,判断其风险承受能力的大小。例如对人群的风险承受能力可以从心理素质、防灾应急知识、经济能力等方面进行。对设施的风险承受能力可以从抗外力能力、安全设施是否充分等方面进行。

（2）分析风险控制能力。风险控制能力分析是对所有为避免或减少风险发生的可能性及潜在损失的措施及手段进行分析和评估的过程。这一环节是风险评估工作的重要组成部分。整理和确定现有控制措施，分析各项措施的有效性，既是评估风险可能性和后果的基础，也是查找当前工作不足、提出改进措施的重要途径。评估风险控制能力可以从(但不限于)以下几个方面进行：

第一，常态管理水平：包括安全管理规章制度的建设和执行情况、设施设备运行水平、工程技术措施落实情况以及预测预警能力等。

第二，应急管理水平：包括应急组织体系、应急预案、应急处置能力、应急资源保障水平(人力、物力、财力、技术水平)、应急恢复能力等。

第三，宣传教育培训：包括对系统内部人员日常安全教育培训和对周边民众开展应急常识宣传教育。

3. 风险分析方法

根据已有的风险信息和数据，风险分析的精确性得到一定程度的保证。风险分析可采用多种形式，可以是定性的、半定量的、定量的或者是以上各种类型的组合，方式的选择需要依具体环境而定。根据风险的复杂程度，采用风险分析方法的优先顺序是：定性的、半定量的、定量的。在实践中，一般首先采取定性的分析以获得一个风险水平的大致状况，随后再采取更加有针对性的定量的分析。

具体而言，风险分析类型有如下三种：

（1）定性分析。定性分析是指按照描述性标准，通过语言描述潜在风险事件发生后的后果严重程度以及该后果出现的可能性。分析标准可以根据实际环境、具体需要进行适时调整，而且不同的风险可以采用完全不同的描述方式。定性分析的作用包括：第一，作为一个初步的筛选过程来判定出需要更细致分析的风险；第二，可以应用于那些已确定不需要更深入的风险分析的情况，仅通过定性分析足以应对；第三，在进行定量分析所需要的数据不足的情况下，可以有效运用定性分析。

（2）半定量分析。在半定量分析中，上一个部分所给出的定性的分析标准将被赋予数值。每一个描述所赋的数值不需要一定与实际的后果或者可能性有一个精确的关系。只要判定优先级的体系和进行赋值及数值组合的体系相一致、相融合，这些数值可以由任何一组公式的组合给定。此类分析的目标在于产生一个相比定性分析获得的结果更加详细的优先级结果,而又不像定量分析中那样试图做到提供任何的风险评估数值。

然而,使用半定量分析必须慎重;因为选择的数值未必是能够正确反映事件之间关系,可能会导致矛盾的结果。半定量分析有可能无法合适地区分风险之间的不同,尤其是在后果或者可能性是极端情况的时候。

一些情况下,将可能性被认为是由两部分组成——事件出现的频率和概率。这种方法是比较合适的;频率用以度量风险来源的存在情况,而概率用于度量在风险来源存在的情况下出现风险后果的机会。在某些情况下,这两个部分之间并不是完全独立的,例如在频率和概率的关系非常密切的情况下。对于这些情况需要特别警惕,另外这一方法可以应用在半定量和定量分析中。

(3) 定量分析。定量分析是指通过多种来源获得的数据、数值(而不是在定性和半定量分析中使用的描述性的标准)来描述风险后果和可能性。分析的质量取决于所使用的数据的准确性和完备性。

风险后果可以利用一个或者一组事件的数据,通过建模来进行估计或者使用实验研究和以往数据进行推理。同时风险后果可以使用货币、技术和人力等多种标准进行描述;在某些案例中,通常需要大量和多类型的数据才能详细描述在不同的时间、地点、环境情况下的风险后果。

如上所示,可能性一般使用概率、频率或者两者的组合来表示。用以呈现风险后果及其可能性的分析方式可以根据风险类型和该分析方式所应用的环境而进行适时调整。

风险分析中的不确定性及敏感性因素

在风险分析过程中经常会涉及相当多的不确定性因素。认识这些不确定性因素对于有效地理解并说明风险分析结果是必要的。例如,对于那些在风险识别和风险分析时所使用的数据、方法及模型,应注意分析其本身存在的不确定性因素。不确定性因素分析涉及对风险分析结果的方差或偏离性进行明确。

> 与不确定性因素分析密切相关的是敏感性分析。敏感性分析是确定某个参数输入的改变对风险等级影响的程度和显著性。这项分析可用来识别哪些数据是对结果影响较大的,从而更应确保其准确性。
>
> 应尽可能充分阐述风险分析的完整性及准确度。如有可能,应识别不确定性因素的起因。敏感的参数及其敏感度应予以说明。
>
> 资料来源:《风险管理——风险评估技术》,中华人民共和国国家标准,中华人民共和国国家质量监督检验检疫总局与中国国家标准化管理委员会联合发布,2012年2月1日实施。

(三) 风险评价

风险评价是指按照规定的安全指标去衡量风险的程度以确定风险是否需要处理以及处理的程度。整体来看,风险评价是在风险分析的基础上,将分析结果与预先设定的风险准则相比较,或者在各种风险的分析结果之间进行比较,确定风险的等级;分析风险的可控性;确定影响风险水平的风险控制点的等级;并对各种风险进行综合排序,为进一步的决策提供依据。风险评价可以决定是否采取风险管理措施、风险的应对优先次序、采取什么管理措施、采取措施的途径以及到什么程度等问题(见图5-4)。具体来看:

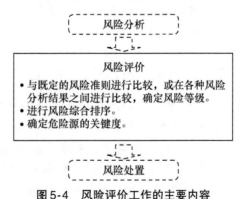

图5-4　风险评价工作的主要内容

(1) 风险评价的核心是将计算出的风险水平与风险准则进行比较,或在各种风险的分析结果之间进行比较,确定风险等级。同时,根据实际情况判定风险是否可容许。

（2）综合考虑风险等级和可控性类别，确定风险处置优先级，对风险进行综合排序。

（3）根据风险控制点的具体特性及其存在（或引发）风险的严重程度等，确定风险控制点的关键度，为风险管理措施的选择提供依据。

1. 确定风险等级

（1）当风险分析的数据充足时，将计算出的风险水平与风险准则进行比较，确定风险等级。风险等级宜划分为低、中、高、极高四个级别。

（2）当风险分析的数据不足时，根据风险分析过程中推断出的事件发生的可能性以及后果严重性，采用风险矩阵法，确定风险等级。风险矩阵见图5-5。

		后果				
		1	2	3	4	5
可能性	A	低	低	低	中	高
	B	低	低	中	高	极高
	C	低	中	高	极高	极高
	D	中	高	高	极高	极高
	E	高	高	极高	极高	极高

图5-5　风险矩阵

资料来源：Australia/New Zealand, Standard on Risk Management, AS/NZS, 1999。

注：(1) 风险发生可能性：A表示"基本不可能发生"；B表示"较不可能发生"；C表示"可能发生"；D表示"很可能发生"；E表示"肯定发生"。

(2) 风险结果严重程度：水平1表示"影响很小"；水平2表示"一般"；水平3表示"较大"；水平4表示"重大"；水平5表示"特别重大"。

常见的风险评价方法如表5-12所示。

表 5-12 常见的风险评价方法(示例)

定性	定量
(1) 检查表式综合评价法:对检查对象的实际情况按一定标准进行评定分数或分级,该法同样应用于风险识别。 (2) 优良可劣评价法:根据已知的一些基本的风险因素列出项目,然后对照项目进行详细检查,评定为优、良、可、劣四个等级,这种方法同样有损失控制的作用。 以上两种方法都是通过观察、分析和经验判断进行评价,适用于风险不是特别严重或后果不太严重的情况。	(3) 道氏指数法:利用物质系数、特殊物质系数、一般工艺、特殊工艺修正系数等求出评价对象灾害爆炸指数,再将其分为四个等级后进行评价的方法,主要适用于化工行业。 (4) 权衡风险法:将风险后果进行量化比较的方法,如对灾害事故的概率进行比较,然后对不可避免的风险权衡接受的方法。 (5) 成本—效益分析法:分析采取措施后要花费多大的代价,会产生多大的效果,然后据此进行评价的方法。 (6) 可靠性风险评价:利用过去的统计资料,建立数学模型,计算风险率再与安全指标进行比较,以确定是否需要采取控制措施的评价方法。

资料来源:Canada Standards Association, *Risk Management: Guideline for Decision-Makers*, A National Standard of Canada, CAN/CSA-Q850-97, 1997。

2. 风险评价结果

最简单的风险评价结果仅将风险分为两种:需要处理与无需处理的。这样的处理方式无疑简单易行,但是其结果通常难以反映出风险估计时的不确定性因素,而且两类风险界限的准确界定也绝非易事。

常见的方法是将低、中、高、极高四级风险对应不容许、一定条件的容许、容许三个等级段。安全工程领域的"最低合理可行"原则(As Low As Reasonably Practicable, ALARP)即适用于这种方法(见图5-6)。(1) 上段是指无论活动能带来什么利益,风险等级都是无法容忍的,必须不惜代价进行风险应对,甚至是放弃项目本身。(2) 中段是指要考虑实施风险应对的成本与收益,并权衡机遇与潜在结果。(3) 下段是指风险等级微不足道,或者风险很小,无需采取风险应对措施。

在充分考虑了成本与效益问题的基础上,就需要评估风险能被接受的程度。零风险只是一个理想状态,除非组织能够彻底放弃一项业务,因此针对一种风险,组织能做到的就是将风险减少到"低至合理"(As Low As Reasonably Achievable, ALARA)[1]的程度。

---

[1] 另一种常见的说法是 ALARP(as low as is reasonably practical),ALARP 和 ALARA 在概念和应用上类似。

第五章 公共部门风险管理工作要素分析

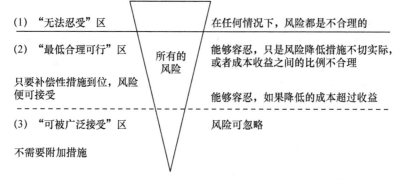

(1) "无法忍受"区 —— 在任何情况下,风险都是不合理的

(2) "最低合理可行"区 —— 能够容忍,只是风险降低措施不切实际,或者成本收益之间的比例不合理

只要补偿性措施到位,风险便可接受 —— 能够容忍,如果降低的成本超过收益

(3) "可被广泛接受"区 —— 风险可忽略

不需要附加措施

所有的风险

图 5-6　ALARA 风险标准框架(英国《健康与安全指令》的模型)

风险感知——影响风险容许程度的要素

通常情况下,除了损失之外,还有其他一些因素会影响利益相关方对风险的接受程度。这就涉及风险感知的问题:哪些因素影响着人们对风险的感知?围绕着风险接受程度这一问题,感知如何影响决策?

首先,一个风险能否被接受要基于利益相关方的需求与关注。这些需求与关注来源于个体和组织最基本的目的与价值,以及他们所处的环境。例如,社会一个最基本的目标在于保护儿童,那么,将儿童至于风险中则不被接受;另一个例子,如果人们对一个产业或者政府的信任度不高,那么他们对于与这些实体相关联的风险则接受程度低。

对于公众与专家的风险感知这一问题,学者们采用了调查、访谈、分析等多种方法研究了 20 多年。这些研究得出的具有一致性的结论就是:专家对于风险的理解与普通公众具有差异。

专家强调的是技术因素,比如一个事件发生的可能性及其可能对健康或安全带来的后果。而公众更加关注的因素包括:(1) 个人对问题的控制程度。如果人们对风险的控制程度很低、甚至不能控制的话(公共交通工具与开私人汽车之间的比较),那么他们的接受程度就很低。(2) 一个事件能带来灾难性后果的潜在可能性。灾难性后果就是指事件带来的死亡不是一个人,而是大量的人(例如,飞机坠毁事件)。(3)后果是否是"持续性的恐惧"。调查研究发现,与长期、痛苦的抗癌斗争相比,人们更倾向于迅速死亡,尽管这两种结果最终都是一样的。(4)风险与收益之间的平衡问题。如果高风险意味着高收益的话,那么人们则乐意接受;对于没有补偿性的风险,人们的接受水平则较低。(5)对风险的暴露程度是自愿的。例如,人们是自愿搬到一个化工厂附近还是化工厂被搬迁过来之间的区别。(6)对相关业务的熟悉程度。对于不熟悉的活动带来的风险,人们的接受程度较低(例如食品的辐射)。

另外,被认为是发生概率极低的事件,可能一般得不到专家的重视,因为对这种风险进行计算被认为是"不值得"。然而,这种事件可能成为公众的一个主要关注点,因为他们会认为后果非常严重,或者认为事件带来的收益和损失之间的关系是不平衡的。

需要注意的是,如果人们对一种风险的管理者予以充分信任,那么他们倾向于更高的接受度。这就进一步说明了与利益相关者发展和维系这种信任的必要性和有效性。其中更关键的是对信息来源的信任问题,这关系到公众对某一问题的风险感知的根本信任,这部分信任构建是相当重要的;它影响到对某一问题的价值判断和接受程度,一旦产生不信任的某些观点,可能产生政府不愿看到的对立鸿沟。

要保证公众对信息来源的信任,那么建构适当的信息释放管道是相当有必要的。因为对信息来源的信任感知将影响公众对复杂风险不确定性的理解与判断,据此建立一个具有较高信任度的信息提供管道是重要的过程。特别强调的是公众对风险的感知是相当混合的判断,因此,在一个社会中对风险沟通的重视在于发展较完善健全、受到信任的资讯平台(释放、对话),因为一旦信息释放而出,就很难改变公众的立场。

> **影响公众风险感知的因素**
>
> 对于风险管理团队而言,需要关注的一点在于,在与利益相关方沟通风险问题时,感知客观存在。公众会根据他们对风险后果的感知来判断对一风险的接受程度,而不是根据所谓的科学因素(比如可能性)来进行判断。
>
> 公众的风险感知受到许多因素的影响,包括年龄、性别、教育程度、所在区域、价值观,以及对危险源或相关业务的信息掌握程度。公众对风险的感知可能会跟技术专家们不一样。导致差异产生的原因在于假设、观念、需求与关注对象都不一样。
>
> 加拿大的一项研究证明了这一点。1992 年对 1 500 名加拿大公民的一次调查显示,不同的群体对于 33 种健康危险源的观点表现不一。年长的人群、妇女和受教育程度较低的人群对风险的评价较高。对于一些危险源,不同区域也有差异。研究还发现,被调查者更多地从媒体来获取关于危险源和风险的信息。
>
> 后来又对 150 名加拿大毒物学者进行了调研,找出他们与普通公众对风险的感知之间的差异。总体而言,毒物学者对风险的感知程度低于普通公众,而接受程度要明显高。
>
> 资料来源:Canada Standards Association, *Risk Management*:*Guideline for Decision-Makers*, A National Standard of Canada, CAN/CSA-Q850-97, 1997。

3. 风险综合排序

综合考虑风险等级和可控性类别,对风险进行综合排序,确定风险处置优先级(见表5-13)。根据风险性质和当前风险控制能力,分析判断风险的可控性。风险可控性类别包括可消除风险、可降低风险和不可控风险:

表 5-13　风险评估表

所属专项(区域)＿＿＿＿＿＿＿＿　评估时间＿＿＿＿＿＿＿＿＿＿
填表单位＿＿＿＿＿＿＿＿＿＿＿＿

风险名称	描述	可能性等级	后果等级	风险级别	可控性分类

填表人：　　　　　联系方式：

填表说明:可能性分为:A 基本不可能发生　B 较不可能发生　C 可能发生　D 很可能发生　E 肯定发生
后果严重性分为:1 影响很小　2 一般　3 较大　4 重大　5 特别重大
风险级别分为:极高　高　中　低
可控性分类分为:A 可消除(规避)　B 可降低　C 不可控
资料来源:北京市突发事件应急委员会:《北京市公共安全风险管理实施指南》(市应急委发[2010]8号),2010年5月14日印发。

(1)可消除(规避)的风险(可控性为A类)。是指在一定的时间内,通过采取针对性措施,控制风险产生的原因和(或)后果,可以消除(或基本消除)的风险。

(2)可降低的风险(可控性为B类)。是指可以通过实施工程技术措施或加强管理措施进行有效控制,进而可以把等级降低到可接受程度的那些风险。例如对极高风险、高风险要采取措施进行控制,使其等级降低到可接受的程度(中或低)。

(3)不可控的风险(可控性为C类)。风险具有复杂性、叠加性、综合性等特点,有些风险是防不胜防的,有些风险是不可预见的,因而无法提前采取消除或降低的针对性措施。

4. 确定风险控制点的关键度

针对不同风险(或事件)的特点和等级,提出有针对性的风险控制措施。这就需要把风险控制工作落实到每一个风险控制点,进行具体管理。因此,有必要对引发风险的各类风险控制点进行综合分析,并确定其关键程度。根据风险控制点的具体特性及其存在(或引发)风险的严重程度等,原则上可将风险控制点分为特级、一级、二级、三级。根据风险控制点的关键度,部署相应的管理措施,从而确保风险控制措施的有效性(是否能使风险降到可容许程度)、合理性、充分性和可操作性(见表5-14)。

表5-14 风险控制点评估表

所属专项(区域)_____ 评估时间_____
填表单位_____

风险名称	风险控制点名称	基本情况描述	风险控制点等级	管理分级(市级、区级)	可控性分类	所在地点	主体责任单位	行业管理/属地监管	是否作为隐患提交
	1.								
	2.								
	3.								
	……								

填表人：　　　　　　联系方式：

填表说明:风险控制点等级分为:特级、一级、二级、三级
　　　　　管理分级分为:市级管理、区县级管理
可控性分类分为:A 可消除(规避)　B 可降低　C 不可控
资料来源:北京市突发事件应急委员会:《北京市公共安全风险管理实施指南》(市应急委发[2010]8号),2010年5月14日印发。

对风险控制点的等级评估,应当依照各行业、各领域相关专业(行业)标准进行分级。没有相关专业(行业)标准的,可参照风险等级评估方法对风险控制点进行等级评估。

风险评价须充分考虑成本与效益问题

考量风险的可接受程度之前,需要明确业务的成本支出所能带来的效益问题,而这些效益与成本的分析最终都是与利益相关方的需求挂钩。业务的效益与成本分析,不仅要考虑业务显性、硬件性的和金融性的成本效益问题,还需要分析"软性"的成本效益问题。软性效益与成本问题是非常重要的、应当给予充分关注,它是把"双刃剑",既能载舟、亦能覆舟。

关于软性收益,例如,在政府的航空运输监管方面,如果政府告知旅客已经开展了有关航空安全的风险控制行动,这样

就能有效减少旅客对航空飞行的焦虑与紧张，那么这些减少的焦虑与紧张就可以被视为政府风险管理工作的无形收益。另一个例子：通过风险沟通项目，决策者可以增进与其他利益相关方之间的信任度，这就意味着其他利益相关方的焦虑被减少。倘若他们能够更加信任制定策略的决策者，那么他们就更愿意配合决策者们执行相关的管理规章与制度。

关于软性成本，比较明显的例子是生活质量的降低或生活方式的负面影响问题，尽管这种成本难以识别和度量。例如，假设某一工业活动能释放一种刺鼻且有害的气体，并影响到了附近的居民；那么就造成了这些居民为保证生活质量而不得不提高他们的软性生活成本。再比如，假设一种活动破坏了一个美丽的生态环境，那么人们就可能丧失了在将来去参观这一场所的机会，即使他们从来没有考虑参观那个地方，但是这的确是一个真实的损失。

再举一个例子，针对一个已经生效的垃圾处理厂，人们担心这种行为会造成污染物被排放到空气中造成对生态的破坏。如果这种担心（软性成本）没有被有效地处理，那么他们可能通过政治诉求的方式迫使项目被停止甚至放弃。这可能给组织造成非常巨大、真实的硬性成本的损失。与之相反，尽管人们认为垃圾场的建立对于生态和健康有着非常巨大和长期的影响，但是如果相关组织能够认识到这个问题并通过开展一定的缓解措施和有效的沟通，那么这种焦虑可以被降低或减少到可接受的水平。

值得注意的是，与业务相关的成本与效益问题既有直接的也有间接的，而且不可能被完全确认出来；在分析风险的可接受程度时，需要充分考虑这些因素。这也同时要求需要具备一个具有多学科背景的风险管理团队，再加一完善的咨询项目和专家团队予以配合，才能帮助弥补相应的缺陷。

三、风险处置

风险处置是依据风险评估与分级结果、风险的可控性分类，分析存在的问题和薄弱环节,确定风险控制策略,提出有针对性的风险控制措施,以达到消除或减小风险、做好预防工作的目的。风险控制措施的确定可从降低风险发生的可能性、减小后果的严重性、加强风险承受力和控制力等方面考虑,提出相应的风险控制建议。

风险处置是与"突发事件应急管理"相衔接的一个环节。风险管理与应急管理有着天然紧密的联系,风险管理是推动应急管理工作"关口再前移"的基础,因此两者之间如何衔接、定位、互动都非常重要。[1]

风险处置工作原则

(1) 可行性原则。所提风险控制建议应在资源及条件允许范围之内。

(2) 有效性原则。风险控制措施要能有效弥补安全漏洞,改进不足,从而降低风险发生的可能性,或减小风险可能产生不利后果的严重程度。

(3) 针对性原则。针对不同风险(或事件)的特点和等级,提出有针对性的风险控制措施。要把风险控制工作落实到每一个风险控制点,进行具体管理。

(4) 综合性原则。要综合考虑风险的各个方面,跳出部门局限,不仅应对本部门相关工作提出建议,还应对其他相关领域和部门提出工作建议,并加强跨地区、跨部门的信息沟通与工作交流。

(5) 及时性原则。要在开展风险评估的过程中,"边评估、边控制",及时发现问题、及时采取控制措施。

(6) 责任明确原则。要明确监督管理责任和实施控制主体责任,确定风险控制工作的措施和完成时限,统筹协调,持续推进。

(7) 成本效益原则。并不是所有的风险都必须或能够完全消除的,也不是所有的风险都必须花费巨大的成本进行降低

---

[1] 详细内容参见薛澜、周玲:《风险管理:实现应急管理工作"关口再前移"的有力保障》,《中国应急管理》2007年第11期。

的,想要消除所有风险是不切实际的。要在一定资源条件约束下,寻求最有效的措施。现有等级较低的一些风险是可以被接受的,可通过加强监测、做好应急准备等方式进行控制。

资料来源:北京市突发事件应急委员会:《北京市公共安全风险管理实施指南》(市应急委发[2010]8号),2012年5月14日印发。

(一) 风险处置手段

1. 风险处置的一般手段

风险处置手段要么是用来降低风险发生的可能性、要么是用来减少损失,或者两者同时兼具。值得注意的是:风险处置手段必须被利益相关方所接受,同时,相关手段还有可能带来新的风险、新的利益相关方和新的问题。整体而言,风险处置的手段一般包括承受风险(接受风险、保留风险)、风险控制(降低风险)、避免风险(规避风险)和转移风险等(见图5-7)。

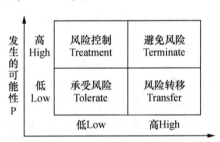

图5-7 风险管理的策略

(1) 承受风险(接受风险、保留风险)。针对可容许范围之内的低风险,主要采取监控措施。可维持现状,不必追加投入,或是采取少量措施,巩固现有工作状况。

(2) 风险控制(降低风险)。针对发生可能性大后果不太严重的风险,宜采取措施降低事件发生的可能性。

降低风险事件出现的可能性,或者延缓风险到来的时间,以便赢得更多的主动,或者在风险真正来临的时候,减缓风险对整个系统的冲击。这可以通过强化硬件设施,以提高各个系统的安全系数,也可以为相关项目的开展和运行投保,提高未来风险的保障能力,同时聘请有丰富经验的项目管理人进行周密的策划和管理等都可以起到减缓风险到来的作用。

> **风险减缓：风险控制的具体策略**
>
> 风险减缓包括一系列持续进行的平衡：政府行动与民众反应之间的平衡、风险规避与风险处理之间的平衡、草率行动与反应迟钝之间的平衡。
>
> 采取什么样的方案来减缓某一风险取决于风险的优先处理顺序、资源情况和对风险的了解程度。有些风险可以通过改变个人思维模式和行为方式得以快速有效的解决，而且只需要利用相对较少的资源。当然也有一些风险需要认真的分析研究后才能采取行动。
>
> 在风险减缓方式中，有一种被称为"逆流减缓"（upstream mitigation），主要是通过努力阻止某个特定风险的爆发。其优点是一旦成功，就可以规避风险。但是该减缓方式运用的前提是风险的表现形式是确定的，而且可以被独立且成功地解决。但事实上，公共风险往往是相互依赖的，因此在现实中很难用这种方法解决。有一种解决方案就是找出各种公共风险之间的联系，并将注意研究这些相互联系，以减缓这些公共风险。另一种方法叫作"顺流减缓"（downstream mitigation），主要是增强系统的弹力，从而保证能够应对一系列出乎意料的风险。这种方法的劣势在于并不能预计和规避所有的风险。
>
> 事实上，这两种方法并不是相互排斥的。减缓策略往往要融合每种方法的一部分，以应对公共风险本身的复杂性和多变性。
>
> 世界经济论坛在2006年有关全球风险网络的报告中曾提出了"风险的五步减缓法"，其中，风险减缓策略的五大要素是：增强洞察力（improving insight），加快信息流（enhancing information），重新聚焦危险因素（refocusing incentives），加大投资（improving investment）和通过相关机构执行（implementing through institutions）（见图5-8）。

> 为什么组织通常不会主动的减缓风险呢?下面这些对风险的常见反应影响了组织减缓风险的主动性:
> - 其他人会解决我面临的风险。
> - 这个风险与我无关。
> - 不采取行动仅仅影响我的速度吗?
> - 没有人告诉我必须采取行动。
> - 减缓风险能给我带来什么好处呢?
> - 采取风险减缓措施代价太大。
> - 为什么担心呀?那绝不会发生在我身上的。
> - 风险太大管不了,而且不能保证成功。
>
> 五步减缓法
> - 增强洞察力:通过研究,对风险从一无所知到了解。最好的风险减缓策略通常来源于通过增加的知识和信息来改变人们的思维方式。
> - 加快信息流:使信息在决策者与第一响应者之间有效地流动,以提供预警,告知公众及交流最佳方案。
> - 重新聚焦危险因素:创造危险因素框架,以针对那些以前被认为是与己无关之事的风险做出决策。
> - 加大投资:提供减缓风险所必需的投资。
> - 通过相关机构执行:在完善或创造减缓风险所需的框架的过程中,相关机构的响应是所需的。
>
> 图 5-8 五步减缓法
> 资料来源:World Economic Forum, *Global Risks 2007*: *A Global Risk Network Report*, A World Economic Forum Report in collaboration with CitiGroup, Marsh & McLennan Companies (MMC), Swiss Re and Wharton School Risk Center, January 2007。

(3) 避免风险(规避风险)。针对发生可能性大且后果严重的风险,宜通过放弃某些可能引致风险的行为,降低甚至消除可能性和(或)后果(严重性)。

避免风险是风险管理的最终追求,主要手段是通过计划的变更来消除风险或风险发生的条件,保护目标免受风险的影响。风险规避并不意味着完全消除风险;因为现在有许多系统是人工营造的,人口、财富、文化的积聚使得承灾体的价值难以估量,灾害造成的损失将是巨大的。但惟其系统的人为性,在很大程度上影响了系统的稳健性,有时候风险将变得难以避免,这就需要其他措施的配合。

(4) 风险转移。针对发生可能性不大后果非常严重的风险,宜通过法律、协议、保险或者其他途径,部分或全部转移责任或损失,其中保险是较常见的办法。

一种途径是把部分风险转移到风险实体以外的机构或投资实体上去。比如,通过向保险公司投保、巨灾保险、再保险、风险基金等,就是转移风险转移的一些常用方法。当然,这种风险转移也可以通过非商业化的方式运作,比如城市洪水向分洪区的排泄、城市爆炸物向荒山中的转移。但是,这种分散应当是在权衡损失、受益的基础上,并且以维护最终被损害人的基本权益,并对其损失予以充分补偿的前提下进行。

还有一种途径是分散风险,将风险在承担主体、客体、时间上进行分散,防止过于集中给系统带来毁灭性的冲击。比如,将有些活动通过招标、公私合作的方式进行,让政府、个人、企业共同分享利益和分担风险。通过各种机制,将城市人流向公共汽车、地铁、出租车等公共交通方式上的分流,就是减少人流聚集可能带来的风险因素增加的方式之一。

风险融资:风险转移的具体策略

对于不能通过风险控制手段完全消除的风险,通常应当用融资的手段解决,也就是说,需要有一方来为损失埋单。主要有两种基本的风险融资技巧:(1) 保持(retention)与转移(transfer),组织保持为损失埋单的责任,组织用自己的钱为损失埋单(资金可以是借来的,但是组织仍然"拥有"债务)。(2) 组织通过合同协议向另一个组织支付费用来转移风险。典型的例子就是购买商业保险,通常这两种方法会同时使用。

将全部的金融责任转移给残余风险不是永远适用的。例如,加拿大萨格奈河或南马尼托巴湖水灾。尽管政府相关应急处置部门已经支付了赔偿金,但因为很多个体遭受了损失,残余的金融风险还是很大。因此无论是否愿意,不能转移的风险,必须要维持。

与此同时,还要考虑被转移的风险是否被自愿接受的问题。例如,倘若一种损失导致一个组织或者个体破产,那么风险就被转移到债权人身上,无论他们是否愿意接受。另外一个例子,一化工厂与一家卡车公司签署了产品运输协议,要求

> 该公司对运输中产生的所有事件负责。如果事件真的发生了,而且造成了物质泄露和环境破坏,那么化工厂仍然要承担公众或者政府对其的问责,及时理论上他们将风险转移给了承运人。这意味着,组织需要承担一些他们不能直接控制的风险责任,这就要求组织研究一些应急计划来应对这些问题。

2. 风险处置具体策略

风险处置的具体策略可包括:

(1) 避免对风险的暴露,由此将损失的可能性降至"0"。

(2) 降低损失的频率(例如,通过培训、持续的监测和维护计划、使用更高质量的材料等)。

(3) 降低损失带来的后果(例如,突发事件应预案与能力的提高、撤退方案、配备保护性的设备)。

(4) 将多个风险暴露点分开(例如,在易燃物附近严禁吸烟、在运输过程中将有毒物品与食品分开、在化学存储罐与员工区域之间建设隔离墙、在危险设备附近严格控制土地的使用等)。

(5) 资源的备份,包括安全系统的备份(例如,计算机数据备份、将重要物资分处储藏、对关键物质的运输保持多个供应线、与其他组织达成备份能力的协约)。

(6) 通过协议,将控制损失的责任转移到其他主体。(例如,加拿大大多数化工厂之间达成了协议,在运输过程中,如果在一个化工厂管辖的范围内发生的突发事件,无论被运输的化学物质是否属于管辖地的化工厂,这家化工厂都必须立刻进行应对。这样就能够迅速降低有毒物质可能带来的负面影响,从而增强这些化工厂整体应对突发事件的能力。另一个例子就是,购买商业保险,将突发事件的责任转移到保险人身上,降低被保险人的损失)。值得注意的是,这是风险转移策略,而不是降低风险的策略;这种手段会使转移风险的组织获益,但利益相关者不一定能获得利益。

通常使用风险控制手段不止一个,因此需要对所有的手段进行评估。评估风险控制手段的标准包括:降低损失的效果、执行所需的成本、手段对其他利益相关者的影响,以及带来新的风险与问题。只有这些控制手段真正地被应用，而且结果也出现了，他们的效果才能够得以被评价。应用在"可能性＊后果"风险评估阶段的方法也能够应用到这个阶段中来，包括历史数据、故障树和事件树分析、专家判断等。

这些控制手段不仅应该能有效地降低风险，而且还应当有较高的成本效益。控制手段的成本显然不应当超过减少的损失的价值，如果花1000元挽回100元的损失，那显然不划算。执行控制手段需要花费的成本也应当被评估，执行一个控制手段可能会产生新的风险，那么这些新风险也应该当得到评估。总而言之，好的风险控制手段应当是那些节约成本、最有效减少损失、产生最少的负面效果的手段。

风险的优先处理顺序

确定风险的优先处理顺序是确定资源如何最优分配的必要环节。

首先，确定风险优先处理顺序有它的一般性理论基础，就是对风险发生的可能性以及风险一旦发生所造成损失的严重性的评估。但是这种评估也会受到干扰，比如根据个人性格的不同和不断发展的事态的启发，评估结果也会有所不同。例如，风险概率预期受近因效应和可行性的影响，而损失程度预期又依赖于多变性和脆弱性的估计。其次，区分优先处理顺序的第二个要素是价值观，一个组织不同的价值观可能决定其脆弱性和对风险减缓的责任心。第三要素是风险减缓的公开性——即使风险概率和损失程度预期都不够准确的情况下，有明确减缓策略的风险可能比那些减缓策略混乱的风险更易得到处理。

对于公共风险而言，在采取减缓措施还需要注意相关问题：第一，多种风险结合产生的潜在结果影响所有相关的组织；第二，公共风险带来的影响可能会不在风险评估结果内；第三，许多公共风险(如气候变化)可能要跨越几十年的时间，因此比较不同时期的减缓措施以确保一致性十分必要；第四，公共风险间的相互联系与依赖使区分风险的优先处理顺序复杂化,因此孤立地评价公共风险可能会提高风险减缓的预算成本;第五,减缓公共风险通常需要不同组织之间通力合作,任何一个组织都不可能单独采取有效的措施,来应对于大部分的公共风险。

资料来源:World Economic Forum, Global Risks 2007:A Global Risk Network Report, A World Economic Forum Report in collaboration with CitiGroup, Marsh & McLennan Companies (MMC), Swiss Re and Wharton School Risk Center, January 2007。

(二) 风险处置措施的选择、执行与评审

在这一环节,风险控制、风险减缓、风险融资、风险沟通等策略将得以确定并实施,填写风险控制列表,同时还要评估决策过程的效率(见表5-15)。

表5-15 风险控制列表

所属专项(区域)_____ 评估时间_____
填表单位_____

风险名称	风险等级	总体风险控制措施	风险控制点	风险控制点分级	可控性分类	管理分级	主体责任单位	行业监管/综合监管部门	风险控制点控制措施	完成时限

填表人:_____ 联系方式:_____

资料来源:北京市突发事件应急委员会:《北京市公共安全风险管理实施指南》(市应急委发[2010]8号),2010年5月14日印发。

1. 风险控制措施的选择

风险控制措施包括工程技术措施、管理措施和应急准备等。

(1) 工程技术措施。包括消除或降低或隔离风险和风险控制点的各种硬件设施改造、技术手段与工程措施等。具体包括：第一，消除。采用本质安全设计和工程项目建设，从根本上消除风险。第二，预防。当消除风险存在困难时，宜采取预防性技术措施，预防不期望事件的发生。第三，减弱。无法消除和预防的风险，应设法减弱风险后果的严重程度。第四，隔离。在无法消除、预防、减弱的情况下，应将受影响的对象与风险隔开等。

(2) 管理措施。包括为降低或控制风险，制定与完善相关的管理制度、政策，以及选择放弃某些可能招致风险的活动和行为从而规避风险的决策等。具体包括：建立完善的管理体系；建立、健全责任制和管理规定；对可能发生的事件进行应急演练；建立涵盖政府、企业、公众三方的全社会快速应急处置的联动机制与体制；定期进行培训与宣传，增强风险意识，提高避险救助能力等。

(3) 应急准备。是针对不可控风险(确实难以消除、难以控制或防不胜防的风险)而采取的特殊的风险控制措施。包括应急预案、演练、队伍、物资、资金、技术等各个方面的准备工作。

原则上，在风险控制措施实施前，应组织相关部门和专家对风险控制措施的有效性(是否能使风险降到可容许程度)、合理性、充分性和可操作性，以及是否会引发新的风险等进行评审。

2. 风险控制措施的执行

在执行之前，需要制定一个执行计划。决策者需要考虑用以执行策略的技术性问题(例如，执行的事件、可用的资源、设置监测系统等)；还需要考虑制定用以与其他管理者进行交流的管理性决策(例如，培训需求、职工需求、工作轮换或新职位、财政需求等)。

高效的风险保护计划和管理策略的主要特征：

(1) 综合性。有效的风险管理方案需考虑到来自自然、网络、社会、人为因素的影响；风险应对措施执行后，同时要考量长期、短期内产生的影响，应对的手段的执行需要人员培训、软硬件的保障，以及风险管理计划的随时更新。是一项复杂的工作。

(2) 合作性。首先由于风险本身的种类多种多样，即使一种风险可能影响的范围十分广泛。这一客观现实就要求部门之间，政府与社会间要展开广泛的合作,信息及时共享,更好地应对风险。

(3)高效性。高效的风险管理计划必须要考虑"效率",即最小的资源投入,最大限度地缓解风险和产出回报。达到这要求必须满足以下条件:收集尽可能全的信息、有效的长期投资、解析风险管理过程中所涉及的个体背后的经济诱因、有效解决风险管理过程中的公共利益问题。

(4)风险告知。风险管理和保护计划主要关注如何降低/缓解风险造成的损害,伴随着风险管理和控制过程应当及时的测量,评价和反馈,相关部门在风险控制手段与措施执行之后应及时地评估风险,以展现风险的控制效果和残余风险的危害程度。

对残余风险的控制:如果一项风险应对过后存在残余风险,那么需要决定是否要保留这个风险,或是重新对该风险进行处理。值得注意的是,要始终避免风险产生连锁效应,从而带来巨大的威胁和挑战。

3. 风险控制措施的评审

风险控制措施在实施前应接受评审。评审内容包括:
(1)控制措施是否能使风险降到可容许水平;
(2)控制措施的合理性、充分性和可操作性;
(3)是否产生新的风险,等等。

(三)风险优先化管理

优先化管理在实现风险的有效管理过程中是非常重要的,这是因为一方面组织的资源、客观条件是有限的,需要发挥出有限的资源的最大效用;另一方面优先化管理也是实现科学、有效风险管理的客观要求。

风险管理范围涵盖范围很广,包括各级层面的国家、地区部门的资产、系统、网络。这就要求在综合比较分析客体面临的风险,并结合客观实际条件作出最为高效的策略选择基础上,对风险的处置进行优先化排序。

确定风险管理优先次序的过程涉及对风险评估和分析结果的整合,以确定哪些资产、系统、网络、部门面对最高风险,为风险处置建立优先次序。风险的优先化管理是规划和资源的高效、科学决策的基础。

优先化管理过程包括两个必要环节：(1) 首先确定哪个地区或部门的资产、系统或网络的风险因素最高；具备最高的风险程度、最高的预期损失在风险管理计划中给予最优先的管理。当然，优先管理项的确定应符合法律要求与国家意志。(2) 第二个环节是确定哪些措施将给予风险最大限度的缓解；确定相应管理对应措施后，在资源分配、预算编制和执行上给予侧重，优先考虑资源供给。

基于部门和决策者的客观条件与需求，选择优先化管理方法，不同领域、政府层级面临的风险类型、资源条件、环境差别很大，因而需要根据各自客观条件具体选择风险优先化管理方法。

美国国家重大基础设施和关键资源的优先管理计划

美国国土安全部的一级和二级保护计划界定了国家重要和关键的资源，以便于基础设施的保护。符合美国国土安全部一级和二级的资源，一般是指那些一旦被破坏或受损便会造成重大的经济损失、影响范围很广、影响时间持续很长，很容易产生连锁反应，对政府和民众均能产生很大影响的资源。

通过该计划界定的绝大多数资源、系统均被列为2级，仅仅一小部分资源能够达到1级保护要求——它们的损失损害对国家或地区造成的影响类似于卡特里娜飓风和"9·11"恐怖袭击造成的影响。

界定国家重大基础设施和关键资源的过程，是建立在一年一次、一系列的公共部门与私有及社会组织密切合作，信息充分共享的基础上的。各种资源界定/分类完之后，接下来做的是国土安全部和安全合作伙伴实施各种保护性措施和各种类型的评估和培训活动。具体而言，1级和2级资源列表为基础设施保护计划的确定提供了信息基础。

为了满足日益增加的基础设施规划和突发事件管理的优先管理需求，美国重大基础设施和关键资源的优先管理计划开始扩大到国际社会：识别、评估、优先化管理对本国至关重要的国外基础设施及相关资源；提供帮助给相关国家、部门名单，以满足各自的风险和事件管理的需要；构建一个信息共享

> 平台,在突发事件发生的过程中,借助信息平台可以持续提高针对基础设施和资源的优先管理能力,快速反应并进行有效的恢复措施。
>
> 风险优先化管理的作用:首先是有利于资源分配决策,在风险管理计划的构建、项目投资上的指导、获取最大回报措施的选择等方面均发挥很大作用。
>
> 资料来源: Department of Homeland Security, National Infrastructure Protection Plan, 2006。

四、风险监测与更新、风险预警

(一) 风险监测与更新

公共安全风险评估是一个持续循环的动态过程,应对风险评估的结果及时进行跟踪监控、定期更新,建立信息反馈与沟通、互动与共享机制,将事件发生的可能性和后果严重性降到最低,保证风险控制在可容许范围内(见表5-16)。

表5-16 风险监测与更新的目的

风险监测与更新的目的
(1) 有关风险的假定仍然有效;
(2) 风险评估所依据的假定,包括内外部环境,仍然有效;
(3) 正在实现预期结果;
(4) 风险评估的结果符合实际经验;
(5) 风险评估技术被正确使用;
(6) 风险应对有效。

资料来源:《风险管理——风险评估技术》,中华人民共和国国家标准,国家质量监督检验检疫总局与国家标准化管理委员会联合发布,2012年2月1日实施。

风险监测与动态更新的实质是跟踪、监控、审查、信息采集和工作调整,以及再监测、再跟踪、再调整、再评估、再控制的动态循环过程。风险监测与更新贯穿风险管理的全过程,包括对风险本身的监测与更新,以及对风险管理过程、内容与效果的监测和更新。对于风险处理方案的效果、策略和管理体系的监测是十分必要的,这可以保证环境的变换不会影响风险应对顺序的变化。

在风险的处理过程中对整个过程进行评价和总结是确保处理方案有效性的好办法。那些对风险产生的后果有影响的因素可能发生改变,由此可能影响到风险应对方式的相应改变。因此,需要定期重复这个风险管理的过程。风险监测与更新是风险管理过程中一个重要环节。

1. 风险监测

应在风险评估结果的基础上,根据实际情况的变化和风险控制的成效、存在的问题,密切监测相关风险的动态变化。各单位应建立信息沟通与共享机制。要在进一步强化综合监测和各专业部门风险专项监测的基础上,坚持依靠群众,充分动员全社会,建立风险的社会监测网络,专群结合,群防群控,及时发现、防范和控制风险。

2. 风险动态更新

在风险监测结果的基础上,要重新评估并确定风险等级,调整风险控制策略。动态更新周期原则上为每季度更新一次,各单位可结合风险事件固有属性和当前国内外经济社会环境做适当调整。

动态更新中应比较原风险评估结果和更新结果,按照风险的可控性,分析风险控制工作的成效;要重点评估新增风险(风险控制点)、等级升高的风险(风险控制点)和综合叠加风险;填写风险动态更新表和风险控制点动态更新表;同时,对下一步风险控制工作提出建议并制定控制方案。

(二) 风险预警

在风险管理工作过程中,对需发布预警信息、采取相应预警措施的风险,应及时启动风险预警机制。风险预警发布与响应程序可参照相关法律法规和应急预案的相关规定执行。

五、风险沟通

风险评估工作的成功依赖于与利益相关方进行的有效沟通与协商。让利益相关者参与到风险管理过程中是有必要的,这样有助于提升风险管理的效率(见表5-17)。

表 5-17 风险沟通的目的

风险沟通的目的
(1) 沟通计划的制订； (2) 正确识别环境信息； (3) 确保利益相关者的利益得到充分认识和考虑； (4) 汇集不同领域的专业知识以识别和分析风险； (5) 确保风险评估过程中不同的观点也能得到适当考虑； (6) 确保风险得到充分识别； (7) 确保风险应对计划得到支持。

资料来源：《风险管理——风险评估技术》，中华人民共和国国家标准，国家质量监督检验检疫总局与国家标准化管理委员会联合发布，2012 年 2 月 1 日实施。

整体来看：

风险沟通的目标之一是"获得支持"。以公共卫生领域为例，公共卫生领域负责风险沟通的人员把"支持"看成是降低卫生风险最重要的方法，也就是要倡导民众开展自身和社会均有益的健康行为。卫生领域风险沟通的总体目标是要劝告、影响和鼓励个人、群体、组织投身到相关事务中来。这种沟通是为降低风险服务的；虽然以劝说为要领，但由于沟通旨在让大众更长寿、更健康，这是整个社会的根本价值所在，同时注意力主要集中在个人而不是社会身上，因此大部分的卫生领域的风险沟通并不存在争议。另外，环境领域也致力于循环利用、能源削减、燃料消耗等方面的风险沟通。当这种沟通有目的地改变了某种行为时，我们就认为它是有效的。

风险沟通的目标之二是"参与式决策"。要制度性的建立公众对某一问题风险感知的信任，尤其一开始对风险信息源的信任，除了设置适当、专业的咨询平台，并增加咨询的透明度外，最重要的是在风险沟通与风险评估程序上引入公众参与，无论是社会团体代表或公众代表，越早让公众涉入决策程序，除了能顾及程序正义外，更能增加公众对信息来源的信任，强化透明度，并持续性建构公众对某一风险的信任。此种制度性的建构，正面而言，将产生社会系统、政治系统及沟通系统的重新变化，形成风险沟通和风险文化的结构性发展；亦即，引入公众参与涉入决策程序，在理念上打破专家、官僚对信息的垄断，产生一个结构性动因。在个别层次上，公众有参与影响政策的机会，并进而加深对某一风险的社会学习和理解；在结构层次上，发展出对话、平权的风险沟通机制,转化为参与式而非被动式的结果;在建构层次上,将复杂的风险问题转化为公众正常生活学习、对话、价值判断的过程。

在风险沟通中,一般情况下最基本的影响因素包括媒体、公众本身、政策决策及政府相关机构等的行动(包括社会行动和政治运动)。要进行有效的风险沟通,除了前述的几个影响因素机制之外,更根本的是一些基础问题,尤其是风险科学的本质和公众风险感知之间的关系问题。主要表现在:对具有争议、复杂风险的科学解析,经常会形成公众理解的障碍,一方面是风险科学本身的不确定性与复杂性,无法给公众确切的安全感知答案;另一方面是公众知识与信息的落差也阻碍了公众社会学习的机会。公众感知风险经常是不准确的,某些风险信息一开始就可能吓坏了公众,公众面对无法具体化的风险倾向简易的、绝对的答案,而这样他较易有控制、掌握感。因此,他会个人化所收到的新信息而并非实现了对科学的真正了解,更值得注意的是公众的观点较易被操纵,而所形成的信仰则很难修正;结果可能形成"风险过度强化"的效果。

风险沟通是一个特殊的沟通过程,尤其应该是一个双方互相作用的过程,但事实上,对于众多的风险事件,尤其是公共性的风险事件,处于沟通双方的主体地位并非是等同的。公众一方总是在接受信息、询问信息的位置。因此,沟通的另一方,无论是政府部门或者其他的管理机构,是否能将公众视为伙伴,对于沟通的有效性具有决定性的影响。如果一味采取 DAD 模式,即决定、宣布、辩护(decide,announce,defend)模式进行沟通,那么很难再沟通的双方建立起真正的信任。

六、钻石决策模型

在风险管理过程中,"钻石决策模型"衔接着各个环节,它包括三种结果:风险管理结束;返回先前阶段;到下一步(和/或)采取措施。

(1) 导致风险管理结束的原因一般包括:① 风险不复存在;② 所有相关的风险都认为是可被接受的;③ 现有的控制措施非常有效,同时,控制后的残余风险也是可接受的;④ 能够导致产生风险的行为已经被改善。

(2) 导致风险管理者"返回先前阶段"的原因往往是为了寻求更

加精准的风险信息;这说明,在同一个风险管理过程中,可以反复"返回",重复先前已经完成过的工作,从而改进数据和假设的精确性、完整性。

(3) 风险管理工作发展"到下一步(和/或)采取措施"则意味着:① 在一些紧急情况下,决策者可以不需要经历风险管理的所有步骤来采取措施,但是要有充分的理由证明紧急措施的合理性;② 即使采取了紧急措施,但是接下来的分析步骤还是要同时进行,不能中断;③ 如果风险既直观、解决手段也明显,那么就可以立刻采取措施进行控制。

第二节 公共安全风险评估技术

选择合适的风险评估技术和方法,有助于组织及时高效地获取准确的评估结果。在实践中,风险评估活动的复杂及详细程度千差万别。风险评估的形式及结果应与组织的自身情况适合,并在明确环境信息时确定①。

一、风险评估技术的选择

一旦决定进行风险评估并且确定了风险评估的目标和范围,那么组织就应根据风险管理的研究目标、决策需要、风险的类型及范围、后果潜在的严重程度、风险更新的需求等相关因素来选择一种或多种评估技术。其中,几类因素对风险评估技术选择的影响尤其值得关注,例如组织的现有资源及能力、不确定性因素的性质与程度,以及风险的复杂性与潜在后果等。一般来说,选择合适的技术时应注意:(1) 所选的技术应具备相关性及适用性;(2) 在综合不同研究的结果时,所采用的技术及结果应具有可比性;(3) 只要满足评估的目标和范围,简单方法应优于复杂方法被采用(见表5-18)。

---

① 此部分内容参考:《风险管理——风险评估技术》,中华人民共和国国家标准,国家质量监督检验检疫总局与国家标准化管理委员会联合发布,2012年2月1日实施。

表 5-18 选择风险评估技术的决定因素

合适的技术的特征	选择风险评估技术的决定因素		
	一般因素	重要因素	
(1) 适应相关的情况或组织； (2) 得出的结果应加深人们对风险性质及风险应对策略的认识； (3) 应能按可追溯、可重复及可验证的方式使用。	(1) 研究目标：风险评估的目标对于使用的方法有直接影响； (2) 决策者的需要：某些情况下做出有效的决策需要充分的细节，而某些情况下可能只需要对总体进行大致了解； (3) 所分析风险的类型及范围； (4) 结果的潜在严重程度； (5) 修改/更新风险评估的必要性：一些评估结果可能在将来需要修改或更新。在这方面，某些方法比其他方法更易于调整； (6) 法律法规及合同要求等。	组织的资源和能力	(1) 风险评估团队的技能、经验、规模及能力； (2) 信息及数据的可获得性； (3) 时间以及组织内其他资源的限制； (4) 需要外部资源的可用预算。
		不确定性的性质和程度	不确定性可能是组织内外部环境中必然存在的情况。不确定性可能产生于数据的质量或数量。现有的数据未必能为风险评估未来提供可靠的依据。某些风险可能缺少历史数据，或是不同利益相关者会对现有数据做出不同的解释。进行风险评估的人员应理解不确定性的类型及性质，同时认识到风险评估结果可靠性的重大意义，并向决策者说明这些情况。
		复杂性	复杂性是风险评估中应考虑的另一个重要特征。例如，在复杂的系统中，在进行风险评估时，不仅要对系统中的每个部分进行评估，更要注意系统各部分之间的相互关系。应注意风险可能产生的间接影响。在某些情况下，处理单个风险可能会对其他活动产生影响。理解组织中单个或多个风险的复杂性对于选择合适的风险评估方法至关重要。

二、相关技术在风险评估中的应用

1. 技术在风险评估各阶段的适用性

风险评估是包括了风险识别、风险分析(后果分析、可能性分析、等级分析)、风险评价的全流程的活动。有些评估技术可以应用于风险评估周期的所有阶段，而且通常以不同的详细程度应用多次，以便帮助在每个阶段做出所需要的决策。评估周期各阶段对风险评估有不同的需求，可能应用不同的评估技术(见表 5-19)。

表 5-19 技术在风险评估各阶段的适用性

工具及技术	风险评估过程				
	风险识别	风险分析			风险评价
		后果	可能性	风险等级	
头脑风暴法	SA[1]	A[2]	A	A	A
结构化/半结构化访谈	SA	A	A	A	A
德尔菲法	SA	A	A	A	A
情景分析	SA	SA	A	A	A
检查表	SA	NA[3]	NA	NA	NA
预先危险分析	SA	SA	NA	NA	NA
失效模式和效应分析(FMEA)	SA	SA	SA	SA	NA
危险与可操作性分析(HAZOP)	SA	SA	A	A	SA
危险分析与关键控制点(HACCP)	SA	SA	NA	NA	SA
保护层分析法	SA	SA	A	A	NA
结构化假设分析(SWIFT)	SA	SA	SA	SA	SA
风险矩阵	SA	SA	SA	SA	A
人因可靠性分析	SA	SA	SA	SA	A
以可靠性为中心的维修	SA	SA	SA	SA	SA
业务影响分析	A	SA	A	A	A
根原因分析	A	NA	SA	SA	NA
潜在通路分析	A	SA	NA	NA	NA
因果分析	A	SA	NA	A	A
风险指数	A	SA	SA	A	SA
故障树分析	NA	A	A	A	A
事件树分析	NA	SA	SA	A	NA
决策树分析	NA	SA	SA	A	A
Bow-tie 法	NA	A	SA	SA	A
层次分析法(AHP)	NA	SA	SA	SA	SA
在险值(VaR)法	NA	SA	SA	SA	SA
均值—方差模型	NA	A	A	A	A
资本资产定价模型	NA	NA	NA	NA	SA
FN 曲线	A	SA	SA	A	SA
马尔可夫分析法	A	NA	SA	NA	NA
蒙特卡罗模拟法	NA	NA	NA	SA	SA
贝叶斯分析	NA	SA	SA	NA	SA

资料来源:《风险管理——风险评估技术》,中华人民共和国国家标准,国家质量监督检验检疫总局与国家标准化管理委员会联合发布,2012 年 2 月 1 日实施。

1. SA 表示"非常适用"
2. A 表示"适用"
3. NA 表示"不适用"

2. 风险评估技术的特征

如前所述,影响风险评估技术选择的因素有多种。在实践过程中,以下因素尤其需要关注:(1) 问题和所需分析方法的复杂性;(2) 进行风险评估的不确定性的性质及程度;(3) 所需资源的程度,主要涉及时间、专业知识水平、数据需求或成本等;(4) 方法是否可以提供一个定量结果。针对这些要求,不同的技术具有满足不同需求的特征,公共部门可以根据风险管理工作实际与需求予以选择(详见表5-20,其中,高、中、低表示该技术对影响因素的应用要求)。

表5-20 风险评估技术的特征

风险评估方法及技术	说明	影响因素			能否提供定量结果
		资源与能力	不确定性的性质与程度	复杂性	
头脑风暴法及结构化访谈	一种收集各种观点及评价并将其在团队内进行评级的方法。头脑风暴可由提示、一对一以及一对多的访谈技术所激发。	低	低	低	否
德尔菲法	一种综合各类专家观点并促其一致的方法,这些观点有利于支持风险源及影响的识别、可能性与后果分析以及风险评价。需要独立分析和专家投票。	中	中	中	否
情景分析	在想象和推测的基础上,对可能发生的未来情景加以描述。可以通过正式或非正式的、定性或定量的手段进行情景分析。	中	高	中	否
检查表	一种简单的风险识别技术,提供了一系列典型的需要考虑的不确定性因素。使用者可参照以前的风险清单、规定或标准。	低	低	低	否
预先危险分析(PHA)	PHA是一种简单的归纳分析方法,其目标是识别风险以及可能危害特定活动、设备或系统的危险性情况及事项。	低	高	中	否

续表

风险评估方法及技术	说明	资源与能力	不确定性的质与程度	复杂性	能否提供定量结果
失效模式和效应分析（FMEA）	FMEA是一种识别失效模式、机制及其影响的技术。有几类FMEA：设计（或产品）FMEA，用于部件及产品；系统FMEA；过程FMEA，用于加工及组装过程；还有服务FMEA及软件FMEA。	中	中	中	是
危险与可操作性分析（HAZOP）	HAZOP是一种综合性的风险识别过程，用于明确可能偏离预期绩效的偏差，并可评估偏离的危害度。它使用一种基于引导词的系统。	中	高	高	否
危险分析与关键控制点（HACCP）	HACCP是一种系统的、前瞻性及预防性的技术，通过测量并监控那些应处于规定限值内的具体特征来确保产品质量、可靠性以及过程的安全性。	中	中	中	否
保护层分析法	保护层分析，也被称作障碍分析，它可以对控制及其效果进行评价。	中	中	中	是
结构化假设分析（SWIFT）	一种激发团队识别风险的技术，通常在引导式研讨班上使用，并可用于风险分析及评价。	中	中	任何	否
风险矩阵	风险矩阵（Risk Matrix）是一种将后果分级与风险可能性相结合的方式。	中	中	中	是
人因可靠性分析	人因可靠性分析（HRA）主要关注系统绩效中人为因素的作用，可用于评价人为错误对系统的影响。	中	中	中	是
以可靠性为中心的维修	以可靠性为中心的维修（RCM）是一种基于可靠性分析方法实现维修策略优化的技术，其目标是在满足安全性、环境技术要求和使用工作要求的同时，获得产品的最小维修资源消耗。通过这项工作，用户可以找出系统组成中对系统性能影响最大的零部件及其维修工作方式。	中	中	中	是

续表

风险评估方法及技术	说明	影响因素			能否提供定量结果
		资源与能力	不确定性的性质与程度	复杂性	
业务影响分析	分析重要风险影响组织运营的方式,同时明确如何对这些风险进行管理。	中	中	中	否
根原因分析	对发生的单项损失进行分析,以理解造成损失的原因以及如何改进系统或过程以避免未来出现类似的损失。分析应考虑发生损失时可使用的风险控制方法以及怎样改进风险控制方法。	中	低	中	否
潜在通路分析	潜在分析(SA)是一种用于识别设计错误的技术。潜在通路是指能够导致出现非期望的功能或抑制期望功能的状态,这些不良状态的特点具有随意性,在最严格的标准化系统检查中也不一定检测到。	中	中	中	否
因果分析	综合运用故障树分析和事件树分析,并允许时间延误。初始事件的原因和后果都要予以考虑。	高	中	高	是
风险指数	风险指数可以提供一种有效的划分风险等级的工具。	中	低	中	是
故障树分析	始于不良事项(顶事件)的分析并确定该事件可能发生的所有方式,并以逻辑树形图的形式进行展示。在建立起故障树后,就应考虑如何减轻或消除潜在的风险源。	高	高	中	是
事件树分析	运用归纳推理方法将各类初始事件的可能性转化成可能发生的结果。	中	中	中	是
决策树分析	对于决策问题的细节提供了一种清楚的图解说明。	高	中	中	是
Bow-tie法	一种简单的图形描述方式,分析了风险从危险发展到后果的各类路径,并可审核风险控制措施。可将其视为分析事项起因(由蝶形图的结代表)的故障树和分析后果的事件树这两种方法的结合体。	中	高	中	是

续表

风险评估方法及技术	说明	影响因素			能否提供定量结果
		资源与能力	不确定性的性质与程度	复杂性	
层次分析法（AHP）	定性与定量分析相结合，适合于多目标、多层次、多因素的复杂系统的决策。	中	任何	任何	是
在险值（VaR）法	基于统计分析基础上的风险度量技术，可有效描述资产组合的整体市场风险状况。	中	低	高	是
均值—方差模型	将收益和风险相平衡，可应用于投资和资产组合选择。	中	低	中	是
资本资产定价模型	清晰地阐明了资本市场中风险与收益的关系。	高	低	高	是
FN曲线	FN曲线通过区域块来表示风险，并可进行风险比较，可用于系统或过程设计以及现有系统的管理。	高	中	中	是
马尔可夫分析法	马尔可夫分析通常用于对那些存在多种状态（包括各种降级使用状态）的可维修复杂系统进行分析。	高	低	高	是
蒙特卡罗模拟法	蒙特卡罗模拟用于确定系统内的综合变化，该变化产生于多个输入数据的变化，其中每个输入数据都有确定的分布，而且输入数据与输出结果有着明确的关系。该方法能用于那些可将不同输入数据之间相互作用计算确定的具体模型。根据输入数据所代表的不确定性的特征，输入数据可以基于各种分布类型。风险评估中常用的是三角或贝塔分布。	高	低	高	是
贝叶斯分析	贝叶斯分析是一种统计程序，利用先验分布数据来评估结果的可能性，其推断的准确程度依赖于先验分布的准确性。贝叶斯信念网通过捕捉那些能产生一定结果的各种输入数据之间的概率关系来对原因及效果进行模拟。	高	低	高	是

资料来源：《风险管理——风险评估技术》，中华人民共和国国家标准，国家质量监督检验检疫总局与国家标准化管理委员会联合发布，2012年2月1日实施。

第三节　公共部门风险管理报告的撰写

风险评估的过程应与评估结果一起记录在案。风险应以可理解的术语来表达，同时对于风险等级的单位也应进行清晰表述。风险管理报告就是对评估过程的记录、汇总和整理，是领导决策和有关部门采取处置措施的依据。风险管理报告要求结论准确、措施明确。

风险管理报告的内容将取决于评估工作的目标及范围。除非进行很简单的评估，否则，需要包括的内容如表 5-21 所示。如果需要风险评估来支持一个连续的风险管理过程，那么风险管理报告的撰写工作应在系统、组织、设备或活动的整个生命周期内持续进行。如果出现重要的新信息并且环境发生变化，应根据管理的需要对风险评估进行更新。

表 5-21　风险管理报告所需包含的内容

(1) 目标及范围；
(2) 系统相关部分的说明及它们的功能；
(3) 组织的内外部环境描述以及被评估对象与内外环境的关联情况；
(4) 所使用的风险准则及其合理性；
(5) 假定及假设的合理性；
(6) 评估方法；
(7) 风险识别结果；
(8) 数据的来源与校验；
(9) 风险分析结果及评价；
(10) 敏感性及不确定性分析；
(11) 关键假定和其他需要加以监测的因素；
(12) 结果讨论；
(13) 结论和建议；
(14) 参考资料。

风险资料备案

风险管理过程的每一个阶段，都需要有备案。备案文件需要包括预测、方法、数据来源和结果。

进行备案的原因如下：(1) 证明措施的可行性；(2) 为风险识别和分析提供系统化的根据；(3) 提供风险的相关记录并

> 更新信息数据库;(4) 记录决策者的重大决策,决策过程及后续实施情况;(5) 提供有用的设备和工具信息;(6) 有助于持续监测和回顾;(7) 为核查提供资料;(8) 对外提供共享信息;(9) 相关的备案可以包括:成本、收益以及上述提到的内容。

一、报告类型

风险管理报告主要分为专项报告、区域报告和总报告三类。

(1) 专项报告。是关于某个专项风险管理报告,由各专项牵头管理部门组织撰写。

(2) 区域报告。是对某个区域风险进行综合风险评估后形成的报告,由地方政府组织撰写。

(3) 总报告。由地区最高管理协调部门在专项、区域报告的基础上,组织相关单位和人员撰写。

二、报告写作框架

风险管理报告应包括摘要和正文两个部分。

1. 风险管理报告摘要

摘要部分概述风险管理结论。描述主要风险(极高、高、中等风险各有哪些),每类风险包括哪些主要风险控制点,并提出主要措施和建议。摘要一般不超过 2 000 字。摘要是供领导参阅的主要文件,要求重点突出,结论鲜明,文字规范,语言精练。其主要内容为风险管理结果和对策建议的简要论述,可辅以综合性图表的形式进行归纳总结。

2. 风险管理报告正文

正文部分写作框架如下:

(1) 风险管理总体概况。具体包括三个方面:

一是风险的基本界定、评估目的与范围。介绍风险管理工作的组织情况,参与的单位等。

二是风险管理的共性方法与综合评估指标。

三是总体结论。共评估出多少风险和风险控制点,其中极高、高、中、低等级风险和风险控制点数量综合情况、风险和风险控制点可控性情况、风险和风险控制点控制措施情况。

(2) 主要风险与控制对策。

针对极高和高风险,对每项风险按下列框架表述:

风险名称:＊＊＊＊风险

【风险等级(可能性等级、后果等级)、可控性分类】

风险描述:风险的表现形式、发生的原因、后果与影响(直接影响,对城市形象、社会舆论等的影响)、历史情况(国内及本市历史情况等)、现有控制能力和承受能力、需要特别关注的薄弱环节和问题(包括管理问题)或重点防护点(场所、区域)。

风险控制对策:消除风险的措施,提高事前控制力的措施;需采取的特殊控制措施,重点防护点(场所、区域)的具体措施;预案、演练和联动机制等应急准备措施;需要本地区其他部门或国家相关部门协调的问题。

风险控制点总体情况:风险控制点的数量、等级、性质等。详细描述主要风险控制点(特级、一级)的具体情况:

＊＊＊＊风险控制点(名称)

【风险控制点等级(可能性等级、后果等级)、可控性分类、管理分级】

风险控制点描述:地点、基本情况(风险控制点的表现形式、发生的原因、后果)、影响范围(场所、区域、人群等),现有风险控制能力和承受能力,管理责任(管理主体、行业监管部门),需要特别关注的问题。

风险控制点控制对策:消除风险控制点的措施,提高事前控制力的措施;需采取的特殊控制措施,重点防护点(场所、区域)的具体措施;预案、演练和联动机制等应急准备措施;需要本地区其他部门或国家相关部门协调的问题。

(3) 风险控制总体工作建议:一是,风险和风险控制点存在的共性问题。二是,风险管理共性和总体工作建议。

(4) 附件。应包括具体的风险和风险控制点等级列表,必要的说明等。

三、报告的提交程序

1. 专家评审

各单位完成风险管理报告的起草工作后,应组织专家评审。评审专家原则上不少于 7 人,一般应包括本领域相关专家、国家相关部门专家和地区最高综合协调部门指派的 1 名专家;同时,应当邀请地区主要配合单位人员参加。

2. 审核

各单位根据专家评审意见修改完善风险管理报告,报本单位主要负责同志审核。

3. 提交地区最高综合协调部门

正式提交地区最高综合协调部门的风险管理报告,应包括摘要、报告正文和专家评审意见、相关单位意见和本单位主要负责同志的签发文件等。

四、动态更新报告的写作框架

风险动态更新报告反映风险的动态变化情况。主要内容应包括:

1. 近期风险管理工作的基本情况

介绍本单位自开展风险管理至动态更新之前相关工作的基本情况,已采取的风险控制措施及成效。突出以下几个要素:

(1) 风险评估结果的动态变化情况。原风险评估结果和本轮风险评估结果的动态变化情况比较。分析极高、高等级风险数量的变化情况及相应风险控制点的变化情况。

(2) 风险控制措施及成效。概述落实风险控制与应急准备工作方案情况,采取风险控制措施情况和风险控制总体成效。包括:

A 类风险控制(消除)的情况。采取了哪些、共多少项风险消除措施(包括各类工程、技术和管理措施),消除了哪些、共多少项风险,消除了多少个风险控制点。

B 类风险控制情况。采取了哪些、共多少项控制管理措施,有效降低了多少项风险,有效控制了多少个风险控制点。

C 类风险应急准备工作情况。采取了哪些、共多少项应急准备措施。

2. 风险管理动态更新结果

（1）新增的风险。包括：风险和风险控制点名称；风险和风险控制点描述（重点表述为何此项风险被列为新增风险和风险控制点）；分析风险和风险控制点的控制力、承受力、发生的可能性及后果，并确定风险和风险控制点等级；明确已采取、正在采取和拟采取的控制措施，确定风险和风险控制点的可控性分类，并提出目前存在的问题和工作建议。

（2）已消除的风险和风险控制点。包括：原风险和风险控制点名称、风险和风险控制点等级与可控性；已采取的控制措施，风险和风险控制点消除的基本情况。

（3）调整等级的风险和风险控制点。包括：风险和风险控制点名称；原风险和风险控制点可能性等级、后果等级、风险和风险控制点等级与可控性分类；调整后的风险和风险控制点等级与可控性分类；调整原因说明；如风险和风险控制点等级由低调高，需进一步明确具体风险和风险控制点控制措施。

（4）综合叠加风险和风险控制点。分析、列举截至目前本部门尚无法解决、需引起重视的综合叠加风险和风险控制点，并简要说明情况。

3. 下一步工作

包括下一步工作计划、存在的问题和工作建议等。

4. 附表

主要包括风险动态更新表和风险控制点更新表。动态更新报告的提交程序，可参照风险管理报告的提交程序。

（1）风险动态更新表。

风险动态更新表见表5-22。在填表的过程中，需要注意的是：①"风险分类"栏目按照原风险评估结果的"风险分类"填写。如新增风险不属于已有类别，可新增风险分类。②"变更情况"栏目按照"等级降低"、"等级提高"、"新增"、"已消除"、"未变更"五种情况填写。③对于"等级降低"或者"等级提高"的风险，将原结果和更新结果分别填写在"可能性等级"、"后果等级"、"风险等级"和"可控性等级"栏目中。前后无变化的内容不填。对于"新增"的风险，将"可能性等级"、"后果等级"、"风险等级"和"可控性等级"分别填写在各项"更新结果"中，"原结果"不填。对于"已消除"的风险，"可能性等级"、"后果等级"、"风险等级"和"可控性等级"不填。对于"未变更"的风险,仅需填写"原结果"

表 5-22　风险动态更新表

所属专项(区域)＿＿＿＿＿＿＿＿＿　评估时间＿＿＿＿＿＿＿＿＿＿
填表单位＿＿＿＿＿＿＿＿＿

风险分类	序号	风险名称	变更情况	可能性等级		后果等级		风险等级		可控性分类	
				原结果	更新结果	原结果	更新结果	原结果	更新结果	原结果	更新结果
	1										
	2										
	3										
	……										

　　　　　　　　　　填表人:　　　　　联系方式:

资料来源:北京市突发事件应急委员会:《北京市公共安全风险管理实施指南》(市应急委发[2010]8号),2010年5月14日印发。

(2) 风险控制点动态更新表。

风险动态更新表见表 5-23。在填表的过程中,需要注意的是:① 在原有风险控制点基础上填写此表。② "变更风险"栏目按照"新增"、"已消除"、"未变更"三种情况填写。③ 对于"新增"和"未变更"的风险控制点,应填写可控性分类。④ "备注"栏填写需说明的其他情况。

表 5-23　风险控制点动态更新表

所属专项(区域)＿＿＿＿＿＿＿＿＿　评估时间＿＿＿＿＿＿＿＿＿＿
填表单位＿＿＿＿＿＿＿＿＿

风险名称	序号	风险控制点名称	变更情况	风险控制点等级		可控性分类		备注
				原结果	更新结果	原结果	更新结果	
	1							
	2							
	3							
	……							

　　　　　　　　　　填表人:　　　　　联系方式:

资料来源:北京市突发事件应急委员会:《北京市公共安全风险管理实施指南》(市应急委发[2010]8号),2010年5月14日印发。

第六章　公共部门专项风险评估:以产品质量安全风险监管为例

产品质量类突发事件呈现出种类多、影响大、连发性强、损失重、处置难度大等特点。为适应这些新特点,中国的产品质量监督管理体系需要按照变分散型管理为综合型管理,变注重事后处置为预防、处置和恢复全过程管理的思路,构建"集中领导、统一指挥、结构完整、功能全面、反应灵敏、运转高效"的产品风险监管综合应对体系。这就需要在引入全面风险管理理念的基础上,对产品自身属性、全流程的产品链以及由多主体构成的监管体系进行全面系统的风险分析与评估,通过对这些评估得出的"潜在损失"的监控手段进行系统性规划,实现对产品质量监管资源的合理、有效配置。

本章将重点针对公共部门的专项风险的特点,以某市质量技术监督局的食品安全监管风险管理为例,从其风险管理流程、风险评估与控制等内容进行系统化阐述。

第一节　中国产品质量安全风险监管的总体情况[①]

一、中国产品质量安全监管的现实困境

在 ISO9000:2000 标准中,"质量"被定义为一组固有特性满足要求的程度。产品质量就是反映产品满足明确和隐含需要的能力的特性总和,这些特性包括有效性、安全性、可信性、经济性等多个方面[②]。

---

① 本节主要内容已发表。见周玲、宿洁、沈华、方菁:《风险监管:提升我国产品质量管理的有效路径》,《北京师范大学学报(社会科学版)》2011 年第 6 期。

② 许洪波:《浅析我国政府产品质量监管体制》,吉林大学硕士研究生学位论文,2005年。

产品质量监管的主要工作内容是规制可能或者已经出现的产品质量风险问题。在市场经济条件下，企业是保证产品质量的主体，但由于市场竞争的不完善，企业的趋利行为导致了产品质量得不到保证，因此，为了保护消费者权利，政府必须采用监管手段来保证产品质量。由此可见，产品质量安全监管是政府履行监管职能的重要领域之一。更为重要的是，产品质量安全问题关系到人民生命财产安全和社会稳定，国家给予了高度重视。但总体来看，我国目前产品质量安全监管工作仍旧面临诸多问题与障碍，主要表现为以下几点：

1. 监管过程中监测预警难度较高

从事件本身的特性来看，涉及产品质量安全的突发事件具有前兆不充分、复杂性显著、危害潜伏时间长的特点，使得对事件的监测与预警难度加大。以食品产品为例，涉及食品质量的突发事件的形成是一个复杂而相对漫长的过程，主要包括原料供应（种植、收获）、运输、生产与加工（初次、二次、多次等）、销售与使用等等多个环节，每一个环节中都有可能产生造成食品安全隐患的风险。然而，这些不利因素往往只有在经过销售被消费者使用之后才会暴露出来，同时，有些食品安全问题具有累积性，爆发后会在短时间内形成大面积、大范围的事件，潜在次生衍生危害巨大、破坏性严重。

2. 监管主体存在能力缺失与监管缺位的问题

从监管体制来看，现有的产品质量监督体制本质上仍以分段监管为主、注重产品本身技术质量安全的监管模式，直接导致监管主体的能力缺失与监管缺位。我国分配产品监管权的总体思路是把产品从原材料提供到最终消费按环节分成不同的阶段，通过一系列的规章和规范性文件，把整个产品环节的安全监管权分配到每一段的监管主体上，试图形成一个无缝的分段监管体制。然而，分段监管忽略了产品生产、流通、使用等各环节之间的自然关系，以静态的眼光割裂产品链，造成了监管部门职责不清。事实上，从产品的生产到流通消费，各个环节并不是一个顺序不可逆的关系，往往有交叉、甚至反复。理论上各个环节可以分得很清楚，但具体到实践中，产品安全监管各环节之间的职责很难彻底划分清楚，难以形成整条产品链的无缝连接。这种分段监管体制往往会导致产品安全信息交流不畅，从而形成监管的"灰色地带",导致监管主体的"缺位"①。

3. 监管资源使用效率不高

产品安全事件频发与监管资源分散之间的矛盾,导致监管力度的削弱与效率的降低,使得监管资源无法得到科学、合理的配置与利用。目前,我国产品质量安全监管的主要方式包括产品质量安全标准制度、行政许可制度、产品认证制度、监督检查等,对于违法企业的惩罚以行政处罚为主。根据《行政许可法》第 62 条规定,我国进行产品质量监管的主体是国家行政部门。实行分级管理体制,地方产品质量监督部门实行垂直管理体制。具体来看,质量安全监管职能分散在国家质量技术监督局、国家工商行政管理局、国家食品药品监督管理局以及国家出入境检验检疫局,其中相对于质量技术监督局,工商局、出入境检疫局等部门具有更大的行政执法权力。这种产品质量安全监管机构的设置导致了监管资源分散之间的矛盾,削弱了监管力度,效率得不到提升,造成了监管资源的无效率。

4. 事后监管模式隐患大

从监管方式来看,现有的监管更多是事后监管,缺少对质量安全的预警,使得消费者权益总是在受到损失后,监管部门才意识到问题的存在以及严重性。因此,只有从源头上控制风险,才能规避更大的损失。

涉及产品质量安全的问题不仅仅是产品本身技术质量的问题,更多的需要从企业、消费者、监管主体等在内的多主体概念出发,实现全面风险分析。但以往无论是标准化质量管理还是全面质量管理,都只是从产品质量的一个角度切入进行研究,却没有对产品生产的全流程以及整个流程中涉及的多主体进行全面的分析、研究、监督和管理。可见,面对日益频出的质量安全事件,采用常规管理方式往往难以应对处置,使得监测与预警工作难度加大,因此必须将关口前移,通过多主体、全流程的监管实现对风险事件的预警和监测。

近年来,国内外学者开始重点关注政府的产品质量监管问题,如高晓红和康键分析了美国、德国等主要发达国家产品质量监管的现

---

① 王耀忠:《食品安全监管的横向和纵向配置——食品安全监管的国际比较与启示》,《中国工业经济》2005 年第 12 期。

状①,曾献东通过建立政府监督部门与食品企业之间的博弈模型研究政府对食品安全实施有效监管的策略②,王志强从法经济学的角度研究了我国产品质量监管制度③。同时,一些学者也开始在产品质量监管领域引入风险监管的手段,譬如,食品安全领域是较早引入风险管理的领域,因此到目前为止拥有较为完善的风险管理体系的质量监管领域,学者对该领域的风险积累了大量研究成果,如 Chao & Krewski 从概念框架④、分级测试⑤和横截面数据评估⑥的角度,对转基因食品进行了基于风险分类的危害规制研究;柏林盖姆和皮内罗(Burlingame & Pineiro)从食品组成成分的角度分析潜在的风险因素与规避方法⑦;霍顿(Houghton)回顾了欧洲的食品风险管理,等等。

但整体来看,这些在产品质量监管领域引入风险管理的研究更多注重的是对产品本身技术特征的研究,尽管有的也针对政府对企业、政府对产品实施监管的角度出发,但并没有引入风险控制的理念。从政府监管的角度来看,孤立的一维角度研究风险管理的指标设计必然导致了政府监管、企业监管与产品监管之间的脱节,人为割裂了三者之间的联系,因此难以形成全面有效的监管。因此,需要围绕着产品质量风险控制这一核心问题,对产品、企业、政府监管者等多主体、多成因进行全面的分析与讨论。也就是将全面风险管理引入产品质量政府监管体系,通过整个监管体系中包括产品、企业和监管者在内的多主体特征与行为的分析,以期实现对产品质量的全流程有效监管。

---

① 高晓红、康键:《主要发达国家质量监管现状分析与经验启示》,《世界标准化与质量管理》2008年第10期。

② 曾献东:《政府质量监管与食品安全的博弈分析及对策研究》,《决策咨询通讯》2009年第6期。

③ 王志强:《我国产品质量监管制度研究——基于法经济学的视角》,吉林大学硕士研究生学位论文,2007年。

④ Chao, E. and D. Krewski(2008), "A Risk-based Classification Scheme for Genetically Modified Foods I: Conceptual Development", *Regulatory Toxicology and Pharmacology* 52:208-222.

⑤ Chao, E. and D. Krewski(2008), "A Risk-based Classification Scheme for Genetically Modified Foods II: Graded Testing", *Regulatory Toxicology and Pharmacology* 52:223-234.

⑥ Chao, E. and D. Krewski(2008), "A Risk-based Classification Scheme for Genetically Modified Foods III: Evaluation Using a Panel of Reference Foods", *Regulatory Toxicology and Pharmacology* 52: 235-241.

⑦ Burlingame, B. and M. Pineiro(2007), "The Essential Balance: Risks and Benefits in Food Safety and Quality", *Journal of Food Composition and Analysis* 20:139-146.

二、产品质量安全监管的主要实现路径:全面的风险控制

关于监管的研究早就认识到监管和风险有着千丝万缕的联系,与监管相关的文献也在较大范围内反映了风险的问题,但这种反应是零星的。二者之间的关系在最近才引起关注。1990年,社会科学文献中开始出现"风险监管"的概念,90年代早期首次出现两者关系研究的真正高潮,但比较系统的风险和监管分析路径直到21世纪初才开始慢慢出现。在这一过程中,"风险监管"这一概念在法律、经济、政治学、公共政策、心理学和科学研究文献中出现得越来越频繁。①

对于监管,早期的社会学定义比较宽泛,基本和社会控制成为同义词。近五十年来,社会科学对监管的定义发生了诸多变化,其概念的边界也在不断扩大(见表6-1):(1)20世纪50年代到70年代,监管的含义较窄、技术性较强,专指国家对经济的干预。经济学家、政治学家和律师使用的基本都是这一定义。(2)到了80年代和90年代,"监管"这一概念的边界被扩大,覆盖了法律以外的监管形式和超国家监管。目前,监管有很多定义,反映了不同的学科背景和监管实践的变化。

表6-1 监管的四大视角

1	监管作为当局规则的推行	国家:立法	典型的经济活动 市场 组织 组织中的个人	法律 社会—法律研究
2	监管作为政治机构调控经济的手段	国家:立法,经济政策	经济 经济活动 市场 组织	经济学 政治学
3	监管作为有组织的社会控制	国家 非国家 国家和非国家的混合	典型的经济活动 市场 组织 组织中的个人	社会学 社会—法律研究

---

① 参见〔英〕彼得·泰勒-顾柏、〔德〕詹斯·O.金:《社会科学中的风险研究》,黄觉译,中国劳动社会保障出版社2010年版。

续表

4	监管作为风险控制	国家 非国家 国家和非国家的混合	个人 组织 市场 社会	政治学 社会—法律研究 社会学 社会心理学

资料来源：〔英〕彼得·泰勒-顾柏、〔德〕詹斯·O.金：《社会科学中的风险研究》，黄觉译，中国劳动社会保障出版社2010年版，第188页。

监管视角的变化是伴随着多方面监管实践而产生的，也就是说，它们出自监管实践的行为以及学者对监管实践理解的发展。分析以上第一类到第四类定义，可以发现：监管的来源逐渐增多变宽，视角变得开阔。从监管最新的实现路径来看，其关键特征是"试图控制风险"，即监管被界定为对风险的控制和管理，但事实上，监管作为管理风险的方法已并不新鲜。这一视角的主要特点表现为：第一，监管主体的多元化。其焦点仍是对风险控制的有组织的反应，但这一组织反应已经从以往以国家为中心扩展到包括非国家和国家与非国家的混合体，如工业和专业协会、自我监管、第三方监管等，同时也考虑与组织或市场无关联的个人控制等。第二，应对行为的主动化，从以往被动应对转向更加强调主动预防，这一转变使得监管行为更加贴近于其实质特征。

总体而言，监管（规制，或管制）是指政府行政机构依据法律授权，通过制定规章、设定许可、监督检查、行政处罚和行政裁决等行政处理行为，对社会经济个体的行为实施的直接控制。一般而言，政府对管制方法的选择是在一个相对有限的范围内作出的，在针对具体监管问题时，它所使用的方法随着具体情况的不同而改变。针对产品质量监管问题，产品风险的可传导性与乘数效应决定了对风险的有效监管必须从全流程、多主体的视角出发，综合考虑风险的传导机制和管理的控制机制，从生产环节开始实现对产品和企业的全生命周期进行监管。基于全面风险分析的产品质量安全监管的内容构成如图6-1所示。

1. 产品质量监管环境：基于全流程、多主体的全面分析

要实现对产品质量监管的全面风险控制，就需要对监管体系所处的环境及其可能产生风险的领域进行全面的分析与评估，总结导致风险转化为突发事件的途径。整体而言，分为三种情况：

第一，基于产品自身属性的分析。产品属性通常包括组成产品

第六章 公共部门专项风险评估:以产品质量安全风险监管为例

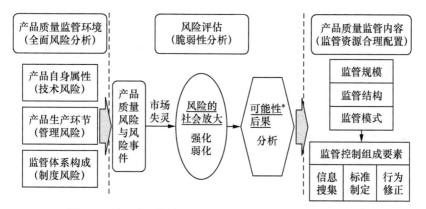

图6-1 基于全面风险分析的产品质量安全监管内容构成

资料来源:(1) Christopher Hood, Henry Rothstein, and Robert Baldwin, *The Government of Risk: Understanding Risk Regulation Regimes*, Oxford University Press, 2001。

(2)〔英〕彼得·泰勒-顾柏、〔德〕詹斯·O.金:《社会科学中的风险研究》,黄觉译,中国劳动社会保障出版社2010年版。

的部件、产品的主要性能、产品固有的危险性等。各类产品的一些固有属性会导致风险事件的发生,比如食品的节令性问题、特种设备的运行事故率等,因此需要对引发不同产品风险的固有属性进行归纳总结。

第二,基于全流程的产品链分析。产品链涵盖了从原料供应、运输、生产与加工、销售与使用等多个环节,每一个环节都有可能产生不利因素,这些不利因素的出现除了与产品自身属性相关以外,还受到整个流程中每个环节的管理状况的影响,因此需要对整个流程中的管理型风险进行全面分析,从而通过对管理行为的规范来控制风险。

第三,基于多主体的监管体系分析。如前所述,监管主体除了政府内部的监管部门(包括政策制定部门、执法部门、检验部门)以外,也越来越多地扩展到企业、媒体、公众、行业协会等其他的主体上,后者甚至对产品风险影响后果的放大起到了更大的作用,因此,需要对监管体系中的多主体进行全面分析。同时,对制约这些主体之间相关关系的工作标准、制度、行为也要进行系统分析,包括产品质量监管的工作依据(例如不同层级和不同监管内容的法律、法规、条例;部门规章、地方规章;技术规范;技术标准等)以及工作业务内容及制度

(例如行政许可、行政监察、突发事件管理等)等。

2. 脆弱性分析:对"带来损失的不确定性"进行预防

在对产品质量监管环境进行全面风险分析的基础上,需要对总结出来的风险或风险事件进行评估,分析的主要内容是"事件发生概率＊事件损失";亦即"风险"的两个基本要素:不利后果与可能性。其中,"不利后果"包括主观和客观两个方面,即可能产生的客观损失(人员伤亡、经济损失、环境影响等)和可能造成的主观影响(人群心理影响、社会影响、政治影响等)。

需要注意的是,在进行风险评估时,基于"多主体"的风险分析理念强调多风险诱因主体的共同参与,而并不只有行业内部的专家进行风险评估,公众、媒体等相关主体越来越多地参与到这一过程中。事实也证明,一些被专家评估为相对较小的风险和风险事件往往会引发强烈的社会关注,并对社会和经济产生重大影响。这就涉及了"风险的社会放大"这一现实问题,也就是:风险与心理、社会、制度和文化进程的互动,会强化或弱化公众对风险或风险事件的反应;放大主要发生在两个阶段:在风险信息的传递过程中,以及在社会机制的响应过程中。这种风险的放大效应也会相应地影响监管手段的选择。

3. 基于风险分析的监管控制:监管资源的合理、有效配置

通过先前基于全面风险分析基础的脆弱性评估,就可以制定出处理"潜在损失"的系统规划,即设置产品质量监管的内容,同时配置监管资源,这种基于风险分析的监管手段配置能够帮助从根本上杜绝和防止危害的产生;而不是在涉及产品质量安全问题的"突发事件"发生后,按照既定预案或方案重新组合资源应对,这通常会导致在有限的时间和信息压力之下做出决策,很难保证资源配置的科学性和最优性。因此,基于风险分析的监管内容规划能够帮助实现监管资源合理、有效配置,从而实现整体管理的优化(见表6-2)。

表 6-2　风险监管环境与内容的构成要素

风险监管内容	风险级别	高	较高	中	较低	低
监管环境全面分析	风险列表	从监管工作内容的各个维度进行全面分析后的风险评级				

⬇

风险级别整体调整	公众偏好	突出媒体/公众的观点				
	组织利益	重要团体组织的观点,利益相关方的观点				

⬇

风险监管方案输出		针对每一等级的风险按照"标准制定→信息搜集→行为修正"设置监管控制行为的内容				
	监管规模					
	监管结构					
	监管模式					

资料来源：Christopher Hood, Henry Rothstein, and Robert Baldwin, *The Government of Risk: Understanding Risk Regulation Regimes*, Oxford University Press, 2001。

三、发挥风险监管在提升产品质量安全管理中的重要作用

中国正处在体制转轨、社会转型和大规模国际化阶段,这一阶段是加速发展期、战略机遇期,同时也是矛盾凸显期和突发事件易发期。涉及产品质量类的突发事件种类多、影响大、连发性强、损失重、处置难度大等是其显著特点,为适应这些新特点,我国的产品质量监督管理体系需要按照变分散型管理为综合型管理,变注重事后处置为预防、处置和恢复全过程管理的思路,构建"集中领导、统一指挥、结构完整、功能全面、反应灵敏、运转高效"的产品风险监管综合应对体系。

1. 提高全面风险管理意识,促使产品质量监管工作向"主动预防"转变

以往的产品质量监管工作更多的是一种"救火行为",而非涵盖了事前、事中和事后的全过程主动保障。在这种观点之下,传统的质量监管体系是构建在一种常态假设基础之上,重事后救援而轻事前预防,导致整个体系"头痛医头,脚痛医脚",主动保障性较差。从系

统和过程的视角来认识产品质量的风险监管工作,就是要将监管工作转向从"突发事件"发生之前的"风险"入手,科学分析突发事件的形成与演变机理,对突发事件实施动态监测、风险评估和预警管理,推动监管工作从以事后处置为主向更加主动预防的风险管理层面积极有效地开展工作。

2. 突出风险管理组织体系的"使能"作用,建立高效联动的风险管理体制

风险管理工作具有明显的专业化特征,实行专业管理为主有利于及时、全面地掌握信息,有效统筹、协调各方面的资源和力量。但如果职能部门、专业处置机构和被监管企业的关系处理不好,极易造成风险转换为突发事件,甚至导致损失的扩大化。因此,需要科学处理这些关系,明确职能部门管理、具体被监管企业负责的原则。同时,要在部门联动的基础上,与社会单元形成积极协同的互动关系,推动综合、健全的风险管理体系的建设。更重要的是,产品质量监管部门要注重对组织中风险管理"使能型"机构及其能力的建设与推动。

3. 鼓励企业承担社会责任,构建与媒体、公众良好的风险沟通与应对网络

监管部门需要充分认识到,做好产品质量安全的风险监管工作,不仅是政府部门需要大力推动的一项重要任务,更是企业履行并承担社会责任的一个有效途径。主要表现在:第一,企业有必要在日常管理中,针对企业可能导致的一些风险事件,通过与社会互动的方式开展群众性风险沟通与教育活动。第二,在突发事件发生时,企业应当勇于承担责任,并及时向社会公开事件真相。第三,企业还可以通过与相应的部门和单位组成协作同盟,组织并引导相应工作的开展。

作为质量安全监督过程中最基础的单元结构,被监管的企业通过以自身为中心而构建其社会整体的风险防范与应对网络,不仅可以帮助预防突发事件的发生,还能够在危机发生时,及时影响舆论并取得公众的理解,争取主动权,降低事件给公司带来的不利影响。这样,也是节省行政成本,从而更加有效提高质量安全监管的关键途径。

4. 引入全面风险分析理念,推进产品质量风险监管的制度化、规范化建设

科学化、制度化、规范化是做好风险监管工作的重要基础,这就要注重制度和机制建设,这包括:其一,制定一系列规范性文件,对风

险监管体制建设、机制管理等工作做出细致规定。其二,推动风险监管机制的建设工作,包括风险识别、评估、控制等建设,切实提高风险管理的整体能力。其三,做好配套制度和保障机制建设,这就包括资金投入、科技支撑、信息化技术平台的建设等等工作。同时,特别值得注意的是,做好风险监管制度化建设的前提是全面的风险分析,只有在对产品质量监管体系所处的环境进行全面风险分析的基础上,才能保证风险监管内容的权威性、科学性和有效性。

第二节 食品安全监管风险管理流程

一、食品安全监管风险管理工作的基本情况

监管(规制,或管制)是指政府行政机构依据法律授权,通过制定规章、设定许可、监督检查、行政处罚和行政裁决等行政处理行为,对社会经济个体的行为实施的直接控制。一般而言,政府对管制方法的选择是在一个相对有限的范围内做出的,在针对具体监管问题时,它所使用的方法随着具体情况的不同而改变。

某市质监局实施食品安全监管风险管理工作的主要目的在于:为在有限的监管资源下实现科学监督管理,提高食品的生产加工环节质量安全监督水平和效能,保障产品质量安全,对某市28大类食品及其生产加工企业实施产品分类、企业分级、监管分等。

根据这一要求,风险管理的工作范围:从监管环节来看,应主要包括了从食品的最初原材料生产者到最终消费者的整个产品链;从监管主体来看,应涵盖从企业到监管部门的所有相关部门。

二、食品安全监管风险管理的整体思路

整体而言,针对某市质监局的食品安全监管风险管理体现了公共部门专项风险管理的理念,对质监体系在食品安全监管工作中有可能产生风险的领域进行全面的分析与评估。

(一) 食品安全监管风险管理流程的基本框架

依据我国质监系统按照"产品监管目录"实施监管的原则与依据,并结合某市质监局的工作现状与特点,因此,对食品安全监管风险的管理工作将监管过程中的受检产品及企业根据其风险等级进行评级并形成质量监管目录,将风险管理作为区分质量技术监督优先

秩序和进行管理的基础。

基于以上目标,在吸收国外较为成熟的关于监管体系风险评估的理论与实践经验的基础上,对某市食品安全监管风险的管理以"风险流程"(risk process)这一框架作为基础,并纳入"风险控制点"的概念,形成了管理流程的基本框架与逻辑结构(见图6-2)。

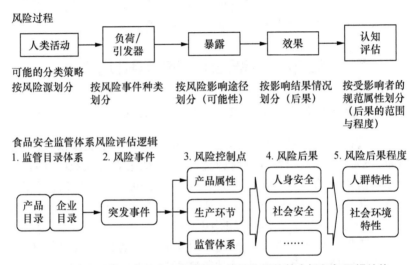

图6-2 某市质监局食品安全监管风险管理流程的基本框架与逻辑结构

(二)食品安全监管风险流程的主要组成部分

1. 监管目录体系

质监局的食品生产监督工作主要是在法律授权的范围内开展,风险管理对象所依据的主要标准是国家相关部门制定的产品目录。因此,需要依据国家统一规定将风险源按照产品种类进行划分,同时,为了便于对企业进行监督与管理,在每一类产品下,再对企业进行划分。

(1)产品目录。质监局的食品生产监督工作主要是在法律授权的范围内开展,风险管理对象所依据的主要标准是国家相关部门制定的产品目录。同时,考虑到一些没有列入规定范围的产品所产生的质量问题可能会直接或间接指向质量监督工作的风险,因此摘其重要部分作为辅助内容组成风险监管对象整体。这包括:第一,根据国家规定的产品目录。根据国家质量监督检验检疫总局的规定,食品管理目录分为28大类。第二,产品目录外的重要监管对象(结合工作实际总结)。各风险管理部门需根据工作实际需要和以往经验,对食品产品目录进行增添与删减。

(2) 企业目录。根据食品生产监督的监管产品内容与特性的不同,因此,所监管的企业类型也不同。需要在每一类产品下组建企业的目录。

2. 风险事件的整理

在产品目录与企业目录的基础上,根据风险源可能或者已经发生的食品类突发事件,对风险事件进行整理与分类。主要方法包括:

(1) 现有数据的整理与分析。包括:第一,某市发生的事故、投诉以及检验检测结果。第二,国外、国内(某市以外)发生的事故。

(2) 专家系统数据的采集与分析。包括:没有发生但可能发生的事故(主要依靠专家判断)。

3. 风险控制点的总结

基于风险事件的整理,具体分析导致风险转化为突发事件的途径。根据现有情况,总结出三种情况,分别是:产品自身属性的影响、企业生产环节中存在的问题、监管体系中的薄弱环节。

(1) 产品属性。各类食品的一些固有属性会导致风险事件的发生,因此需要对不同食品会导致不利后果的固有属性进行总结。

(2) 生产环节。总体而言,食品质量技术监督工作流程主要包括原料供应(种植、收获)、运输、生产与加工、销售与使用等。在每一个环节中都有可能产生不利因素,因此需要对整个流程进行规范。

(3) 监管体系。重点体现在:第一,质量技术监督工作主体,主要包括安全监管部门、执法部门、检验部门;生产(使用)部门/企业;媒体、公众、行业协会等。第二,质量技术监督工作依据,主要包括质量技术监督所依据的不同层级和不同监管内容的法律、法规、条例;部门规章、地方规章;技术规范;技术标准等。第三,质量技术监督工作业务内容及制度,主要包括行政许可、日常管理(行政监察)、突发事件管理等。在由这些内容组成的监管体系中,可能会存在着促使不利后果产生的因素,因此也需要对相关内容进行整理与总结。

4. 风险后果与影响程度的分析

这主要包括两个内容:第一,风险事件可能对人身安全和社会安全带来的威胁,这主要是对危害性后果种类的总结。第二,根据受众对象的特点,比如人群特征(特殊人群)、社会环境特征等,风险事件可能造成的影响范围与程度的大小。

(三) 食品安全监管风险管理的主要流程

按照公共部门风险管理的基本流程,对某市质监局的食品安全监管风险管理的工作流程主要由计划和准备、风险识别、风险评估(风险可能性分析、风险后果严重性分析、风险承受能力和控制能力分析、确定风险等级)、风险控制、风险监测与更新、风险预警和风险沟通等几个环节组成。

1. 计划与准备

计划和准备是开展风险管理工作的基础,是确保整个风险管理过程有序有效进行的保证。在进行风险管理之前应进行充分的计划和准备,制定有效的工作方案,明确工作的具体目标、范围、组织管理与工作机制、职责分工、实施程序、进度安排和保障措施等。

2. 风险识别

建立食品安全监管的风险管理指标体系,并根据风险识别的要求,填写相关数据。

对某市质监局食品安全监管的风险识别相关数据的完成情况总结如下:

(1) 数据种类:包括了国家规定的食品目录中所有28大类产品。

(2) 数据年份跨度:从2006年到2009年的(国内外)历史突发事件数据和该市质监工作的统计数据。

(3) 数据条数:历史信息共计309条,监督抽查数据共计1293条。

3. 风险评估

在风险识别的基础上,开展风险评估工作。

(1) 风险评估的逻辑思路。

食品安全监管风险评估的总体思路按照"产品分类"、"企业分级"进行。

产品分类:根据产品属性对食品产品进行风险排序。为了了解产品属性这一风险控制点中各个要素的关键度,同时,为了确保现有数据分析与主观经验判断的一致性,引入专家评估法,在此基础上,对食品产品风险进行排序。

企业分级:根据生产环节对企业进行风险排序。同时,监管体系的相关数据作为产品分类和企业分级的参考性评估指标。

(2) 具体评估路径。

数据分析:按照食品28类的风险识别表格填写的数据,进行数据分析。

专家评估:设计专家打分表,根据专家打分结果进行风险评估。

比较分析:将数据分析与专家评估进行比较分析。

4. 风险控制

根据食品安全监管风险评估的结果,开展风险控制工作。食品安全监管风险控制的总体思路按照"监管分等"进行。

监管分等:根据产品风险排序的结果,对处于"高"和"中"风险的每一类产品进行风险描述。在统计该类产品中"风险事件"频次的基础上,对风险控制点的关键度进行评估,从而确定需要采取控制手段的薄弱点和需要采取的手段,从而对监管分等提供指导。

5. 风险监测与更新

对风险进行实时检测与更新。

第三节 食品安全监管风险评估的技术与实现

1. 食品安全监管风险评估的技术

针对某市质监局的食品安全监管风险管理的特点和要求,根据各种风险评估技术的特征和适用范围,在食品安全监管风险评估中主要采用的评估技术及其适用范围如表6-3所示:

表6-3 食品安全监管风险评估的主要技术及适用范围

工具及技术	风险评估过程					
	风险识别	风险控制点识别	风险分析			风险评价
			后果	可能性	风险等级	
头脑风暴法	√	√				
结构化/半结构化访谈	√	√		√		
德尔菲法	√	√	√	√	√	
风险矩阵					√	√
层次分析法(AHP)			√	√		
危险分析与关键控制点(HACCP)		√				√
聚类分析			√	√		
相关性分析					√	√
共现性分析					√	√

2. 食品安全监管风险评估的实现

利用以上风险评估技术,以28类一级目录食品为风险载体,对图6.1中的各个部分进行具体的划分和实现。

(1) 风险名称。

食品安全监管风险主要划分为八类:理化指标不合格,非致病菌超标,存在致病菌,重金属含量超标,食品添加剂不合格,农兽药残留超标,使用非法添加物,存在其他污染物等。

(2) 产品属性。

会对食品导致不利后果的产品属性主要分为五类:抽查合格率,即食性,易腐性,辅料、添加剂超标,季节性等。

(3) 生产环节。

食品安全监管所涉及的生产环节主要包括三大类:原辅材料入厂,生产加工,出厂检验。其中原辅材料分为原料、辅料、包材;生产加工分为厂房环境、人员、生产线等。

(4) 监管体系。

食品安全监管体系涉及多个方面,主要包括:相关的法律法规,相关的标准,质监系统,其他相关部门(包括工商、卫生、农业、食药、粮食、商务、出入境、教育),社会监督等。

(5) 风险后果与影响。

食品安全风险的后果与影响主要包括三个方面:对人身安全的影响,对特殊人群的影响,社会的关注程度。

第四节 食品安全监管风险评估结论

某市质监局的食品安全监管风险评估与控制的总体结论主要涵盖产品风险等级分析、风险控制点等级分析。

(一) 产品风险等级排序

经过科学的分析与整理,确定某市食品安全监管中28大类食品风险源的风险等级。结论为:高风险四种,中等风险13种,低风险11种(见表6-4)。

表 6-4　食品产品风险等级排序结果

序号	目录名称	可能性等级	后果严重性等级	风险等级
1	酒类	四级	四级	高
2	糕点	五级	二级	高
3	肉制品	五级	二级	高
4	特殊膳食食品	二级	五级	高
5	饮料	四级	二级	中
6	调味品	四级	二级	中
7	豆制品	四级	二级	中
8	乳制品	四级	二级	中
9	方便食品	二级	四级	中
10	蛋制品	三级	三级	中
11	速冻食品	四级	一级	中
12	粮食加工品	四级	一级	中
13	饼干	四级	一级	中
14	冷冻饮品	四级	一级	中
15	水果制品	四级	一级	中
16	糖果制品	四级	一级	中
17	膨化食品	四级	一级	中
18	水产制品	三级	一级	低
19	炒货食品及坚果制品	三级	一级	低
20	蜂产品	三级	一级	低
21	薯类和膨化食品	三级	一级	低
22	罐头	三级	一级	低
23	糖	三级	一级	低
24	食醋	二级	一级	低
25	食用油、油脂及其制品	一级	一级	低
26	茶叶及相关制品	一级	一级	低
27	蔬菜制品	一级	一级	低
28	淀粉及淀粉制品	一级	一级	低

（二）主要产品风险的内容分析

对四类"高风险"的食品类别进行风险细化和风险控制点的权重分析。

1. 酒类食品风险

（1）风险描述。酒类食品共存在五种风险，依据后果严重性和出现频次，将风险从高到低排序的结果为：存在非法添加物、理化指标超标、非致病菌超标、食品添加剂不符合规定及其他污染物的风险。

（2）产品性质风险控制点分析。酒类食品产品性质的关键控制点为：即食性，加工工艺复杂（生产过程中需要添加较多的辅料和添加物），因此需要重点控制添加剂。同时，酒类食品抽检合格率比较低。

（3）生产过程风险控制点分析。酒类食品生产过程中关键控制点是：辅料，生产线的卫生状况和出厂检验。在酒类食品的五种风险中，非法添加物造成的后果最为严重，并且都由于辅料原因所引起，其中有三次同时出现了生产线的不安全因素。其次，理化指标超标原因全部来自于原料、辅料、生产线和出厂检验中存在的问题，并且是伴随性的，即两种或两种以上因素同时出现。非致病菌超标的原因在于包材、厂房环境和生产线同时出现问题。食品添加剂不符合规定仅受辅料影响。其他污染物的原因在于辅料和生产线同时出现问题。总之，在生产过程中，关键在于对辅料的控制，其次是生产线的卫生和出厂检验。

2. 糕点类食品风险

（1）风险描述。糕点类食品共存在六种风险，依据后果严重性和出现频次，将风险从高到低排序的结果为：食品添加剂不符合规定、非致病菌超标、存在非法添加物、理化指标超标、重金属超标以及致病菌超标。

（2）产品性质风险控制点分析。糕点类食品产品性质的关键控制点为：即食性，易腐性，产品成分复杂。

（3）生产过程风险控制点分析。糕点类食品生产过程中关键控制点是：辅料质量、出厂检验环节、人员和厂房环境、包装材料。

3. 肉制品类食品风险

（1）风险描述。肉制品类食品共存在七种风险，依据后果严重性和出现频次，将风险从高到低排序的结果为：食品添加剂不符合规定、非致病菌超标、存在非法添加物、理化指标超标、重金属超标、致病菌超标以及其他添加物。从总体来看，肉制品类食品风险种类繁多。

（2）产品性质风险控制点分析。肉制品类食品产品性质的关键控制点为：即食性、易腐性，以及辅料添加剂。

（3）生产过程风险控制点分析。肉制品类食品生产过程中关键控制点是：辅料质量、出厂检验环节、人员和厂房环境。

4. 特殊膳食食品类风险

（1）风险描述。特殊膳食食品共存在三种风险，依据后果严重性和出现频次，将风险从高到低排序的结果为：理化指标超标、非致病菌超标以及存在非法添加物。由于该类食品属于针对特殊人群的，而特殊人群的关注度和影响力高，是后果严重性中最高的一类。

（2）产品性质风险控制点分析。特殊膳食类食品产品性质的关键控制点为：即食性、加工工艺复杂（生产过程中需要添加较多的辅料和添加物），因此需要重点控制添加剂。相对于酒类食品而言，特殊膳食食品在添加剂方面存在可能性小，但后果严重的特点。

（3）生产过程风险控制点分析。从现有数据来看，发生致病菌超标的原因在于原辅料中的包材、生产环节中的厂房环境和人员卫生不达标；存在非法添加物的原因在于辅料出现问题；理化指标超标的原因在于原料和辅料出现问题、生产线不合格和出厂检验不到位。

第七章 公共部门区域风险评估：以公园安保工作风险评估为例

公园实施全园安全管理风险评估工作的主要目的在于：为在有限的监管资源下实现科学的安全管理，提高全园安全监督水平和效能，保障全园安全。根据这一要求，风险评估的工作范围是公园的整个安全保卫工作，其所涉及的主体涵盖了从经营到安保的所有相关部门。

本章将以某公园的风险管理为例，对其风险管理流程、风险评估与控制等内容进行详细阐述。

第一节 公园安保工作风险管理的总体情况

一、公园风险管理的整体思路

整体而言，针对某公园的风险管理体现了公共部门区域风险管理的理念，其工作范围涵盖了整个公园的所有相关部门，主要表现为"专项为主、区域为辅"。具体而言，体现在：

（1）在公园全园范围内，按照管理的不同层级，建立并完善相应层级的风险管理机制。公园内各区域应当建立健全区域风险管理体系，组织开展区域内的风险管理工作，强化重点区域的风险管理；配合专项部门开展风险评估，并落实相关风险控制任务。

（2）公园的专项风险管理牵头部门根据风险等级（极高、高、中、低）、风险控制点等级（特级、一级、二级、三级）和相应的常态管理责任，对风险控制点逐项划分不同层级的风险控制责任。专项部门根据职责分工，按照"谁主管、谁负责"的原则，牵头建立健全本专项风险管理体系；建立并完善风险管理工作体制、机制、规范、流程、标准和要求;按照统一要求,组织做好相关风险评估、控制与监测工作,并对区域风险管理相关工作进行指导与检查。

(3) 在公园范围内,建立区域最高层级的重大风险管理工作机制,在各单位风险管理工作的基础上,结合整个公园区域发展总体形势和中心工作,分析区域内面临的主要风险,确定若干项区域最高层级的重大风险,采取强化控制措施予以重点管理。

(4) 整个公园应建立综合风险统筹协调机制,并赋权给相关部门作为统筹协调部门具体负责统筹、组织、协调、督促和检查各单位开展风险管理工作,并按照所属层级协调该层级的综合风险评估与控制工作。各区域、各专项部门要加强沟通协调,及时解决工作中存在的问题和可能出现的职责不清、职责交叉、管理缺位等现象,确保风险管理工作落到实处、取得实效。对于确实难以协调解决的重大问题,应当及时报告协调部门。

整体来看,公园全园安全保卫环节中风险管理工作的主要组成要素如图 7-1 所示。

根据对全园安全管理工作的整体分析,形成了某公园全面风险管理研究的总体思路(如图 7-2 所示)。

二、公园风险评估的关键内容

结合公园全园风险管理工作的核心和组成要素,风险评估主要按照两个层级进行:(1) 对组成公园管理体系的各个主要专项部门进行风险评估,即风险的可能性与后果分析;(2) 在不同的管理区域范围内,尤其是在全园范围内,针对专项部门的风险,进行风险之间的关联度分析。

1. 专项部门风险等级评估:可能性与后果分析

在对公园环境进行全面风险分析的基础上,各专项部门需要对总结出来的风险或风险事件进行评估,分析的主要内容是"事件发生概率 * 事件损失"。基于全面风险分析基础的脆弱性评估,针对不同等级的风险,就可以制定出处理这些"潜在损失"的系统规划,即设置安全管理工作的内容,同时配置安全管理资源,这种基于风险分析的安全管理手段配置能够帮助从根本上杜绝和防止危害的产生;而不是在"突发事件"发生后,按照既定预案或方案重新组合资源应对,这通常会导致在有限的时间和信息压力之下做出决策,很难保证安全

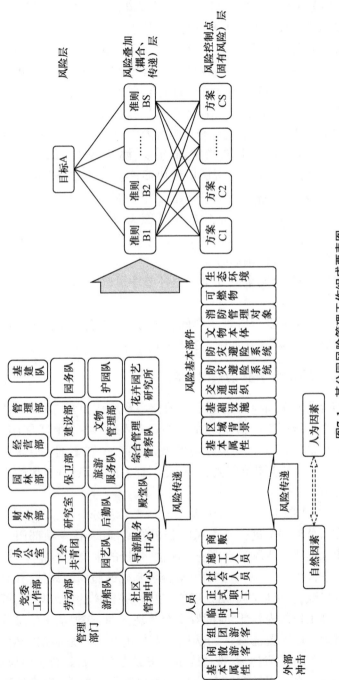

图7-1 某公园风险管理工作组成要素图

第七章 公共部门区域风险评估:以公园安保工作风险评估为例

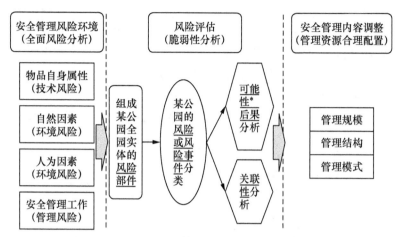

图7-2 某公园区域风险管理研究的整体思路

管理资源配置的科学性和最优性。因此,基于风险分析的安全管理内容规划能够帮助实现资源合理、有效配置,从而实现整体管理的优化。

这一方面的风险评估主要包括两个内容:

(1) 风险/风险事件可能对人身安全和社会安全带来的威胁,这主要是对危害性后果种类的总结。

(2) 根据受众对象的特点,比如人群特征(特殊人群)、社会环境特征等,风险事件可能造成的影响范围与程度的大小。

2. 风险关联性分析:系统性风险与系统性对策

系统性风险即整个系统的潜在损失或损坏,与之相对的是该系统中某一单元的损失。往往由于系统中存在某些薄弱环节,在各单元间的相互依存和相互关联作用下系统性风险加剧。这些风险可能由突发事件引发或日积月累而形成,往往造成重大、甚至灾难性的影响。

整体来看,公园从空间分布上来看,是一个完整的区域和系统,其间穿插着多种风险,而这些风险之间的传导、关联往往会导致更大灾害性的后果。通过分析与建立公园的风险关联图,对全园的风险之间的相互依存性和各种风险之间关系的看法展开调查与分析,可以帮助对整个公园的系统性风险进行全方位的判断。

公园风险关联分析的目标主要在于:

(1) 提高全园对风险关联程度及其全园影响的意识,以便决策者从综合的角度看待各种风险,并促使不同利益相关者致力于更有效地管理系统性风险。因为风险一旦系统性爆发,其损失将相当惨重。

(2) 促使全园各个管理部门之间的沟通与合作。系统性风险的控制需要多个管理方的共同努力,促进他们之间共享信息,并建立他们之间沟通的激励机制和制度。从而保证在风险防范阶段工作效率的提高,并在突发事件发生时各司其职并互相扶助。

第二节 公园安保工作风险管理工作流程

公园安保工作风险评估工作流程主要由计划和准备、风险识别、风险评估(风险可能性分析、风险后果严重性分析、风险承受能力和控制能力分析、确定风险等级)、风险控制、风险监测与更新、风险预警和风险沟通等几个环节组成(见图7-3)。

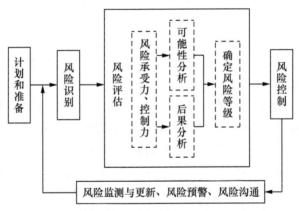

图 7-3 风险管理工作流程图

1. 计划与准备

计划和准备是各单位开展风险管理工作的基础,是确保整个风险管理过程有序有效进行的保证。各单位在进行风险管理之前应进行充分的计划和准备,制定有效的工作方案,明确工作的具体目标、范围、组织管理与工作机制、职责分工、实施程序、进度安排和保障措施等。

在对某公园安全管理工作进行全面摸底的基础上,根据风险管理的整体研究思路与工作流程,制定"风险管理实施细则"。

2. 风险识别

按照"风险管理实施细则"的指导,通过对各个相关专业处室的调研,建立某公园风险管理指标体系,并根据风险识别的要求,填写相关数据。

3. 风险评估与控制

按照"风险管理实施细则"的指导,在风险识别的基础上,开展风险评估工作。

在风险评估的整体结论基础上,某公园各相关部室应根据风险级别、风险的关联度进行控制手段的分析、制定和实施工作。

4. 风险评估的后继工作:监测与更新

需要注意的是,风险评估的结论并不是一成不变的,要按照一定周期进行重新评估,并根据评估结果对安全管理工作内容进行及时更新。

第三节 公园安保工作风险评估的技术与实现

一、公园安保工作风险评估的技术

在对某公园安保工作风险识别与评估过程中,根据该公园日常安保工作管理的特点,制定了定性定量相结合、以定性分析为基础、以定量计算为支撑的风险评估整体方案,主要采用的评估技术及其适用范围如下表所示:

表7-1 公园安保工作风险评估采用的技术及适用范围

工具及技术	风险评估过程					
	风险识别	风险控制点识别	风险分析			风险评价
			后果	可能性	风险等级	
头脑风暴法	√	√				
结构化/半结构化访谈	√	√		√		
德尔菲法	√	√	√	√	√	
风险矩阵					√	√
层次分析法(AHP)			√	√		
危险分析与关键控制点(HACCP)		√	√			√
关联分析				√	√	√

二、公园安保工作风险评估的实现

利用以上风险评估技术,对图7-1和图7-2中的各个部分进行具体的划分和实现。

1. 公园安保工作风险管理环境(风险源)的全面分析

整体而言,本研究要体现综合风险管理的理念,即对某公园安全管理工作所面对的环境中有可能导致产生风险的领域进行全面的分析。经过调研与分析,主要包括四个领域69种情况(见表7-2)。

值得注意的是,这些相关领域和具体情况会随着某公园全园风险管理工作的深入开展得到进一步的细化、科学化和标准化,这也是后继工作需要努力的方向。

表7-2 某公园安保工作风险管理环境全面分析(风险源/控制点)

1. 物品自身属性		可燃性
		可移动性
		可腐蚀性
		导热性
		爆炸性
		珍稀性
		传染性
		毒性
		导电性
2. 自然因素	环境因素	风
		雨
		雷电
		雪
		地震
		空气干湿度
		空气温度
		山势、地势
	生物因素	飞禽
		昆虫
		猫类
		微生物类
		植物类
		软体动物类
		鼠类

第七章 公共部门区域风险评估:以公园安保工作风险评估为例

续表

3. 人为环境	外部环境	施工建设
		尾气排放
		噪音污染
		物流运输
		黑导游、游商等
	园内环境	避雷装置
		线路老化
		不合格产品
		用电设备增加
		弱电环境与强电环境的临近性
		防洪系统失灵
		恒温恒湿系统失灵
		应急联动系统缺失
		建筑、工程质量问题
		道路狭窄
		群体院落
		分布的分散性
		警示牌等设施的毁坏
		安全监控设施的缺失与损坏
		消防设施的问题(压力不够、消火栓中没有水等)
		救生设备缺失、损毁
	园内游客	明火(吸烟、打火机)
		损坏行为(刀刻等)
		人群拥挤
		犯罪行为(偷窃、投毒等)
		游客不按照规定游玩(划船打闹、到冰面滑冰等)
		特殊的管理对象(老弱病残类等非法游商)
4. 安全保卫管理工作	园内职工(正式职工;临时工;施工人员;社会化人员)	使用明火
		用电
		用水
		取暖
		维修设备
		(违反)工作操作规程(移动文物、食品消毒与加工等)
		临时工流动性大、比例高
		员工素质

续表

管理工作	工作量大,安排不到
	安全工作人员不足
	资金不到位
	维修保养不及时
	培训不到位
	应急预案的制定与管理问题
	安全管理手册的制定
	园内安全检查工作的制定与落实
	合作单位的安全检查工作的落实
	安全管理职责部门交叉、责任无法落实的问题

2. 风险分析

在总结了风险源/控制点的基础上,结合风险的承受对象(风险部件)总结出风险类别。

(1)某公园风险部件组成情况分析。

整体来看,某公园全园的风险部件总共分为 16 大类 77 小类(见表 7-3)。

表 7-3 某公园风险部件的组成情况

一级部件名称	二级部件名称
文物	露天文物
	展室展厅文物
	库藏文物
	古建筑
	桥梁
	古树名木
	地上、地下遗存
水体环境	水体
	码头
	船坞
	其他岸边
	机械船只(柴油)
	机械船只(充电)
	人工船只(游客驾驶)
	人工船只(工作人员驾驶)

续表

一级部件名称	二级部件名称
山石	
地被	
树木	
供水系统	给水管线
	污水管线
	蓄水池
	深井泵房
	水泵房
交通系统	道路
	停车场
	自行车棚
	车辆
	景区大门
	建筑物入口
配送电设备	配电室
	闸箱
	线路
用电设备	办公、生活用电
	商业用电
	施工用电
库房	油料间
	材料库
	液化气瓶间
	商品库
	票库
	农药库
行政办公地点	财务室
	电话室
	网络机房
	档案室

续表

一级部件名称	二级部件名称
旅游设施	商业网点
	临时商业网点
	座椅
	导示牌
	果皮箱
	垃圾废弃物
	垃圾场
	公用电话
	卫生间
	解说系统
	售票室
	广播室
	临时性设备(如:舞台等)
餐饮	对外餐饮
	对内餐饮
防灾避险系统	消防设备
	防爆设备
	防汛设备
	安防设备
	救生设备
	园内消防通道
	园外消防通道
	中控室
	派出所
	急救中心
	应急电话
	避雷装置
周边环境	公交站点
	周边自然环境
园内人员	

(2) 公园风险/风险事件的分类。

整体来看,某公园全园的风险分类 4 大类,36 小类(见表 7-4)。需要注意的是,这些风险/风险事件是结合此次某公园风险评估工作的实际需求和现有情况进行总结的,其具体内容也应当随着全园风险管理工作的深入开展得到进一步的细化、科学化和标准化,这也是后继工作需要努力的方向。

表7-4 某公园的风险分类

自然灾害类风险	自然风化、锈蚀、老化
	自然松动、脱落
	虫灾
	倒塌
	滑坡
	水灾
	风灾
	雪灾
	火灾
	生物或微生物侵蚀
	冻害
	植物流行病害
事故灾害类风险	盗抢、丢失
	人为损毁(园内物体本身)
	火灾
	爆炸
	视觉破坏(外部环境)
	污染(生态环境破坏)
	供水系统破坏(破裂、堵塞、停水)
	供电系统破坏
	信息系统破坏(网络中断、数据丢失)
	通信系统破坏
	防盗网络瘫痪
	视频系统瘫痪
	消防系统瘫痪
	医疗救助系统瘫痪
	温湿系统瘫痪
	(库房)原料泄漏(油料间、液化气瓶间、农药库、船只等)
公共卫生事件类风险	疫情(动物、传染病等)
	食品安全(变质等产品自身问题)
	人为投毒

续表

人员风险	游客落水
	游客自杀
	游客受伤(外伤,食物中毒等)
	游客死亡(外力)
	游客拥挤踩踏
	游客对服务工作的投诉
	游客贵重物品丢失
	游客到达非对外开放处所
	游览秩序破坏(打架等)
	工作人员落水
	工作人员伤亡

3. 风险评估

(1) 风险等级评估:后果与影响程度的分析。

在对环境进行全面风险分析的基础上,需要对总结出来的风险或风险事件进行评估,分析的主要内容是"事件发生概率＊事件损失"。基于全面风险分析基础的脆弱性评估,针对不同等级的风险,就可以制定出处理这些"潜在损失"的系统规划,即设置安全管理工作的内容,同时配置安全管理资源,这种基于风险分析的安全管理手段配置能够帮助从根本上杜绝和防止危害的产生;而不是在"突发事件"发生后,按照既定预案或方案重新组合资源应对,这通常会导致在有限的时间和信息压力之下做出决策,很难保证安全管理资源配置的科学性和最优性。因此,基于风险分析的安全管理内容规划能够帮助实现资源合理、有效配置,从而实现整体管理的优化

这一方面的风险评估主要包括两个内容:

第一,风险/风险事件可能对人身安全和社会安全带来的威胁,这主要是对危害性后果种类的总结。

第二,根据受众对象的特点,比如人群特征(特殊人群)、社会环境特征等,风险事件可能造成的影响范围与程度的大小。

(2) 风险关联性分析:系统性风险与系统性对策。

系统性风险即整个系统的潜在损失或损坏,与之相对的是该系统中某一单元的损失。往往由于系统中存在某些薄弱环节,在各单元间的相互依存和相互关联作用下系统性风险加剧。这些风险可能由突发事件引发或日积月累而形成,往往造成重大、甚至灾难性的

影响。

整体来看,某公园从空间分布上来看,是一个完整的区域和系统,其间穿插着多种风险,而这些风险之间的传导、关联往往会导致更大灾害性的后果。通过分析与建立某公园的风险关联图,对全园的风险之间的相互依存性和各种风险之间关系的看法展开调查与分析,可以帮助对整个某公园的系统性风险进行全方位的判断。

某公园风险关联分析的目标主要在于:

① 提高全园对风险关联程度及其全园影响的意识,以便决策者从综合的角度看待各种风险,并促使不同利益相关者致力于更有效地管理系统性风险。因为风险一旦系统性爆发,其损失将相当惨重。

② 促使全园各个管理部门之间的沟通与合作。系统性风险的控制需要多个管理方的共同努力,促进他们之间共享信息,并建立他们之间沟通的激励机制和制度。从而保证在风险防范阶段工作效率的提高,并在突发事件发生时各司其职并互相扶助。

第四节　公园安保工作风险评估结论

某公园安保工作风险评估与控制的总体结论主要包括:风险等级评估、风险控制点的关键度评估以及风险之间的关联度评估。

一、公园风险等级评估总体结论

根据评估,某公园全园层级最终确定的风险及其等级总体分布情况如表7-5所示。

表7-5　某公园风险等级总体分布情况

风险部门	风险部件	风险等级			
		极高	高	中	低
文物	露天文物		4	2	1
	展厅展示文物	1	4	1	
	库藏文物		8		
	古建筑		5	2	
	桥梁		4	2	
	古树名木		8	1	
	地上、地下遗存	1	2		

续表

风险部门	风险部件	风险等级			
		极高	高	中	低
水体环境	水体		4	2	
	码头		1	2	1
	船坞		1		
	其他岸边		1		1
	机械船只(柴油)	1		1	2
	机械船只(充电)	1		3	1
	人工船只(游客驾驶)	2	1	2	
	人工船只(工作人员驾驶)		2	1	
山石	山石		2	2	
地被	地被		6	4	
树木	树木	1	6	1	1
供水系统	给水管线		2		
	污水管线		1		
	深井泵房		2		
	水泵房			1	
交通系统	道路		1	4	
	停车场			2	
	自行车棚		1	1	
	车辆		2	1	
	景区大门	1	4	2	
	建筑物入口		3	2	
配送电设备	配电室		2	2	
	闸箱		2	1	
	线路		3	4	
用电设备	办公、生活用电		2	2	
	商业用电		1	1	
	施工用电	1	1		
库房	油料间	1	2		
	材料库	1	1		
	液化气瓶间	1	2		
	商品库		1	1	
	票库		2		
	农药库	1	2		1

续表

风险部门	风险部件	风险等级			
		极高	高	中	低
行政办公地点	财务室	2	2		
	电话室	2			
	网络机房	2	1	3	
	档案室	2	1		
旅游设施	商业网点	1	2	1	
	临时商业网点		4		
	座椅			3	1
	导示牌		2	2	
	果皮箱			2	
	垃圾废弃物		2		
	垃圾场		2	1	
	公用电话		1	2	
	卫生间		2	3	
	解说系统		1		
	售票室		3		
	广播室			2	
	临时性设备(如:舞台等)			2	
餐饮	对外餐饮		2	1	
	对内餐饮		2		
消防避险设备	消防设备	1	3	1	
	防爆设备		1	1	
	防汛设备		2	2	
	安防设备		2	5	
	救生设备		2	2	
	园内消防通道		2	1	3
	园外消防通道		1	1	
	中控室	2	1	5	
	派出所		1		
	急救中心		2	1	
	应急电话			1	
	避雷装置		3		
周边环境	公交站点		1	2	
	周边自然环境		3		
园内人员	园内人员		6	3	
风险总数	287	25	153	97	12

二、公园风险控制点关键度总体结论

根据评估,某公园全园最终确定的风险控制点及其关键度的分布情况如表7-6所示。

表7-6 某公园风险控制点关键度的整体情况

	风险控制点名称	控制点等级
1	可燃性	极高
2	风	极高
3	雷电	极高
4	雪	极高
5	园内游客使用明火	极高
6	园内游客损坏行为	极高
7	园内游客犯罪行为	极高
8	园内职工使用明火	极高
9	园内安全检查工作的制定与落实	极高
10	可腐蚀性	高
11	雨	高
12	空气干湿度	高
13	线路老化	高
14	园内职工用电	高
15	园内职工取暖	高
16	员工素质	高
17	维修保养不及时	高
18	施工建设	高
19	不合格产品	高
20	园内游客人群拥挤	高
21	园内职工(违反)工作操作规程	高
22	可移动性	中
23	爆炸性	中
24	传染性	中
25	毒性	中
26	地震	中
27	空气温度	中
28	飞禽	中

第七章 公共部门区域风险评估:以公园安保工作风险评估为例

续表

	风险控制点名称	控制点等级
29	昆虫	中
30	微生物类	中
31	植物类	中
32	鼠类	中
33	尾气排放	中
34	噪音污染	中
35	分布的分散性	中
36	警示牌等设施的毁坏	中
37	消防设施出现问题	中
38	园内游客特殊的管理对象	中
39	园内职工维修设备	中
40	管理工作量大,安排不到	中
41	管理资金不到位	中
42	培训不到位	中
43	安全管理手册的制定	中
44	建筑、工程质量问题	中
45	道路狭窄	中
46	导热性	低
47	珍稀性	低
48	导电性	低
49	山势、地势	低
50	猫犬类	低
51	软体动物类	低
52	物流运输	低
53	黑导游、游商等	低
54	避雷装置	低
55	用电设备增加	低
56	弱电环境与强电环境的临近性	低
57	防洪系统失灵	低
58	恒温恒湿系统失灵	低
59	应急联动系统缺失	低
60	群体院落	低

续表

	风险控制点名称	控制点等级
61	安全监控设施的缺失与损坏	低
62	救生设备缺失、损毁	低
63	游客不按照规定游玩	低
64	园内职工用水	低
65	临时工流动性大、比例高	低
66	安全工作人员不足	低
67	应急预案的制定与管理问题	低
68	合作单位的安全检查工作的落实	低
69	安全管理职责部门交叉、责任无法落实的问题	低

三、公园风险关联度总体结论

根据评估,初步判定某公园全园风险之间直接关联的总条数为13 020个。全园风险的关联情况如图7-4所示,其中圆圈的大小表示各类风险级别的高低,圈越大,风险级别越高;两个圆圈之间连线的粗细表示两类风险之间关联度的大小,线越粗,两类风险之间关联度越大。

第七章 公共部门区域风险评估：以公园安保工作风险评估为例

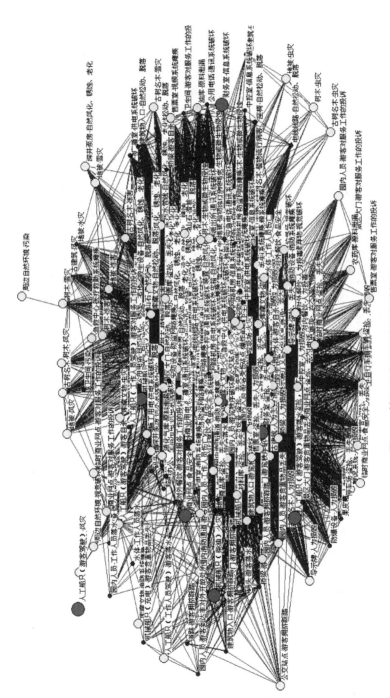

图7-4 某公园全园风险的关联情况

第八章 总　　结

全过程的应急管理工作应当包括突发事件的事前、事发、事中、事后的整个管理过程,然而,其管理对象从本质上讲还是"突发事件"本身。为了从最基础的层面实现应急管理工作"关口前移",就需要从"事件"管理往前进一步延伸到对"风险"的管理。由于危机同时兼顾了"风险"与"事件"的特性,因此危机管理应当被贯穿到风险管理和应急管理并重的整个过程中去。同时,成功的应急管理工作不能仅限于动员整个社会资源有效地应对"事件"和"风险",而是要站在"治理"的战略高度,整合多方力量,从公共治理结构等更基础的层面改善和确保整个社会在常规和非常规状态下的稳定运行。因此,未来国家的应急管理工作应当在完善全过程应急管理的基础上,充分提升风险管理工作的战略高度,促使朝着风险、应急与危机管理并重的整合式公共安全治理模式进行转变。

1. 公共风险治理已成为提升政府公共服务质量与能力、推动公共服务创新的重要手段

随着世界整体安全情况变得错综复杂的同时,社会的整体风险也变得更加复杂。在这种大背景下,政府及相关部门的公共服务面对着更大的压力与挑战,这表现为:(1) 管理的事务内容迅速变得更加复杂,面对的风险不再单一而是相互交错在一起。这包括内部风险(由于部门应对能力不足而导致产生的风险,这往往对核心职责造成冲击)和外部风险(比如恐怖威胁、公共卫生问题、气候变化带来的不稳定等),这些风险交织在一起,通常需要超过一个以上的部门互相协作来共同应对。(2) 潜在危险的巨大破坏力正迫使政府部门尽全力采取各种手段去监测与防范风险,努力争取"防患于未然"。(3) 公民不断变化和产生的需求给"负责任的政府形象"带来更大的压力。事实上,公共服务最大的风险并不是接受风险,而是服务及其

提供方式没能跟上公民需求的变化和产生的新需求。(4) 风险并不完全意味着损失,其中也蕴藏着机会,公共服务部门需要充分挖掘出这些可能的机会,从而实现成本效益的最大化。(5) 公共、私有等所有部门之间的界限更加具有穿透力,越来越多的政策制定需要打破政府所有部门的界限进行合作。各部门不仅要处理自己的风险,而且还要处理合作部门或其他合作伙伴的风险。

通过风险治理,就能尽早确认并应对潜在的风险,及时地按照合理的成本确保部门制定正确的公共服务目标并提供所需服务。如果没能尽早发现并控制风险,那么公共服务就可能面对危险。同时,风险管理还能够帮助持续地改善服务,提高服务的适应性和回弹性。这包括:通过合理规划并对业务计划进行持续监测,按照公民等服务对象的需求变化而改进服务,通过对服务机制进行定期评估来维持服务水准,对可能的突发事件随时做好准备等。

总之,政府可以通过有效的公共风险治理,提升政府提供公共服务的质量及能力,更大程度满足民众服务需求。

2. 中国的风险治理的研究与实践仍处于技术风险管理的初级阶段,亟待推动整合式的风险治理建设工作

综观中国社会,近些年来,随着社会现代化程度的不断提高,市场化进程的不断推进,整个社会已经进入一个不同于传统"常态社会"的"风险社会",社会风险也有着不同以往的新特点,传统的治理手段已无法整合,社会和谐面临严峻挑战。这些矛盾主要体现在不断增大的风险总量与相对薄弱的风险管理体系的矛盾、日益复杂的风险结构与落后的风险管理技术之间的矛盾以及风险的多元性和风险管理主体的单一性之间的矛盾。我们必须寻找新的路径、新的模式,来应对转型社会的各类风险。

风险分析和风险管理日益成为政府、企业、学术机构共同关注的问题。风险管理技术的研究可以从三个不同的角度展开:(1) 技术导向型风险管理;(2) 财务导向型风险管理;(3) 人文导向型风险管理。[1] 技术导向型管理侧重于对实质性安全技术的管理,内容涵盖项目管理等;财务导向型风险管理注重风险对财务的冲击与原因分析;

---

[1] 汪忠、黄瑞华:《国外风险管理研究的理论、方法及其进展》,《外国经济与管理》2005 年第 2 期。

而人文导向型风险管理则关注人们对风险的认知、态度与行为的分析,进而进行有效的风险沟通。当前国外的风险治理无论是实践还是理论研究都相对比较成熟,国内则主要关注于第一阶段,即技术风险阶段。某些领域进入风险科学和综合风险治理探索阶段,开始推动个别部门进入政府风险管理能力提升阶段。伴随着我国应急管理体系建设的逐步推进,风险治理也将成为其中非常重要的一项内容。

3. 转型期中国公共风险治理的建设要与现行的应急管理体系实现有效衔接

就管理过程而言,公共安全管理主要包括风险管理、应急管理和危机管理三部分。

应急管理——事前、事发、事中、事后的全过程管理。SARS 危机之后,党和国家高度重视应急管理体系建设,我国以"一案三制"为代表的应急管理工作取得了显著进展:(1)我国已形成从国家总体预案到专项预案、部门预案、地方政府及部门预案、企事业单位预案和重大活动预案的应急预案体系,而且在突发事件应对过程中发挥了重要作用。(2)应急管理工作体系步入正规化、系统化的轨道。(3)在法制建设方面,2007年11月1日,《突发事件应对法》正式颁布并实施。(4)针对系统、科学的应急管理机制体系研究也有了一定进展,但还需要进一步按照中国国情制定相应规则和规程,真正形成"统一指挥、反应灵敏、协调有序、运转高效"的应急管理机制,实现社会预警、社会动员、快速反应、应急处置的整体联动,有效应对各类突发事件。

风险管理——实现从事后处置到超前预防。要实现应急管理活动的向前延伸,就需要实现从更基础的层面对风险进行超前预防与处置,而风险管理的对象是"风险",其特点便是对不确定性和可能性进行管理。实现应急管理工作"关口前移"的目标,不应当仅限于满足做好"预测预警"(也就是防止"风险"转化为"事件"这一阶段)的工作;而应当将关口"再前移",实现从根本上防止和减少风险源、致灾因子的产生,也就是满足风险管理工作"超前预防"的目的。

所以,在管理工作中有必要建立相应的机制与规则,确保应急管理与风险管理的有效衔接。具体措施包括:(1)将风险治理整体纳入国家安全管理的战略框架之中;(2)整合治理框架,风险、应急、危机管理并重;(3)治理目标实现从单目标到多目标的权衡;(4)促进公共事务管理主体在风险治理中的多元发展;(5)推动应急管理机构"使能性"角色的发展;(6)转换管理思路,建立鼓励主动承担风险的文化。

4. 完善转型期中国公共风险治理结构的基础就是要完善公共风险的整个管理流程

公共风险管理工作的整个过程基本包括计划与准备、风险评估和风险处置等多个环节;各环节之间并非简单孤立,而是动态进行风险沟通、风险监测与更新。

计划与准备是风险管理工作的第一个阶段,其目的在于界定整个风险管理的工作范围和目标、确立组织架构、制订工作计划与资源和建立风险评估标准。

风险识别是通过设置确定风险问题的基本尺度,系统查找隐患和薄弱环节,分析各种风险来源和可能产生的后果,从而识别出需要进行管理的风险。识别风险是风险管理中的重要步骤,通过发现潜在的风险及其存在领域,以及对其产生原因的分析,可以为后面的风险管理工作奠定基础,以便于风险管理决策及选择最佳的处理方案。

风险评估包括风险分析和风险评价两方面。风险分析是指结合风险源自身特点、受灾体的风险承受能力、管理者的风险控制能力等因素,分析风险发生的可能性大小和后果的严重程度,也就是要根据"事件发生概率∗事件损失(后果)"这个标准,确定风险事件的类型以及风险级别。风险评价指按照规定的安全指标去衡量风险的程度以确定风险是否需要处理以及处理的程度;通过风险评价可以决定是否采取风险管理措施? 采取什么管理措施? 采取措施到什么程度等问题。

风险处置的手段一般包括接受风险、降低风险、规避风险和转移风险等。需要指出的是,风险处置是与"突发事件应急管理"相衔接的一个环节;要真正实现应急管理工作"关口再前移",风险处置环节就显得格外重要。

5. 完善转型期中国公共风险治理结构的保障是公共风险管理的组织架构与机制设置

完善风险治理结构建设需要做到:实现公共风险治理目标从单一到综合的权衡,单一风险管理向综合风险管理的转变已经成为一种国际趋势;实现公共风险管理主体——政府的"使能型"角色模式的转化,包括实现风险管理相关机构从功能性机构向使能性机构发展和组建一个公共风险管理的综合协调机构;实现公共风险的共同治理,也就是鼓励风险的利益相关者的民主参与;完善公共风险治理机制,包括对潜在风险监测机制的建设、综合风险防范措施的完善、风险信息沟通系统的完善和负面激励机制的建立;同时采取多种手段建设与培育公共风险治理文化,从而为中国公共风险治理结构的建设提供保障。

作为一种更主动、更积极、更前沿的管理手段,风险管理将在提升应急管理能力和城市管理水平中起到越来越基础的作用。因此,有必要在认清中国国情,合理借鉴发达国家管理经验的基础上,对中国应急管理体系建设背景下的风险管理工作有更加完整与清晰地认识,从而为政府提高应对突发事件的能力提供保障与依据。

参 考 文 献

1. Bostrom, "Future Risk Communication", *Futures*, 2003 (35).
2. Australia/New Zealand Standard on Risk Management, AS/NZS 1999.
3. Burlingame, B. and M. Pineiro, "The Essential Balance: Risks and Benefits in Food Safety and Quality", *Journal of Food Composition and Analysis*, 2007(20).
4. Canada Standards Association, *Risk Management: Guideline for Decision-Makers* (CAN/CSA-Q850- 97), Canadian Standards Association, 1997 (Reaffirmed 2002).
5. Chao, E. and D. Krewski, "A risk-based classification scheme for genetically modified foods I: Conceptual development", *Regulatory Toxicology and Pharmacology*, 2008(52).
6. Chao, E. and D. Krewski, "A Risk-based Classification Scheme for Genetically Modified Foods II: Graded Testing", *Regulatory Toxicology and Pharmacology*, 2008(52).
7. Chao, E. and D. Krewski, "A Risk-based Classification Scheme for Genetically Modified Foods III: Evaluation Using a Panel of Reference Foods", *Regulatory Toxicology and Pharmacology*, 2008(52).
8. Christopher Hood, Henry Rothstein, and Robert Baldwin, *The Government of Risk: Understanding Risk Regulation Regimes*, Oxford University Press, 2001.
9. Committee of Public Accounts First Report (Britain), *Managing Risk in Government Departments*, 2001-2002 (HC 336).
10. Committee on the Institutional Means for Assessment of Risk to Public Health (National Research Council), *Risk Assessment in the Federal Government: Managing the Process*, National Academies Press, 1983: 5-6.
11. Department of Defense (USA), DoD Architecture Framework Version 1.5. 23, April 2007.
12. Department of Homeland Security (USA), *National Infrastructure Protection Plan*, 2006.
13. Federal Ministry of the Interior (Germany), *Protecting Critical Infrastruc-*

tures-Risk and Crisis Management:A Guide for Companies and Government Authorities, 2008.

14. IRGC (International Risk Governance Council), *White Paper on Risk Governance-Towards an Integrative Approach*, 2005.

15. ISDR, *Living with Risk: A Global Review of Disaster Reduction Initiatives*, 2004.

16. ISO, *Risk Management: Principles and Guidelines*, ISO 31000:2009(E), 2009.

17. M. Granger Morgan, Baruch Fischhoff, Ann Bostrom, Cynthia J. Atman, *Risk Communication: A Mental Models Approach*, Cambrideg University Press, 2005.

18. NAO (Britain), *Supporting Innovation: Managing Risk in Government Departments*, 1999-2000 (HC 864).

19. OECD, *Emerging Risks in the 21st Century: An Agenda for Action*, 2003.

20. Simona Verga, Alain Goudreau, Wendy Nicol, *Developing an All-Hazards Risk Assessment in Canada*, Davos 2008 Orals and Posters.

21. The Comptroller and Auditor General (Britain), *Manage Risk to Improve Public Service*, HC 1078-1 Session 2003-2004: 22 October 2004, London: the Stationary Office. 2004.

22. UK Cabinet Office, *Risk: Improving Government's Capability to Handle Risk and Uncertainty*, Strategic Unit Report, 2002.

23. United Nations, *World Urbanisation Prospects*, 1999.

24. William C. Clark, "Witches, Floods, and Wonder Drugs: Historical Perspectives on Risk Management", in Richard C. Schwing and Walter A. Albers, Jr. ed., *Social Risk Assessment: How Safe is Safe Enough*? Plenum Press, 1980.

25. World Economic Forum, *Global Risks 2007: A Global Risk Network Report*, A World Economic Forum Report in collaboration with CitiGroup, Marsh & McLennan Companies (MMC), Swiss Re and Wharton School Risk Center, January 2007.

26. 北京师范大学风险管理课题组:《国家科技攻关计划专题:中国风险综合管理体系的框架设计》,2005年。

27. 北京市突发事件应急委员会:《北京市公共安全风险管理实施指南》(京应急委发[2010]8号),2010年5月14日印发。

28. 北京市突发事件应急委员会:《北京市人民政府关于加强公共安全风险管理工作的意见》(京政发[2010]10号),2010年4月16日印发。

29. 北京市突发事件应急委员会办公室:《北京应急管理理论与实践》,北京出版社,2012年。

30. 贝克:《"9·11"事件后的全球风险社会》,王武龙编译,《马克思主义与现实》2004 年第 2 期。

31. 贝克:《从工业社会到风险社会》(上篇),王武龙译,《马克思主义与现实》2003 年第 3 期。

32.〔英〕彼得·泰勒-顾柏、〔德〕詹斯·O.金:《社会科学中的风险研究》,黄觉译,中国劳动社会保障出版社 2010 年版。

33. 方菁、周玲:《风险社会下中央企业突发事件综合应对体系的建设问题》,《中国应急管理》2010 年第 4 期。

34.《风险管理——风险评估技术》,国家质量监督检验检疫总局与国家标准化管理委员会联合发布,2012 年 2 月 1 日实施。

35. 高晓红、康键:《主要发达国家质量监管现状分析与经验启示》,《世界标准化与质量管理》2008 年第 10 期。

36. 高晓红等:《我国风险管理标准化现状与趋势研究》,《世界标准化与质量管理》2008 年第 6 期。

37.《公共安全风险评估技术规范》,国家质量监督检验检疫总局与国家标准化管理委员会联合发布(送审稿)。

38. 国际风险管理理事会:《风险治理白皮书——面向一体化的解决方案》,2005 年 8 月 17 日。

39.《国家突发公共事件总体应急预案》,2006 年 1 月 8 日正式向社会公布。

40.《〈国家综合防灾减灾"十二五"规划〉公开征求意见》,2011 年 2 月 1 日,http://www.mca.gov.cn/article/zwgk/mzyw/201102/20110200133514.shtml。

41. 景怀斌:《公共危机心理——SARS 个案》,社会科学文献出版社 2006 年版。

42.《军队处置突发事件总体应急预案》,中央军委于 2006 年 11 月 14 日向社会公布。

43. 郎佩娟、王传宏:《论我国政府突发公共事件管理机构》,《中国行政管理》2007 年第 11 期。

44. 李宁、胡爱军等:《风险管理标准化评述》,《灾害学》2009 年第 6 期。

45.《2009 减轻灾害风险全球评估报告:气候变化中的风险和贫困》,中国社会出版社 2010 年版。

46. 刘涛雄、彭宗超:《大流感爆发对中国经济的影响预测》,《清华大学学报》(哲学社会科学版)2007 年第 4 期。

47. 刘新立:《风险管理》,北京大学出版社 2006 年版。

48. 马凯:《落实科学发展观,推进应急管理工作》,2009 年 2 月 1 日,http://www.gov.cn/ldhd/2009-02/01/content_1218486.htm。

49. 彭宗超:《未雨绸缪:中国大流感危机准备的战略分析与政策建议》,《公共管理评论》2007 年第 6 期。

50. 全球治理委员会：《我们的全球伙伴关系》，牛津大学出版社1995年版。

51. 闪淳昌：《构建中国特色的应急管理体系》，《中国浦东干部学院学报》2008年第5期。

52. 闪淳昌、周玲：《从SARS到大雪灾：中国应急管理体系建设的发展脉络及经验反思》，《甘肃社会科学》2008年第5期。

53. 闪淳昌、周玲、方曼：《美国应急管理机制建设的发展过程对我国的启示》，《中国行政管理》2010年第8期。

54. 闪淳昌、周玲、钟开斌：《对我国应急管理机制建设的总体思考》，《国家行政学院学报》2011年第1期。

55. 史培军、黄崇福等：《建立中国综合风险管理体系》，《中国减灾》2005年第1期。

56. 汪永清：《突发事件应对法的立法背景和总体思路》（内部资料），2007年。

57. 汪忠、黄瑞华：《国外风险管理研究的理论、方法及其进展》，《外国经济与管理》2005年第2期。

58. 王耀忠：《食品安全监管的横向和纵向配置——食品安全监管的国际比较与启示》，《中国工业经济》2005年第12期。

59. 王志强：《我国产品质量监管制度研究——基于法经济学的视角》，吉林大学硕士研究生学位论文，2007年。

60. 谢晓非、郑蕊：《风险沟通与公共理性》，《心理科学进展》2003年第11期。

61. 许洪波：《浅析我国政府产品质量监管体制》，吉林大学硕士研究生学位论文，2005年。

62. 薛澜、彭宗超、张强：《公共管理与中国发展——公共管理学科发展的回顾与前瞻》，《管理世界》2002年第2期。

63. 薛澜、张强、钟开斌：《危机管理——转型期中国面临的挑战》，清华大学出版社2003年版。

64. 薛澜、钟开斌：《突发公共事件分类分级分期：应急体制的管理基础》，《中国行政管理》2005年第2期。

65. 薛澜、周玲、朱琴：《风险治理：完善与提升国家公共安全管理的基石》，《江苏社会科学》2008年第6期。

66. 薛澜、周玲：《风险管理：实现应急管理工作"关口再前移"的有力保障》，《中国应急管理》2007年第11期。

67. 薛澜：《从更基础的层面推动应急管理——将应急管理体系融入和谐的公共治理框架》，《中国应急管理》2007年第1期。

68. 薛澜：《对北京市奥运风险评估报告的评价及下一步工作的的建议》（内

部资料),2008年2月。

69. 薛澜:《应从更基础层面推动应急管理》(咨询报告),《专家建言》(中国行政管理学会内刊)2009年第6期。

70. 曾献东:《政府质量监管与食品安全的博弈分析及对策研究》,《决策咨询通讯》2009年第6期。

71. 张德江在全国安全生产电视电话会议上的讲话,《落实企业安全生产主体责任,有效防范和坚决遏制重特大事故发生》,2011年1月12日,http://www.chinasafety.gov.cn/newpage/Contents/ Channel_20582/2011/0112/120725/content_120725.htm。

72. 张其春、林昌华等:《政府公共管理机制整合框架构建》,《湖北社会科学》2007年第2期。

73. 张其春:《突发事件应对的物资保障分析》,《中国安全科学学报》2009年第3期。

74. 赵秀雯:《公共安全管理在社会和谐发展中的作用》,《安全与环境学报》2006年第7期。

75. 周玲、马奔:《政府公共事务风险管理国际经验对中国的借鉴》,《山东社会科学》2009年第2期。

76. 周玲、宿洁、沈华、方菁:《风险监管:提升我国产品质量管理的有效路径》,《北京师范大学学报》(社会科学版)2011年第6期。

77.《中华人民共和国突发事件应对法》,2007年11月1日正式颁布实施。

78. 中华人民共和国民政部:《民政事业发展统计报告》(2001—2009), http://cws.mca.gov.cn/ article/tjbg/。

79. 中华人民共和国统计局:《全国年度统计公报》,2004—2009年,http://www.stats.gov.cn/ tjgb/。

后 记

衷心感谢合作导师薛澜教授多年来对我的悉心指导。感谢薛老师,不仅是因为他所在的清华大学公共管理学院、北京市哲学社会科学规划办清华大学应急管理研究基地所提供的高层次研究和合作平台,使我们结识了国内外应急管理、风险管理与危机管理领域的众多知名学者,得以向他们当面讨教和学习,使我们紧紧把握住研究领域的前沿;更是因为他使我看到了一个始终如一的、纯净的学者,坚定了我从事学术研究的决心和信心。

衷心感谢国务院参事闪淳昌教授。感谢闪教授在专业领域给我提供的理论学习与实践机会,而且以他渊博的知识对我言传身教,加之他的德高望重与忘我工作的精神,使我在学术研究、为人处世、养成良好的工作态度方面受益匪浅。

感谢北京师范大学社会发展与公共政策学院的张秀兰院长,清华大学公共管理学院彭宗超教授,以及清华大学应急管理研究基地的全体同仁,感谢你们在学术上、工作上和生活上给予我的指导和帮助。

感谢北京市应急管理委员会的有关领导与同仁在课题研究和调研中给我的大力支持。也正是北京市应急办从2007年开始的奥运期间城市运行风险评估工作使得我能够有机会接触风险管理这一新兴领域,并有幸与这个城市的风险管理工作共同成长与发展。本书中的大量结论与经验都来自于北京市的风险管理具体实践,这些都使我受益匪浅。

此外,特别感谢我的家人给予我工作的理解、支持与帮助。

本研究得到2006年国家哲学社会科学基金重大项目"建立健全社会预警机制和应急管理体系:转型期中国风险治理框架建构与实证分析"(项目编号:06&ZD013)、2008年国家自然科学基金项目"转型期中国政府应急管理体系中风险管理机制框架研究"(项目编号：70703019)，2009年国家自然科学基金重点项目"城市综合风险评估与应急处置若干关键问题研究"(70833003)，2008年国家社会科学基金重大项目"重大自然灾害和重大突发公共事件应对新框架研究——基于汶川大地震的实证研究"(08&ZD001)，中国博士后科学基金，以及世界宣明会(World Vision)"从灾后社会重建到应急管理能力建设的示范项目"等相关资金资助，在此一并感谢。